ЗАБОТЫ О НАСЕЛЕНІИ В АНГЛІИ

Сборник статей по вопросам народнаго образованія, воспитанія, охраны дѣтскаго труда, общественной медицины, гигіенѣ городов и дорожному хозяйству

Со статьей Проф. П. Г. ВИНОГРАДОВА:
Забота о населеніи в историческои перспективѣ

С предисловіем П. П. ТЮРИНА

и при участіи с.с. сотрудников:

С. П. Скорилова   инж. Л. М. Охони
П. Н. Суклевевичъ   проф. Р. С. Таунсенд
Л. П. Рождественскаго   С. П. Тюрина

Книгоиздательство „Возрожденіе"
при
Лондонском Отдѣлѣ Союзов Земств и Городов

ЛОНДОН
1920

ЗАБОТЫ О НАСЕЛЕНІИ В АНГЛІИ

Сборник статей по вопросам народнаго образованія, воспитанія, охранѣ дѣтскаго труда, общественной медицинѣ, гигіенѣ городов и дорожному хозяйству

Со статей Проф. П. Г. ВИНОГРАДОВА:
Забота о населеніи в исторической перспективѣ

С предисловіем С. П. ТЮРИНА

и при участіи гл. сотрудников:

С. И. Гаврилова	г-жи. Л. М. Смолл
И. И. Зунделевича	г-жи. Р. С. Таунсенд
А. П. Рождественскаго	С. П. Тюрина

Книгоиздательство „Возрожденіе"
при
Лондонском Отдѣлѣ Союзов Земств и Городов

ЛОНДОН
1920

Напечатано въ
типографіи В. КЛАУЗ и СЫНОВЬЯ, с.о.о.
Лондон, Англія.

СОДЕРЖАНІЕ.

Появленіе на русском книжном рынкѣ сборника: „Заботы о населеніи в Англіи"—в момент, когда в Россіи происходит гражданская война и борьба с анархіей и развалом требуют напряженія всѣх сил — может вызвать в читателѣ недоумѣнный вопрос:— Как возможно теперь думать и писать о таких малых вопросах, как систематическая работа общественных сил на пользу мѣстных нужд населенія в области народнаго образованія и воспитанія, медицинской помощи населенію, охранѣ дѣтскаго труда, дорожному хозяйству и гигіенѣ городов?

И весьма вѣроятно, что такого рода сборник мог бы и не появиться в печати, если бы тому не содѣйствовал ряд чисто внѣшних причин.

Когда, вскорѣ послѣ октябрьскаго переворота 1917 года, окончательно были порваны всѣ сношенія и сообщенія Англіи с Россіей — земско-городскіе работники, до того времени, занятые работой в Лондонѣ по снабженію Русской Арміи, принуждены были прекратить эту работу и приступить к ея ликвидаціи. Одновременно с этим ими ясно сознавалось, что необходимо, при своем возвращеніи в Россію, принести туда с собою возможно больше свѣдѣній и матеріалов по всѣм тѣм вопросам, которые немедленно же встанут перед Новой Свободной Демократической Россіей в ея грандіозной конструктивной работѣ по созданію новых форм соціально-экономической жизни страны.

Такъ зародилась, по иниціативѣ автора этихъ строкъ, мысль составить сборникъ „*Заботы о населеніи въ Англіи*," характеризующій, что было сдѣлано законодательствомъ и общественными силами Англіи въ области заботъ о воспитаніи, здоровьѣ и благосостояніи населенія.

Печатаніе сборника рѣшено было произвести въ Лондонѣ, такъ какъ въ Россіи печатный станокъ былъ либо разрушенъ, либо принужденъ былъ служить опредѣленнымъ цѣлямъ, такъ называемаго, „большевистскаго правительства."

Со многими трудностями пришлось столкнуться при составленіи сборника и прежде всего, конечно, съ недостаткомъ литературныхъ русскихъ силъ въ Англіи. Приходилось исходить не изъ того, что было бы желательно дать, а изъ того, что можно дать при наличности имѣющихся силъ. Каждый избралъ поэтому ту тему, которая наиболѣе соотвѣтствовала или его спеціальности, или его интересу въ области общественныхъ вопросовъ. Согласіе же Профессора П. Г. Виноградова дать статью общаго характера значительно облегчило задачу составителей и придало сборнику большую цѣльность и законченность.

Составители сборника отлично понимали, что созидательная работа въ Россіи потребуетъ отъ всѣхъ большого напряженія силъ; потребуетъ властно отъ каждаго всѣхъ его свѣдѣній и опыта теперь же, какъ бы ни были малы и ограничены они; заставитъ его вмѣшаться въ самую гущу этой работы и, находу, урывками, крадя, быть можетъ, ночные часы отъ своего отдыха, пополнять или возобновлять свои свѣдѣнія, перелистывая спѣшно тѣ или иные сырые матеріалы, попавшіе въ Россію еще до Мартовской Революціи 1917 года, дабы знать, что сдѣлалъ Западъ въ области заботъ о своемъ населеніи и что изъ сдѣланнаго имъ возможно примѣнить къ русской дѣйствительности.

Дать краткую сводку по нѣкоторым общественно-экономическим вопросам, суммировать все то существенное, что было сдѣлано по ним в Англіи и тѣм самым, быть может, помочь русскому общественному работнику сохранить свое время и силы, столь драгоцѣнныя имэнно теперь — таково было желаніе авторов статей. И если им это удалось сдѣлать, хотя бы отчасти, — они будут считать свою скромную задачу исполненной.

С. П. ТЮРИН.

Лондон, 1919.

P.S. Авторы двух послѣдних статей сборника о гигіенѣ городов и грунтовых дорогах касаются в своем изложеніи *не только Англіи, но и других стран.* В виду общаго значенія трактуемых авторами вопросов, редакція позволила себѣ сдѣлать отступленіе от первоначальнаго плана сборника, согласно которому предполагалось ограничить темы только Англіей и помѣщает указанныя статьи в том видѣ, в каком онѣ представлены авторами.

ЗАБОТА О НАСЕЛЕНІИ
В ИСТОРИЧЕСКОЙ ПЕРСПЕКТИВѢ

Проф. П. Г. ВИНОГРАДОВА

ЗАБОТА О НАСЕЛЕНІИ
В ИСТОРИЧЕСКОЙ ПЕРСПЕКТИВѢ.

I.

С тѣх пор как люди начали сознательно относиться к формам общежитія и разсуждать о задачах государственных союзов, два противуположных теченія обозначились в их политическом мышленіи. С одной стороны, сгруппировались тѣ, кто не довѣряет государственному вмѣшательству, ограничивает его требованіями обороны и судебнаго разбирательства и возлагает упованія на свободное от стѣсненій развитіе индивидуальных сил и добровольных коопераций. С другой, стоят защитники „заботы о населеніи," сторонники покровительственнаго и уравновѣшивающаго вліянія государства в хозяйственной и культурной области. В наше время без всякаго сомнѣнія преобладает второе теченіе: с каждым годом оно усиливается и одерживает новыя побѣды. Но у всѣх на памяти, что еще недавно „Манчестерское" направленіе, школа laissez-faire выступала во всеоружіи и в полной увѣренности в своей научной и практической непогрѣшимости. Исторія послѣдних ста лѣт (1819–1919) представляет поучительное зрѣлище постепеннаго разстройства индивидуалистическаго порядка перед натиском Соціалистических направленій.

Однако, чтобы вполнѣ уразумѣть значеніе этого переворота во взглядах, надо заглянуть нѣсколько назад, в эпоху, предшествовавшую промышленному индивидуализму тридцатых и сороковых годов. Принципіальный контраст между строителями Европы в Средніе Вѣка и плотоядной конкуренціей раннихъ годовъ Викторіи, переданъ с художественной яркостью Карлейлемъ въ связи съ мастерскимъ разсказомъ о дѣятельности Самсона, аббата монастыря St. Edmondsbury (XII в.), въ противуположность безсильному и безсовѣстному правительству XIX вѣка. Не останавливаясь на нравственно-крѣпкомъ строѣ средневѣковья, взглянемъ на смѣнившее его въ эпоху реформаціи владычество національной монархіи. Католическая церковь, какъ великая воспитательная сила, была разрушена, но монархія Тюдоровъ, расчистившая дорогу протестантизму, не капитулировала передъ его разлагающими тенденціями. Законодательство Елизаветы представляетъ грандіозную попытку сосредоточить заботу о населеніи въ рукахъ реорганизованнаго свѣтскаго самоуправленія. Съ нашей точки зрѣнія особенно важны Законъ о бѣдныхъ 1601 г. и законъ о ремесленныхъ ученикахъ 1562 г. Первый изъ этихъ законовъ опредѣлилъ собою отношеніе высшихъ классовъ къ низшимъ на двѣсти лѣтъ слишкомъ. Его нельзя разсматривать съ филантропической точки зрѣнія. Призрѣніе лицъ неспособныхъ къ труду вслѣдствіе старости или увѣчій играетъ въ немъ совершенно второстепенную роль. По существу это — мѣра соціальной организаціи труда, исходящая изъ мысли, что общество обязано и способно обезпечить средства къ жизни всѣмъ своимъ членамъ подъ условіемъ, чтобы оно имѣло право и возможность требовать труда отъ всякаго, кто имѣетъ силу работать. Отсюда рядъ правовыхъ, административныхъ и хозяйственныхъ послѣдствій. 1) Право мѣстныхъ обществъ принуждать къ труду взрослыхъ и трудоспособныхъ людей, уклоняющихся отъ него. 2) Обязанность мѣстныхъ обществъ оказывать помощь рабочимъ всякаго рода, лишеннымъ, не по своей винѣ, возможности приложенія своего труда. 3) Размѣщеніе рабочихъ и потребителей по мѣстнымъ обществамъ съ принудительнымъ надзоромъ надъ ихъ передвиженіями и хозяйственнымъ положеніемъ. 4) Карательныя мѣры по отношенію къ лѣнивымъ, развратнымъ и бродягамъ. 5) Устройство работныхъ домовъ (Bridewell) для содержанія людей, отбившихся отъ обычныхъ мѣстъ жительства и заработка.

Закон о ремесленныхъ ученикахъ требовалъ помѣщенія дѣтей маломочныхъ родителей на выучку и устанавливалъ мѣры защиты и контроля надъ хозяевами, которымъ были поручены дѣти. Приходскіе старосты (churchwardens) и надзиратели (overseers), которымъ поручено было приведеніе въ исполненіе закона о бѣдныхъ, дѣйствовали подъ руководствомъ мѣстныхъ мировыхъ судей, а послѣдніе, въ теченіе сорока лѣтъ (отъ 1601-1642), работали подъ давленіемъ бдительнаго тайнаго Совѣта* Національной монархіи, который въ этой сферѣ оказывалъ въ общемъ благотворное вліяніе.

Революціи 1642 и 1688 годовъ и послѣдовавшая за ними парламентская олигархія привели къ значительному ухудшенію положенія. Торжество конституціонной доктрины и Общаго Права (Common Law) сопровождалось въ сферѣ соціальной захватомъ власти мѣстными сквайрами, которые воспользовались законами Елизаветы въ цѣляхъ подчиненія рабочаго населенія своей эксплуатаціи. Эта политика англійскихъ помѣщиковъ носила весьма своеобразный характеръ: они устанавливали низкія цѣны на трудъ въ разныхъ отрасляхъ хозяйства и промышленности и субсидировали разорившихся рабочихъ изъ суммъ приходскихъ сборовъ на бѣдныхъ. Чтобы составить себѣ точное представленіе объ этой системѣ, возьмемъ нѣсколько цифровыхъ данныхъ 18-го вѣка. Вотъ какъ вычисляетъ бюджетъ рабочей семьи въ 1795 году Иденъ,† глубокій знатокъ соціальныхъ условій своего времени:

Доходъ.

Рабочій, 50 лѣтъ, по 8 шилл. въ недѣлю ...	20 ф. 16 шилл.
Жена его	
Дочь, 15 лѣтъ, 1 шилл. 6 пенс. въ нед. за пряжу	3 ф. 18 шилл.
Сынъ, 13 лѣтъ, 3 шилл. въ недѣлю за работу на пашнѣ	7 ф. 16 шилл.
Дочь 11 лѣтъ, хромая, пособіе отъ прихода...	2 ф. 12 шилл.
	35 ф. 2 шилл.

---

* Miss Leonard, „ Privy Council.“

† Eden, „ State of the Poor,“ ii., 586.

Расход.

9 караваев хлѣба по 1 шилл. 2 пенс. за					
каравай ...	...	...	...	...	27 ф. 6 шилл.
Рента за коттедж	...	...	...	...	2 ф. 12 шилл.
Топливо...	...	...	...	...	2 ф. 12 шилл.
Одежда ...	...	...	...	...	2 ф. 12 шилл.
					35 ф. 2 шилл.

Малѣйшее уклоненіе в смыслѣ добавочных расходов или уменьшенных доходов принуждало обращаться к приходской благотворительности.

Несоотвѣтствіе между принудительными ставками заработной платы, опредѣлявшимися мировыми судьями в силу закона 5 года Елизаветы (с 4), наглядно выясняется из слѣдующих постановленій. Рабочій день продолжался весною, лѣтом и осенью от 4 часов утра до 7½ вечера с вычетом 2½ часов на ѣду и отдых. Средняя цѣна взрослому поденщику была в первой половинѣ 18-го вѣка 8 пенсов в день : в теченіе второй половины она постепенно повысилась до 10 п. а затѣм до 1 шиллинга. В то-же самое время цѣна продуктов всякаго рода возросла на 75 и на 100%. Пшеница, например, стоила в 1736 году 3 шилл. 8 пен. за бушель, в 1771 г. 6 шилл. а в 1801 она стоила 15 шилл. Комплект одежды и обуви стоил в 1730 г. 1 ф. 2 шилл., а в 1790—2 ф. 11 шилл.*

В результатѣ такого несоотвѣтствія между цѣнами и заработной платой рабочее населеніе „пауперизировалось," т. е. обращалось в невольных слуг помѣщиков, поддерживавших существованіе благодаря подачкам из приходских сборов на бѣдных. В такой обстановкѣ дѣйствовал тот помѣщичій соціализм, который выразился так ярко в знаменитой табели цѣн, заработной платы и вспомошествованій, изданной в 1795 г. Баркширскими мировыми судьями (Speenhamland Act). Дополненіем к этому расписанію нищеты служила практика так называемых „круговых ра-

* Ashby, "Poor Law in a Warwickshire Village," в *Oxford Essays of Social and Legal History*, ed. by Sir Paul Vinogradoff, iii., 180, 181.

бочих " (roundsmen), работников, получавших пособія и обя-
занных в отплату работать по очереди на фермах и экономіях
исправных плательщиков приходских сборов. Не мудрено,
что бюджет мѣстных самоуправляющихся единиц оказался
к концу XVIII вѣка обремененным колоссальными суммами
сборов на бѣдных (болѣе 6 милліонов ф. в 1800 г.). Аграр-
ной эксплуатаціи населенія положила конец в сущности
лишь отмѣна хлѣбных законов в сороковых годах XIX вѣка.

II.

Между тѣм наростала новая бѣда и новая нужда в видѣ
результатов промышленнаго переворота, обусловленнаго развитіем машиннаго производства. Нѣт надобности распро-
страняться о том, как преобладаніе механизма в производствѣ
отзывается на человѣческом факторѣ в промышленности.
Удешевленіе продукта, ускореніе процессов обработки
дѣлают возможным примѣненіе больших цифр к различным
отраслям и большей частью низводят рабочаго на положеніе
надсмотрщика, повторяющаго постоянно двѣ-три несложных
операціи. В связи с уменьшеніем спроса на личную ловкость
и умѣнье, расцѣнка труда стала зависѣть почти исключительно от экономических отношеній между спросом и предложеніем. Человѣк при машинѣ уподобился колесу или
переводному ремню. Теоретическим завершеніем этого положенія явилась, как извѣстно, классическая школа экономистов с Рикардо и Мальтусом во главѣ. Она разсматри-
вала цѣнности с точки зрѣнія их мѣновых эквивалентов и
приводила их к одному знаменателю при посредствѣ поло-
женнаго на их производство количества труда, а единицу
заработной платы опредѣляла примѣнительно к минималь-
ному количеству продуктов, необходимых для существованія.
Рикардо прямо высказал, что для національнаго богатства
безразлично будет ли оно распредѣлено между 10 или 12
милліонами населенія, а Мальтус доказывал, что погибель
избыточнаго населенія от болѣзней и нищеты является

неизбѣжным коррективом для поддержанія равновѣсія между спросом и предложеніем.

Эти факты хорошо извѣстны — так же, как и вліяніе их на возникновеніе ученій и организацій, призывавших к классовой борьбѣ. Для нас важно показать, как в противо-вѣс безсердечной эксплуатаціи и революціонной агитаціи, грозившей разрушить то благосостояніе, к которому всѣ стремятся, выдвинулась разумная политика заботы о насе-леніи.

Томас Карлейль является лучшим выразителем обще-ственной совѣсти, возмущенной безчеловѣчной эксплуа-таціей масс под предлогом экономической науки. Карлейль наиболѣе могучій из пророков, призывавших к раскаянію и обращенію. Мысли его не умѣщаются в общепринятыя рамки политических ученій; они представляют своеобразное сочетаніе революціонных и абсолютистских мотивов. Его герой Оливер Кромвель, властитель, реалист, безпощадный враг привилегій и суевѣрій, пріобрѣтенных прав и кон-ституціонных форм. Особенно ненавистна Карлейлю про-повѣдь либеральных индивидуалистов. „Laissez-faire," спрос и предложеніе — все это надоѣло. Предоставить все себя-любію, жадной погонѣ за деньгами, за наслажденіями, за аплодисментами — это Евангелье отчаянія. Значит человѣк — патентованный переваривающій аппарат: дайте ему только свободу торговли, свободу пищеваренія, и каждый из нас переварит все, до чего он может добраться, а остальное — дѣло судьбы. „Злополучные братья мои, послѣдователи рабочей Мамоны, еще болѣе злополучные братья, послѣ-дователи празднаго диллетантизма, — міру никогда нельзя было утвердить надолго на таких основах. В мірѣ, на-селенном патентованными аппаратами для пищеваренія, очень скоро окажется, что нечего переваривать: такой мір приходит к концу, обязан придти к концу в силу „из-бытка населенія," и конец его — вопіющій всеобщій голод, „невозможность" существованія, самоубійственное безуміе, вродѣ безчисленных сбѣсившихся собачьих свор." („Past and Present," кн. iii., глава 9.)

Несмотря на всѣ успѣхи освобожденія, „я осмѣливаюсь думать, что никогда участь нѣмых трудящихся милліонов не была так невыносима, как в настоящіе дни. Люди приходят в отчаяніе не от того, что умирают, даже не от того, что умирают от голода : много людей умерло, всѣ мы умрем, каждый из нас покинет жизнь в огненной колесницѣ страданія. Невыносимо жить в бѣдствіи, неизвѣстно почему, работать до изнеможенія и ничего не достигать ; в тоскѣ и усталости быть одиноким, опоясанным со всѣх сторон ледяным laissez-faire ; медленно умирать в заключеніи, в плѣну у глухой и нѣмой Неправды, как в проклятой мѣдной утробѣ быка Фалариса.‟ („ Past and Present,‟ кн. iii., гл. 13.)

Спасенія из этой муки нельзя искать в демократіи, как таковой.   „ Свобода от притѣсненія со стороны ближняго необходима, но это лишь ничтожная частица человѣческой свободы.   Никто не притѣсняет тебя, никто не может приказать взять или нести, придти или уйти без объясненія причины. Так, ты освобожден от всѣх людей, но свободен ли ты от себя и от дьявола ? Ты раб не Кедрика Сакса, а твоей собственной жадности и этой чаши вина, зачѣм же болтать о свободѣ ? ‟ (гл. 13).   Вопрос в том „ как соединить с неизбѣжной демократіей необходимое верховенство (sovereignty),‟ (кн. iv., гл. 1).   Революція 1848 года привела Карлейля в ужас, как взрыв слѣпого гнѣва, разрушительнаго и безплоднаго. Старая лживая Европа провалилась с позором, но как установить новый порядок ? „ Быть может, Демократія сама разрѣшит задачу. Демократія, оформленная в подачу голосов, снабженная избирательным ящиком, своими силами совершит переход от обманнаго к дѣйствительному и устроит для нас новый благословенный мір. Большинству людей дѣло представляется как раз в этом радужном свѣтѣ. Они видят в Демократіи форму правительства.—Соберите Парламент ; пусть у нас будет избирательное право, всеобщая подача голосов, и все исправится и тотчас или постепенно, и наступит тысячелѣтіе благополучія.‟ („ Latter Day Pamphlets,‟ no. 1.)

Едва ли нужно прибавлять, что за всѣми этими формальными мѣропріятіями Карлейль признает очень мало значенія. „ Царство Божіе внутри вас есть." Не будет ни справедливости, ни покоя, пока не наступит мир в душах людей. Нужна вѣра в невидимые идеалы и любовь в их осуществленіе. Религія, которую проповѣдывал Карлейль, не имѣет ничего общаго с религіей догм, обрядностей церковных іерархій. Это прежде всего религія труда. „ Всякій истинный труд есть религія ; а всякая религія, отличная от труда, пусть пребывает с браминами, вертящимися дервишами или гдѣ бы то ни было,— у меня ей нѣт мѣста. Прекрасно сказали древние монахи : ‚ Laborare est Orare,‛ труд есть богопочитаніе." Весь смысл проповѣди Карлейля в оправданіи неустанным трудом, трудом сознательным, направленным на общее дѣло, а не на личное удовлетвореніе. Поскольку человѣк работает на других, он спасается сам. Поскольку он дѣлает эгоизм центром жизни, он погибает. Можно навѣрное сказать, что, насколько Карлейль сочувствовал бы обширным улучшеніям в бытѣ рабочих классов, которыя совершились в наше время, настолько же он был бы против всякаго рода уклоненій от труда, которыя составляют тѣневую сторону совершающагося переворота. Что касается организаціи власти, то он стоял за необходимость для масс выдвинуть из своей среды способнѣйших и подчиняться их водительству. Мѣрой же способности он считал положительное творчество, а не ловкость политиканов и не краснорѣчіе ораторов. Нечего и говорить, что огромное вліяніе Карлейля объясняется, главным образом, тѣм, что он высказал прямо и рѣзко, то, что смутно бродило в умах его современников.

III.

Так высказывались пророки новой эры. Обратимся теперь к фактическим проявленіям новаго духа, к реформам, которыя постепенно измѣнили строй англійскаго общества и выдвинули на первый план „ заботу о населеніи." Характеристику этой реформаціонной работы удобно начать с дѣятельности кровнаго аристократа и политическаго консерватора, который всецѣло был проникнут сознаніем великой отвѣтственности передовых людей за судьбу „малых сих“ и посвятил всю жизнь на упорную борьбу с уродливыми условіями существованія бѣдноты, окружавшей благосостояніе старой Англіи. Человѣк этот был граф Шафтсбери, болѣе извѣстный под именем Лорда Ашли, которое он носил как наслѣдник своего дяди. Первыя его усилія были направлены к улучшенію участи слабоумных и помѣшанных, с которыми при старом порядкѣ обращались как с дикими звѣрями. Затѣм началась многолѣтняя борьба против безконтрольной и безчеловѣчной эксплуатаціи женщин и дѣтей на фабриках и рудниках, борьба, закончившаяся устройством фабричной инспекціи и ограниченіем часов женской и дѣтской работы. Не менѣе настойчивы были усилія Ашли, направленныя к улучшенію жилищ рабочих. Как он работал и чѣм достигал успѣхов, несмотря на ожесточенное сопротивленіе безсердечных работодателей, о том разсказал он сам своему другу и біографу Годдеру: „Я поставил себѣ за правило видѣть все моими собственными глазами, не полагаться ни на чье постороннее свидѣтельство; на фабриках я изучал постройки, машины, наблюдал за работой во всѣх ея подробностях и знакомился с рабочими; в угольных копях я спускался в шахты; в Лондонѣ я посѣщал квартирные корпуса, притоны воров, гнѣзда всякой грязи. Это давало мнѣ авторитет, который я не мог бы иначе пріобрѣсть. Я мог говорить на основаніи личнаго опыта и я обыкновенно выслушивал сообщенія самих страдальцев; я научился понимать их привычки, способ мышленія и истинныя нужды.“ (Hodder, „Life of the Seventh Earl of Shaftesbury,“ i., 164.)

А вот одна из тысячи картин, которыя проходили перед глазами лорда Ашли. Он записал в своем дневникѣ 24-го Сентября 1839 г. послѣ посѣщенія квартала бѣдных в Гласго: „Небольшой, квадратный клочок земли, пересѣченный множеством узких проходов, вродѣ канав, загроможденный домами, навозными кучами и человѣческими существами. Отсюда распространяются, говорит доктор (Алисон), девять десятых болѣзней и девять десятых преступности в Гласго—

и не мудрено. Здоровье невозможно здѣсь при данныхъ климатических условіях, воздух заражен міазмами от всевозможных вонючих и стоячих жидкостей ; мостовая никогда не высыхает в переулках, гдѣ не провезти и тачку. Есть ли какая нибудь вѣроятность, что нравственная обстановка приличнѣе и чистоплотнѣе ? Наоборот, недовольство, злоба, грязь и порок, скотскія мысли и скотское поведеніе должны вытекать и действительно вытекают из таких общественных условій. Необходимо запретить законом постройку улиц, если онѣ не достигают значительнаго простора. В широких, открытых пространствах больше здоровья, больше воздуха, больше чистоты, больше мѣста для наблюденій ; общественное мнѣніе проникает вмѣстѣ со свѣтом." (Hodder, i., 274.)

Идеалисты, подобные Шафтсбери,— М. Садлер, Остлер, Чадвик — не ограничивались однѣми рѣчами и статьями, а проводили в жизнь законодательныя и административныя мѣры. Если Англія обязана фабричной инспекціей Садлеру и Ашли, то упорядоченіем санитарнаго дѣла она обязана главным образом Эдвину Чадвику. Его трехтомный отчет, выработанный для Комиссіи Попеченія о бѣдных в 1842 году, представил ужасную сводку данных для характеристики матеріальнаго неустройства страны и его вліянія на быт населенія. В 1842 г. удалось наконец добиться учрежденія Генеральной Комиссіи по Народному Здравію, первым секретарем которой был назначен Чадвик. Его непреклонное отношеніе ко всякаго рода злоупотребленіям и мерзостям заслужило ему непримиримую вражду всѣх тѣх, кто до тѣх пор спокойно благодушествовал среди окружающаго разврата и нищеты. Хотя его вытѣснили в 1854 году, его дѣло не погибло, а возродилось в болѣе широком масштабѣ под флагом Local Government Board с многочисленным штатом санитарных инспекторов.

IV.

Центральным вопросом в организаціи государственной помощи населенію был вопрос о призрѣніи бѣдных. Мы видѣли, как разумная идея, осуществленная законом 1601 года, превратилась в руках помѣщичьей олигархіи в орудіе экономической эксплуатаціи и нравственнаго развращенія. Парламентская реформа 1832 года, ознаменовавшая побѣду средних классов над аристократіей землевладѣльцев, привела к пересмотру законодательства о бѣдных.   Закон 1834 г., изданный на основаніи отчета дѣятельной королевской комиссіи, перенес центр тяжести системы призрѣнія в работные дома с цѣлью сократить до крайних предѣлов подачки живущим самостоятельно бѣдным и ограничить приток нуждающихся тѣми, кто не в состояніи был работать.   Ради этой цѣли работные дома были организованы на началах почти тюремнаго режима, с которым можно было примириться лишь в случаѣ крайней необходимости.   Результат уменьшенія пауперизма был в значительной степени достигнут, причем, однако, улучшенію содѣйствовал цѣлый ряд благопріятных вліяній со стороны — главное, отмѣна хлѣбных законов и повышеніе общаго благосостоянія под вліяніем выгодной торговли. В концѣ XIX столѣтія, жестокое отношеніе к призрѣваемым перестало удовлетворять общественное мнѣніе, а накопленіе разнородных субъектов в работных домах стало ощущаться, как деморализующее условіе.   В то же время Союзы приходов (Unions), которым закон 1834 года передал руководство дѣлом на мѣстах, обнаруживали глубокія различія в своей политикѣ призрѣнія и часто оказывались мало компетентными в веденіи этого труднаго дѣла.   Вот, что показывал, напримѣр в Комиссіи 1905 года один из наиболѣе авторитетных знатоков дѣла : ,, Я не сомнѣваюсь что жизнь в работном домѣ ослабляет пансіонеров физически, умственно и нравственно.   Они получают необходимѣйшія средства существованія без всякаго самостоятельнаго усилія и, в большинствѣ случаев, ум призрѣваемых занят лишь мыслью о том, как бы побольше поѣсть и поспать и поменьше работать. . . . Мнѣ часто приходилось наблюдать, что молодые субъекты при поступленіи в работный дом горько чувствуют свое положеніе и окружающія условія, но по истеченіи короткаго времени так привыкают к образу жизни, свободному от всякой отвѣтственности, что не дѣлают никаких усилій, чтобы выйти из работнаго дома и, если их отпускают, возвращаются в него при первой возможности."

Такая оцѣнка становится особенно печальной, если принять во вниманіе, что число несчастных, подпадающих такому режиму, очень велико. По подсчету, произведенному в 1907 году, 1.700.000 человѣк пользовались в той или иной формѣ общественным призрѣніем. Иначе говоря, 48 человѣк из каждой тысячи населенія прибѣгли к общественной помощи.

В 1905 году была образована новая комиссія для изученія вопроса, которая в 1909 году представила два отчета—один, за подписью предсѣдателя и 13 членов, осуждал дѣйствующую практику общественнаго призрѣнія, требовал реформы на началѣ замѣны ,,союзов приходов" соединенными комитетами Графства. Другой, подписанный Г-жей Уэбб и тремя другими членами, отстаивал бюрократическую регистрацію случаев спеціалистами и сортировку их между учрежденіями разнаго рода—больницами, школами, биржами труда и т. п., при чем имѣлось в виду совершенно отказаться от идеи ,,призрѣнія" и замѣнить ее началом размѣщенія по различным отраслям ,,заботы о населеніи." В одном обѣ группы сходились—в осужденіи скопленій разнородных призрѣваемых и quasi-тюремнаго обращенія с ними, приводящих к взаимному развращенію и потерѣ индивидуальной самостоятельности и энергіи. Помимо цѣлаго ряда второстепенных измѣненій, вызванных этими отчетами Королевской Комиссіи 1905 года, в смыслѣ дифференцированія мѣстных учрежденій призрѣнія — пріютов для душевно-больных, больниц, воспитательных домов, школ — помимо лучшей координаціи дѣятельности четырех министерств, так или иначе заинтересованных в заботѣ о населеніи — министерств труда, торговли, мѣстнаго хозяйства и народнаго просвѣщенія, — послѣдніе годы ознаменовались тремя капитальными реформами, которыя несомнѣнно оказывают могущественное вліяніе на упорядоченіе вопроса о бѣдных. Я разумѣю введеніе обязательнаго страхованія против болѣзней и увѣчій, назначеніе пенсій нуждающимся престарѣлым и учрежденіе обширной системы бирж труда (Labour Exchanges). Обратим вниманіе на нѣкоторыя подробности.

В проэктѣ большинства Комиссіи основная идея Закона о бѣдных—обязанность заботиться о своих неимущих (destitute) членах сохраняется, но дѣлается попытка замѣнить мѣрило „отвращенія" к работному дому положительными мѣрилами. Мѣсто единаго работнаго дома и однообразной системы недостаточных подачек должен занять ряд учрежденій, приспособленных к различным нуждам. Руководящими идеями являются классификація и дифференціація при-зрѣваемых.* Борьба со случаями нужды, угрожающей разореніем людям, способным к труду, поручается реоргани-зованным благотворительным обществам. По мысли большин-ства этим обществам придется, главным образом, вести борьбу с послѣдствіями нравственной слабости — праздности, поро-ков. Противодѣйствіе должно состоять в терпѣливом воз-дѣйствіи на характер и привычки людей. Что касается до случаев, осложненных болѣзнями или малолѣтством, помощь должна выразиться в направленіи нуждающихся в соот-вѣтствующіе пріюты и больницы и в надзорѣ за ними.

В проэктѣ меньшинства Комитет о Бѣдных при Мини-стерствѣ мѣстнаго управленія упраздняется. Забота о неимущих распредѣляется между существующими медицин-скими и воспитательными Комитетами для достаточных граждан. Комитеты эти дѣйствуют при Графствах и должны быть подчинены контролю Графства в финансовом и ад-министративном отношеніях. Во избѣжаніе накопленія суб-сидій из разных источников должна быть установлена точная система регистраціи „общественной помощи." При этом всѣ формы такой помощи должны быть зарегистрованы, независимо от классификаціи крайней бѣдности. Студент, получившій стипендію для поступленія в университет, платный паціент, помѣщенный в пріютѣ Графства, мало-

---

* „New Poor Law or No Poor Law," with introductory Note by Canon Barnett, 1909.

достаточные родители ребенка, получающаго пищу в школѣ, всѣ должны быть занесены в списки без различія состоянія. Благотворительныя учрежденія должны будут вести записи своим выдачам и услугам и сообщать результаты на предмет общей регистраціи. Необходим внимательный разбор оснований для взысканія издержек и платы со стороны тѣх, кто имѣет средства платить, и с этой цѣлью в помощь регистратору должно быть образовано бюро спеціалистон. Предполагается также развить систему добровольных посѣщеній жилищ малодостаточнаго населенія с цѣлью, по возможности, предупреждать разореніе и деморализацію.

По отношенію к „способным к труду" (able-bodied), нуждающимся в общественном призрѣніи, задача сводится к нахожденію „мѣст" для труда, к устраненію невольной праздности (unemployment). Комментируя вторую часть отчета меньшинства, Сидней и Беатриса Уэбб настаивают на том, что без механизма „національнаго обмѣна труда" (National Labour Exchange) не может обойтись правильно организованное соціалистическое государство. Люди будут оставаться „без мѣст" вслѣдствіе недорода заграницей, вслѣдствіе колебаній спроса в извѣстных отраслях промышленности, напр. в электротехникѣ, на желѣзных дорогах, при сборѣ хмѣля и жатвѣ и т. п. Отчет высказывается рѣшительно против образованія спеціальных мастерских или работных учрежденій для безработных. Основным требованіем в таких учрежденіях признается, чтобы вознагражденіе не являлось заработной платой, а соотвѣтствовало бы потребности. Сильный, энергичный и добросовѣстный рабочій, если он одинокій, получит меньше, чѣм лѣнивый, небрежный и безчестный субъект, который имѣет жену и дѣтей. А так как нельзя лишать неимущаго помощи, то крайняя лѣность и негодность остаются безнаказанными, если только не было именно отказа работать, за который можно подвергнуть отказавшагося уголовному преслѣдованію.* В настоящее время помощь здоровым безработным

* S. and B. Webb, „The Public Organisation of the Labour Market," 1909, p. xi., 32 сл.

находится главным образом в руках добровольных обществ благотворительности, которыя устраивают убѣжища и раздают пищу.   Эта форма помощи неизбѣжна, когда люди рискуют фактически умереть с голоду, но она совершенно недостаточна в смыслѣ постояннаго содѣйствія.   Колоніи для размѣщенія безработных слишком малочисленны и появляются слишком случайно.   Онѣ должны во всяком случаѣ имѣть в дополненіе принудительныя учрежденія (detention colonies) для людей, избѣгающих труда (work-shy).   Притом одновременное дѣйствіе в больших центрах населенія принудительнаго закона о бѣдных и вспомоществованій в обширных размѣрах, но недостаточных и внѣ опредѣленных условій и со стороны добровольной благотворительности приводит в результатѣ к большому количеству незаслуженных страданій и в то же время к нравственному упадку и вырожденію характера.*   Попытки отдѣльных городов упорядочить положеніе безработных не могли привести к успѣху, так как дѣйствіе их было спорадическое и часто приводило к скопленію нуждающихся элементов в тѣх мѣстностях, которыя наиболѣе энергично работали в смыслѣ пріисканія труда и улучшенія быта безработных.   В 1905 году организація так называемых „Комитетов нужды“ (Distress Committees), выработанная постепенно для Лондона, была введена в силу „Акта о безработных“ 1905 года во всѣх городах Соединеннаго Королевства.   Первой обязанностью городских самоуправленій в силу этого акта было оказаніе помощи людям, правильно занимавшимся и способным вернуться к правильному труду, но оставшимся временно без занятій.   Лица, получавшія пособія по закону о бѣдных, устранялись из этой категоріи нуждающихся.   Акт, однако, открывал возможность содѣйствовать переѣзду рабочих из одной мѣстности в другую и обязывал всѣ самоуправляющіяся мѣстности, включая сюда и Графства, вести регистрацію спроса и предложенія труда, при чем регистрація эта должна была сообразоваться с указаніями бирж

---

* *Ibid.*, стр. 113, 114.

труда (Labour Exchanges). Таким образом была создана в
зародышѣ организація для планомѣрной борьбы с безра-
ботицей и для государственнаго воздѣйствія на рабочій
рынок.*

V.

В общем не может быть сомнѣнія в быстром и поступа-
тельном развитіи взглядов и мѣропріятій, имѣющих цѣлью
„заботу о населеніи.'' Но все вышесказанное было бы
необъяснимо и лишено почвы, если бы наш обзор ограничился
этой стороной дѣла—движеніем идей и административной
организаціи. Процесс развитія получает полное освѣщеніе
лишь, если принять во вниманіе рост организаціи и созна-
тельности в средѣ самаго рабочаго класса. Историческій
очерк трэд-юніонизма, составленный Уэббами, дает в этом
отношеніи наилучшія указанія.† Нѣт надобности рас-
пространяться о цѣлях и устройствѣ трэд-юніонов: общее
знакомство с этим вопросом можно предполагать у русскаго
образованнаго читателя. Необходимо, однако, коснуться
двух направленій в их дѣятельности—борьбы против вредных
для здоровья условій и отношенія к вопросу о мѣрилѣ
заработной платы.

Любопытно, что первая из указанных задач выяснилась
для трэд-юніонов довольно поздно. Вначалѣ в болѣзнях
и увѣчьях видѣли в рабочих кругах, так же как и вообще
в Англіи, посланныя Провидѣніем случайныя бѣдствія.
Точка зрѣнія радикально измѣнилась лишь около 1871 года.
В послѣднее время нѣт требованій, которыя предъявлялись
бы болѣе настойчиво нежели предохраненіе от несчастных
случайностей и устройство помѣщеній, отвѣчающих техническим условіям. Требованія эти, понятно, в высшей степени
разнообразны. Для примѣра можно упомянуть, что Союз
рабочих, приставленных к гончарным печам в Стаффордширѣ,
постановил выдавать субсидію своим членам, которые отка-

---

* S. and B. Webb, *loc. cit.*, 135.

† S. and B. Webb, „ Industrial Democracy, " 2 тома, 1897 г.

зываются работать при раскаленных печах в температурѣ свыше 120 градусов Фаренгейта. Союз ткачей сѣверных графств (Northern Counties Amalgamated Society of Cotton Weavers) выступил против наполненія фабричных помѣщеній паром свыше извѣстнаго предѣла и добился того, что в 1880 году парламент издал закон, положившій конец этой практикѣ.* Вопрос о помѣщеніях мало-по-малу выдвигается на первый план. Первыя усилія трэд-юніонов были направлены к улучшенію фабричных зданій и мастерских. Портные города Гласго в теченіе пятидесяти лѣт боролись против переполненія рабочими подвальных помѣщеній — сырых и темных. Лишь весьма медленно удалось достигнуть улучшеній в этом направленіи, и даже теперь не всѣ портняжныя заведенія обставлены как слѣдует в санитарном отношеніи. В послѣднее время, благодаря толчку, данному агитаціей „Генерала" Буса (Booth), извѣстнаго иниціатора Арміи Спасенія, общественное мнѣніе обращает особое вниманіе на реформу жилых помѣщеній. Трущобы (slums) Восточнаго и Центральнаго Лондона мало-по-малу расчищаются под вліяніем законодательства, направленнаго против помѣщеній, негодных для жилья человѣческих существ (unfit for human habitation). Пишущій эти строки лично помнит, что представляли из себя в восьмидесятых годах переулки и дворы по сосѣдству с театром Drury Lane и вокруг площадки Seven Dials, гдѣ теперь проложены Kingsway и Shaftesbury Avenue. Среди бѣла дня небезопасно было проходить через эти кварталы. О знаменитом Уайтчапелѣ и говорить нечего. Книга Booth'а† освѣтила эти мрачные закоулки ярким лучем свѣта и заставила ужаснуться „приличное" общество. Однако еще в нынѣшнем году в разслѣдованіях Комиссіи Сэр Джона Санки о положеніи угольной промышленности видную роль играли показанія о жилищных условіях углекопов в Ланаркширѣ близ Гласго.

---

* „Industrial Democracy," i., 358.

† Booth, „Life and Labour in London."

Оказывается, что большинство этих рабочих, получающих весьма значительную плату, ютятся по необходимости в переполненных помѣщеніях с семьей, состоящей из пяти, шести человѣк, скученных зачастую в одной комнатѣ. Землевладѣлец, которому принадлежит почти весь округ, Герцог Гамильтон, не нашел возможным продать эти людскіе муравейники по сходной цѣнѣ в видах устройства приличных помѣщеній. Этот позорный эпизод естественно послужил матеріалом для ожесточенной агитаціи в смыслѣ перехода рудоносных участков в руки государства.

Другое зло, против котораго вооружается общественное мнѣніе, касается уже не отдѣльных профессіональных союзов, а совокупности производительной организаціи—я разумѣю так называемое „выпотываніе" (sweating) — использованіе человѣческих существ для промышленных цѣлей без вниманія к возстановленію сил и сохраненію здоровья. Существует множество отраслей производства, в которых предприниматели имѣют возможность эксплуатировать неорганизованных или плохо организованных рабочих за несоотвѣтственно низкую плату и без вниманія к физическому и духовному состоянію трудящихся. Таково, напримѣр, положеніе швей, которыя шьют рубашки по заказу Манчестерских поставщиков, портных из евреев в Восточном Лондонѣ, носильщиков грузов в доках Лондона и Ливерпуля, земледѣльческих рабочих в большей части англійских графств. Признаки безнадежнаго вырожденія и животной приниженности вполнѣ ясно выступают в этих формах „чужеяднаго труда" (parasite trade). К чести англійскаго общества надо сказать, что эти безпомощные страдальцы не остались без защитников и ходатаев. Борьба против „sweating" ведется и в журналистикѣ и в законодательных учрежденіях.

Наиболѣе характерным признаком современнаго соціальнаго движенія является повышеніе мѣрила потребностей во всѣх отраслях рабочаго класса. Согласно ученію классической школы, формулированному Рикардо, заработная плата опредѣляется минимумом, необходимым для прокормленія рабочаго, не обладающаго спеціальной выучкой. Эта основная формула не выдерживает критики въ настоящее время, потому что, благодаря организаціи труда, минимальная потребность рабочаго не исчерпывается минимумомъ прокормленія, а распространяется на цѣлый рядъ улучшеній и удобствъ, о которыхъ простые рабочіе не смѣли и мечтать лѣтъ сто тому назадъ. Разница въ матеріальномъ положеніи нормальнаго рабочаго выясняется, напримѣръ, изъ сравненія бюджетовъ рабочихъ семей въ концѣ 18-го и въ концѣ 19-го вѣка. Книга Идена даетъ точныя справки для болѣе ранней эпохи. Параллельныя данныя относительно 1896 года можно извлечь изъ примѣрныхъ бюджетовъ, опубликованныхъ въ 1896 году Экономическимъ Клубомъ. Вотъ къ чему сводились, напримѣръ, приходныя и расходныя статьи рабочей семьи, состоявшей изъ одиннадцати членовъ въ 1795 году.

Доходъ :

Отецъ, 52 лѣтъ, земледѣлецъ, работаетъ на помѣщика за 8 шилл. въ недѣлю. Во время сѣнокоса и жатвы получаетъ по 1 шилл. 6 пенсовъ въ недѣлю.—Итого 21 ф. 3 шилл. въ годъ. Сынъ, 15 лѣтъ, на посылкахъ по 1 шилл. въ недѣлю. Восемь другихъ дѣтей не зарабатываютъ ничего. Жена печетъ хлѣбъ на продажу и зарабатываетъ 25 шилл. въ годъ. Годовой доходъ семьи 25 ф.

Расходъ :

Хлѣба по 9 шилл. въ недѣлю. Масла и сыра 6 пенсовъ въ недѣлю. Картофеля 6 пенсовъ въ недѣлю. Чаю и сахара 4 пенсовъ въ недѣлю. Топливо 8 шилл. 8 пенсовъ въ годъ. За наемъ коттеджа 2 ф. 2 шилл. въ годъ. Мыла, свѣчей, нитокъ и т. п. около 1 ф. 6 шилл. въ годъ. Никогда не ѣдятъ мяса и не пьютъ пива. Въ итогѣ — 30 ф. 14 шилл.

Такимъ образомъ ежегодный бюджетъ сводился съ дефицитомъ въ 5 ф. 14 шилл., и семья принуждена была всякій годъ обращаться къ помощи прихода.

Земледѣльческій рабочій въ такомъ же семейномъ положеніи въ 1896 году получаетъ горячій завтракъ передъ уходомъ на работу, въ полдень и къ вечеру ѣстъ хлѣбъ и сыръ, пьетъ чай, а по возвращеніи домой получаетъ горячій ужинъ. Мясо ѣдятъ раз в год, но каждый день получают свиную грудинку (bacon). В общем, различные члены семьи зарабатывают достаточно, чтобы покрыть без дефицита расходныя статьи, из которых лишь 48% тратятся на ѣду, 10% на наем помѣщенія, 41% остаются на различныя потребности, одежду, топливо и т. п.

Даже этого общаго сопоставленія достаточно, чтобы показать, как значительно измѣнились требованія самых простых рабочих в послѣднія 100-120 лѣт. Оставляя совершенно в сторонѣ современныя столкновенія между рабочими и предпринимателями, отмѣчу лишь, что один из главных аргументов рабочих в пользу сокращенія числа часов сводится к их желанію очистить достаточное количество досуга, чтобы имѣть возможность позаботиться о самообразованіи и гражданственности.

Другой вопрос, насколько Дергамскіе и Уэльскіе рудокопы, напримѣр, дѣйствительно пользуются своим досугом для образовательных цѣлей. Во всяком случаѣ, в промышленном движеніи, направленном к сокращенію числа часов и к повышенію платы, не может быть и рѣчи о скромном подчиненіи закону Рикардо. Вмѣсто продажи труда за эквивалент необходимаго пропитанія, основой договоров служит оцѣнка условій с точки зрѣнія приличнаго образа жизни. В нашу задачу не может входить разсмотрѣніе соціальной проблемы, которая надвигается благодаря постоянному возрастанію требованій в этой области и сознанію силы со стороны рабочих организацій. Выработка нормальных отношеній между синдикатами рабочих, совокупностью общества, представленнаго государством и законными интересами отдѣльных лиц, представляется самой важной и самой сложной задачей нашей эпохи. Ясно, во всяком случаѣ, что *забота о населеніи* при опредѣлившихся условіях должна быть признана едва ли не главной обязанностью правительственных органов и общественнаго мнѣнія.

В заключеніе необходимо указать на роль, которую в Великобританіи играют судебныя учрежденія в проведеніи и обезпеченіи заботы о населеніи. В англійской правовой системѣ не выработалось пока особой отрасли административнаго или общественнаго права подобно тому, как это имѣло мѣсто во Франціи и Германіи. Охрана личности и обществен- ныхъ союзовъ въ связи съ законами о бѣдныхъ, о воспитаніи, о санитарномъ и фабричномъ надзорѣ и т. п. лежитъ главнымъ образомъ на общихъ судебныхъ учрежденіяхъ, хотя за послѣднее время стали образовываться различныя судебныя комиссіи, контролирующія примѣненіе постановленій по санитарной полиціи, устройству жилыхъ помѣщеній, страхованію, спорамъ между предпринимателями и рабочими и т. п. Въ высшихъ инстанціяхъ всѣ возникающія отсюда пререканія и споры восходятъ на рѣшеніе Верховныхъ Судовъ, преимущественно такъ называемаго Отдѣленія Королевской Скамьи въ Лондонѣ. Въ техническомъ отношеніи такой порядокъ имѣетъ недостатки — онъ страдаетъ отъ проволочекъ, накопленія дѣлъ, недостаточной освѣдомленности судей въ спеціальныхъ вопросахъ админи- страціи и промышленныхъ производствъ. Но за нимъ имѣется то огромное преимущество, что судебная власть дѣйствуетъ съ рѣдкимъ безпристрастіемъ и юридическимъ авторитетомъ, твердо охраняя положительное право отъ всякаго рода лич- ныхъ и классовыхъ посягательствъ. Въ этихъ проявленіяхъ „господства права" какъ нельзя лучше выражается жизнен- ность и цѣлесообразность государственнаго Союза, какъ онъ понимается въ Англіи. Въ эпоху обостренной хозяйственной борьбы и великаго соціальнаго превращенія особенно цѣнно воздѣйствіе справедливаго посредника чести въ лицѣ авто- ритетнаго судьи.

ПАВЕЛ ВИНОГРАДОВ.

ВАЖНѢЙШІЯ ПОСОБІЯ.

REDDLICH and HIRST. *Local Government.*

SIDNEY and BEATRICE WEBB. *Local Government.*

NICHOLLS and MACKAY. *History of Poor Law.* 3 vols. 1898, 1899.

Miss LEONARD. *Early History of English Poor Relief.* 1900.

PARLIAMENTARY PAPERS. *Majority and Minority Reports of the Royal Commission of 1905 on Poor Law.*

ASHBY. "Poor Law Administration in a Warwickshire Village" (VINOGRADOFF, *Oxford Essays in Legal and Social History*, vol. iii.)

SIDNEY and BEATRICE WEBB. *The Break-up of the Poor Law.*

BEVERIDGE. *Unemployment.* 1912.

CHARLES BOOTH. *Life and Labour of the People in London.* 9 vols. 1896 и сл.

SEEBOHM ROWNTREE. *Poverty.* 1901.

HODDER. *The Life of the Seventh Earl of Shaftesbury.* 3 vols. 1886.

v. SCHULZE-GÄVERNITZ. *Zum Socialen Frieden.*

NOSTITZ. *Das Aufsteigen des Arbeiterstandes.* 1900.

THOMAS CARLYLE. *Past and Present.* 1843.

THOMAS CARLYLE. *Chartism.* 1840.

THOMAS CARLYLE. *Latter Day Pamphlets.* 1850.

KÖLLREUTTER. *Verwaltungsrecht und Verwaltungsrechtsprechung im Modernen England.* 1912.

SIDNEY and BEATRICE WEBB. *Industrial Democracy.* 1898.

Mrs. B. BOSANQUET. *The Standard of Life.* 1898.

Павел Виноградов, Историческія основы англійскаго административнаго права. В Отчетѣ Россійской Академіи Наук за 1917 год.

ОБЯЗАТЕЛЬНОЕ НАЧАЛЬНОЕ

ОБУЧЕНІЕ И ПОДГОТОВКА

НАРОДНЫХ УЧИТЕЛЕЙ В

АНГЛІИ И ВАЛИСѢ

в

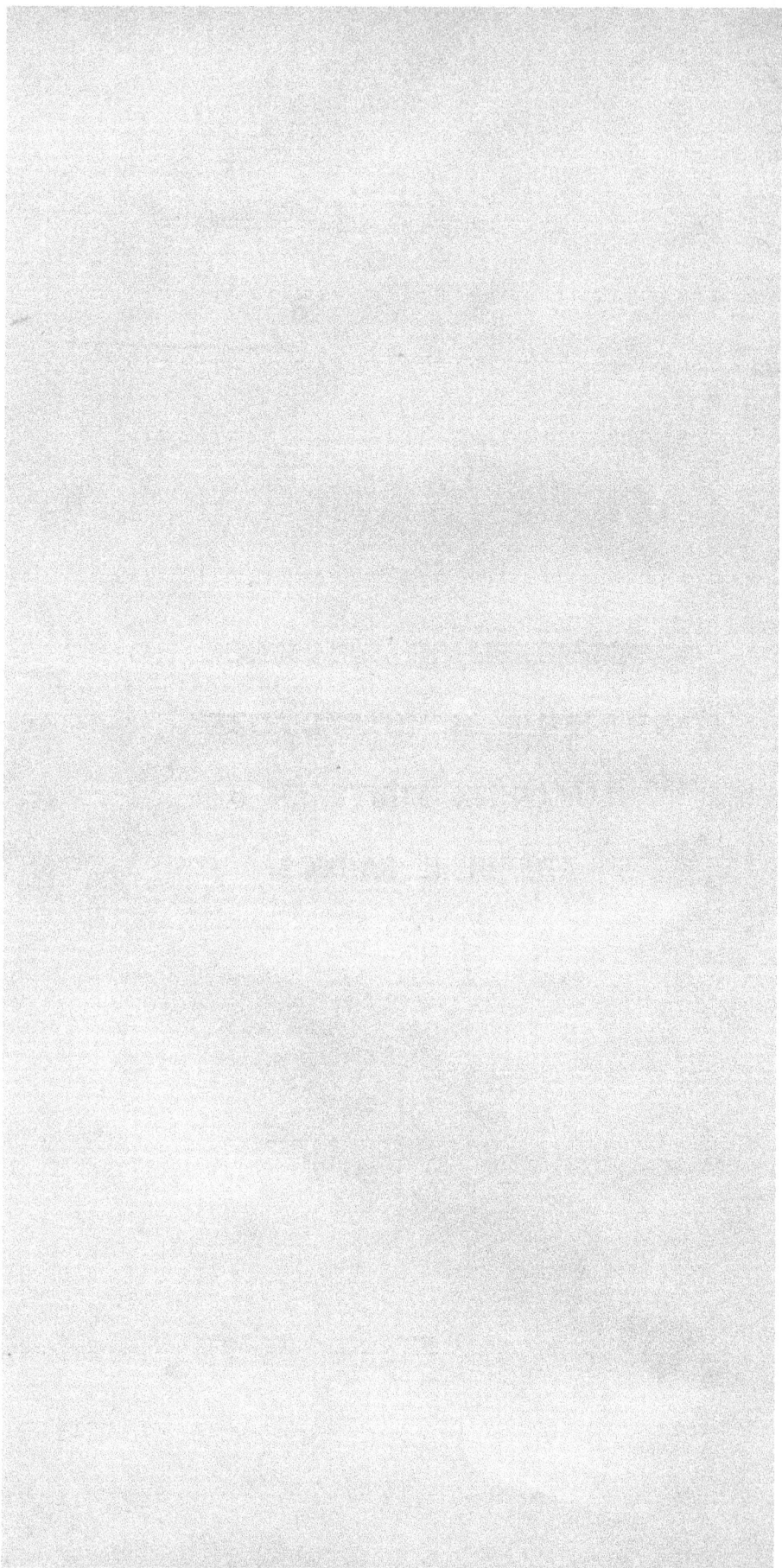

Обязательное начальное обученіе и подготовка народныхъ учителей въ Англіи и Валисѣ.*

I.

ОБЯЗАТЕЛЬНОЕ ОБУЧЕНІЕ.

До принятія Закона о Начальномъ Образованіи 1870 года, являю щагося началомъ обязательнаго обученія, дѣти рабочихъ и нижесредняго класса въ Англіи обучались исключительно въ школахъ, содержимыхъ разными благотворительными учрежденіями. Среди нихъ самыми замѣчательными были: „Національное Общество для развитія обученія бѣдныхъ" въ принципахъ Англиканской Церкви, жалованное въ 1811 г., и Общество британскихъ и иностранныхъ школъ, возникшее въ 1808 г. Посѣщеніе школъ, основанныхъ этими двумя обществами, было совер шенно добровольнымъ. Обученіе въ школахъ было недорогое; но плата за ученіе была такъ мала, что школы поддерживались въ значительной степени добровольными пожертвованіями. Время отъ времени правительство прибавляло къ суммамъ, собраннымъ такимъ образомъ, небольшія субсидіи, предназначенныя большею частью на соору женіе школьныхъ зданій. До того момента, какъ законъ 1870 года былъ принятъ Парламентомъ, въ школахъ упомянутыхъ обществъ около двухъ милліоновъ дѣтей (на населеніе въ 22.712.266) получали нѣкоторое подобіе начальнаго образованія.

Согласно закону 1870 всѣ дѣти, въ возрастѣ отъ 5—13 лѣтъ, должны посѣщать школу. Школы были основаны и поддерживаемы особыми органами, учрежденными правительствомъ и получившими наз ваніе Школьныхъ Совѣтовъ. Эти Совѣты (School Boards) получили право добывать необходимыя средства путемъ мѣстныхъ налоговъ. Къ мѣстнымъ средствамъ правительство прибавляло опредѣленную суб сидію. Такимъ образомъ возникли Совѣтскія Школы (Board Schools),

---

* Настоящая статья была написана для сборника на англійскомъ языкѣ и переведена однимъ изъ сотрудниковъ. (Ред.)

рядомъ съ которыми существовали церковно-приходскія, добровольныя школы, не только не упраздненныя закономъ 1870 года, но,
напротивъ, получавшія такую же субсидію, какъ и Совѣтскія,
если проявляли извѣстную степень успѣха. Въ Совѣтскихъ школахъ
катехизисъ разныхъ исповѣданій не преподавался. Религіозное
наставленіе давалось въ концѣ учебнаго дня. Оно не было обяза-
тельнымъ. Дѣти не могли посѣщать эти уроки безъ согласія родителей.

После 1870 года въ каждомъ учебномъ округѣ быстро начали откры-
ваться школы въ зависимости отъ требованій. Самое трудное, съ чѣмъ
приходилось бороться властямъ, это — добиться посѣщенія школ
дѣтьми.

По закону 1876 года небрежность родителей, не посылавшихъ
дѣтей въ школу, становилась наказуемымъ проступкомъ. Тѣмъ же самымъ
закономъ возрастъ для посѣщенія школъ былъ повышенъ до четырнадцати
лѣтъ. Чтобы добиться посѣщенія школъ дѣтьми, былъ созданъ новый
рядъ организацій, назначаемыхъ муниципальными властями въ каждомъ
округѣ. Эти организаціи получили названіе Наблюдательныхъ Комитетовъ (School Attendance Committees) и принесли большую пользу
Школьнымъ Совѣтамъ. Въ 1900 году было 2.545 Школьныхъ Совѣтовъ и
788 Наблюдательныхъ Комитетовъ.

Следующее важное измѣненіе въ системѣ начальнаго образованія
въ Англіи и Валисѣ внесено было закономъ 1902 года.

Законъ этотъ отмѣнилъ Школьные Совѣты и Наблюдательные Комитеты. Дѣло начальнаго образованія было всецѣло передано мѣстнымъ
муниципалитетамъ. Другими словами, начальное образованіе перешло
въ руки совѣтовъ графствъ, городскихъ совѣтовъ, совѣтовъ мѣстечекъ съ
населеніемъ больше, чѣмъ въ 10.000, и совѣтовъ Округовъ съ населеніемъ
больше, чѣмъ въ 20.000. Тотъ же законъ уничтожилъ и добровольныя
церковно-приходскія школы. Онѣ перешли въ вѣдѣніе муниципалитетовъ, т. е. стали содержаться за счетъ мѣстныхъ платель-
щиковъ налоговъ, какъ и всѣ другія начальныя муниципальныя школы.
Хотя названіе „добровольная школа“ еще существуетъ, но един-
ственная разница между нею и муниципальной заключается въ томъ, что
помѣщеніе для первой всегда дается не мѣстнымъ самоуправленіемъ.
Есть также извѣстное число школъ, отказавшихся подчиниться пункту
о религіозномъ обученіи. Эти учебныя заведенія, которыя предпочли
остаться независимыми, извѣстны подъ названіемъ зарегистрированныхъ школъ (Certified Efficient Schools). Хотя онѣ содержатся, главнымъ образомъ, на частныя средства, но общій характеръ
ихъ долженъ быть такой же, какъ и общественной начальной школы,
а именно: плата за ученіе не можетъ быть больше, чѣмъ девять
пенсовъ въ недѣлю, затѣмъ онѣ не должны содержаться ради дохода.
Такія школы должны быть доступны правительственному инспектору,
дабы онъ могъ убѣдиться, что уровень знанія, даваемаго въ нихъ, не ниже,
чѣмъ въ муниципальныхъ школахъ. Слѣдующая таблица наглядно иллю-

стрируетъ ростъ и развитіе начальнаго образованія въ Англіи и Валисѣ отъ 1870 до 1914 года.[*]

Начальныя школы обычнаго типа и "зарегистрированныя."

Годы.	Начальныя школы обычнаго типа.						Зарегистрированныя школы.	
	Муниципальныя школы.		Добровольныя школы.		Всего.			
	Число.	Число учащихся.	Число.	Число учащихся.	Школ.	Учащихся.	Число школ.	Число учащихся.
1869–70	——	——	8.281	1.878.584	8.281	1.878.584	——	——
1871–2	82	17.156	9.772	2.278.738	9.854	2.295.894	——	——
1873–4	838	245.508	11.329	2.615.811	12.167	2.861.319	——	——
1875–6	1.596	556.150	12.677	2.870.168	14.273	3.426.318	——	——
1877–8	2.682	890.164	13.611	3.052.173	16.293	3.942.337	290	18.496
1879–80	3.433	1.082.634	14.181	3.158.119	17.614	4.240.753	425	34.793
1881–2	3.868	1.298.746	14.421	3.239.574	18.289	4.538.320	386	34.365
1883–4	4.181	1.490.174	14.580	3.336.564	18.761	4.826.738	347	28.462
1885–6	4.402	1.692.505	14.620	3.452.787	19.022	5.145.292	352	30.597
1887–8	4.562	1.809.481	14.659	3.547.073	19.221	5.356.554	312	26.937
1889–90	4.676	1.915.182	14.743	3.624.103	19.419	5.539.285	277	25.048
1891–2	4.831	2.041.464	14.684	3.651.511	19.515	5.692.975	206	20.439
1893–4	5.081	2.199.111	14.628	3.633.833	19.709	5.832.944	164	15.749
1895–6	5.432	2.433.411	14.416	3.638.963	19.848	6.072.374	136	13.101
1897–8	5.555	2.625.879	14.382	3.690.987	19.937	6.316.866	133	12.278
1899–1900	5.691	2.785.801	14.409	3.723.810	20.100	6.509.611	108	9.516
1901–2	5.878	2.957.966	14.275	3.723.329	20.153	6.681.295	117	11.046
1903–4	6.162	3.178.541	14.150	3.706.282	20.312	6.884.823	93	9.953
1906	6.990	3.552.674	13.537	3.506.588	20.527	7.059.262	79	10.951
1907	7.231	3.674.857	13.365	3.407.078	20.596	7.081.935	74	9.710
1908	7.426	3.772.421	13.196	3.315.995	20.622	7.088.416	76	9.965
1909	7.651	3.871.827	13.048	3.246.411	20.699	7.118.238	77	9.739
1910	7.841	3.923.320	12.924	3.093.307	20.765	7.016.627	71	9.814
1911	8.052	3.982.989	12.795	2.825.399	20.847	6.808.388	65	7.598
1912	8.200	4.065.316	12.703	2.797.508	20.903	6.862.824	63	7.100
1913	8.362	4.162.001	12.606	2.778.002	20.968	6.940.003	58	6.866
1914	**8.510**	**4.239.724**	**12.507**	**2.764.283**	**21.017**	**7.004.007**	**59**	**7.173**

Данныя относительно 1917 года слѣдующія:

Год.	Муниц. школы.		Добровольн. школы.		Всего.	
	Число.	Число учащихся.	Число.	Число учащихся.	Школ.	Учащихся.
1917	8.617	4.322.607	12.322	2.738.838	20.939	7.061.445

[*] Всѣ статистическія данныя, приведенныя въ этой статьѣ, если они не оговорены взяты изъ изданій Министерства Народнаго Просвѣщенія.

Такимъ образомъ, мы видимъ, что вмѣсто 8.281 начальной школы съ 1.878.584 учащимися, какъ въ 1870 году, мы имѣемъ въ 1917 году 20.939 школъ съ 7.061.445 учащимися.*

Слѣдующая таблица показываетъ число посѣщавшихъ школы.

Годы.	Число учащихся по журналамъ въ 31 Января.				Приростъ или уменьшеніе.
	Моложе пяти лѣт.	Отъ 5—12.	Отъ 12 и старше.	Всего.	
1912	320.889	4.636.926	1.088.770	6.046.585	.. .. ..
1913	301.150	4.644.678	1.111.589	6.057.417	+ 10.832
1914	289.757	4.672.753	1.116.385	6.078.895	+ 21.478
1915	283.200	4.689.298	1.136.167	6.108.665	+ 29.770
1916	269.400	4.690.675	1.110.237	6.070.312	— 38.353
1917	232.183	4.650.110	1.097.596	5.979.889	— 90.423

Слѣдующая таблица относится только къ обычнымъ общественнымъ начальнымъ школамъ:

Годы.	Число взписанныхъ учащихся.	Среднее число посѣщавшихъ школы.	Процентное отно- шеніе посѣ- щавшихъ школы.
1910—11	6.036.685	5.373.320	89,01
1911—12	6.083.982	5.357.507	88,79
1912—13	6.047.217	5.365.873	88,73
1913—14	6.066.311	5.382.624	88,73
1914—15	.. .. ..	5.354.640	.. ..
1915—16	.. .. ..	5.296.571	.. ..
1916—17	.. .. ..	5.218.560	.. ..

*   *

*

Центральной властью по дѣлу народнаго образованія является Министерство Народнаго Просвѣщенія, Board of Education, отвѣт- ственное передъ Парламентомъ. Мѣстной властью въ каждомъ школь- номъ округѣ является мѣстное самоуправленіе. Законъ 1902 года даетъ мѣстному самоуправленію право создавать Образовательные Комитеты (Education Committees), состоящіе въ большинствѣ изъ муниципальныхъ совѣтниковъ, а также изъ членовъ другихъ организацій, какъ напримѣръ, ассо- ціацій добровольныхъ школъ, а равно изъ лицъ, имѣющихъ большой педагоги-

---

* Цифры за 1917 г. не включаютъ числа зарегистрированныхъ школъ.

ческій опытъ или хорошо освѣдомленныхъ о нуждахъ разныхъ мѣстныхъ школъ. Въ Образовательные Комитеты могутъ быть избраны и женщины. Муниципальный совѣтъ можетъ облечь Образовательный Комитетъ правами, которыя самъ имѣетъ по закону 1902 года, кромѣ права собирать деньги путемъ налоговъ. Каждая школа находится въ вѣденіи группы завѣдующихъ, назначаемыхъ Муниципальнымъ Совѣтомъ. Такихъ завѣдующихъ не можетъ быть больше шести. Въ добровольныхъ школахъ, помѣщенія которыхъ принадлежатъ не муниципалитету, четыре завѣдующихъ назначаются той группой, которой принадлежитъ зданіе, а два — назначаются Муниципальнымъ Совѣтомъ.

Всѣ программы обученія должны быть утверждены Министерствомъ Народнаго Просвѣщенія.

Расходы по содержанію школъ покрываются, главнымъ образомъ, путемъ мѣстныхъ налоговъ. Сюда прибавляется правительственная субсидія, опредѣленная разными парламентскими законами, нормирующихъ посѣщаемость школъ, обученіе и преподаваніе нѣкоторыхъ спеціальныхъ предметовъ. Новый законъ о народномъ образованіи 1918 года устанавливаетъ, чтобы Государство брало на себя не меньше половины всѣхъ расходовъ, а что же касается до остальной части расходовъ, то она падаетъ на муниципалитеты. Небольшая сумма собиралась также путемъ платы за ученіе; но законъ 1918 года отмѣняетъ совершенно всякую плату въ начальныхъ школахъ.

Въ 1913 году было 141.863 дѣтей, вносящихъ плату за ученіе и 5.938.500, получающихъ начальное образованіе безплатно.

Въ 1912 году было вычислено, что обученіе мальчика или дѣвочки въ начальной школѣ обходится въ 4 фунта 12 шиллинговъ и 4 пенса въ годъ. Что же касается мѣстныхъ налоговъ на образованіе, то они составляютъ отъ 5 пенсовъ до 2 шил. 10½ пенсовъ на фунт. стер.*

Изъ суммы въ 30.805.828 ф. ст., израсходованной муниципалитетами въ 1912–1913 году на начальное образованіе, на долю Министерства Народнаго Просвѣщенія падаетъ 14.302.859 ф. ст.

Надзоръ.—Каждая начальная общественная школа подлежитъ надзору со стороны Министерства Народнаго Просвѣщенія. Время отъ времени, хотя не обязательно, обычно разъ въ годъ, народную школу посѣщаетъ инспекторъ.

Инспектора назначаются Министерствомъ Народнаго Просвѣщенія.

Медицинское освидѣтельствованіе.—Всѣ дѣти, посѣщающія общественныя начальныя школы, подвергаются, время отъ времени, медицинскому осмотру. Дѣти, въ случаѣ необходимости, снабжаются лекарствами. Чахоточныя дѣти, слабыя или предрасположенныя къ чахоткѣ, отсылаются, гдѣ это только возможно, въ школы на открытомъ воздухѣ. Министерство Народнаго Просвѣщенія выдаетъ субсидію

---

* Charles Birchenough, „A History of Elementary Education from 1800 to the present day," стр. 130. (Издано в 1914 г.)

тѣм мѣстным школьным властям, которыя оказывают существенную медицинскую помощь учащимся.

Высшія Элементарныя Школы.—Программа этих школ такая же, как и обычных начальных школ. Прибавляется только спеціальное изученіе какого-нибудь предмета, который будет играть важную роль в послѣдующей, внѣшкольной работѣ мальчика или дѣвочки. Курс в этих школах трехлѣтній с возможностью быть продолженным еще на год, если будет выражено желаніе. В эти школы учащіеся допускаются в возрастѣ двѣнадцати лѣт.

В Англіи и Валисѣ теперь сорок пять начальных школ высшаго типа.

Спеціальныя Элементарныя Школы.—Закон о слѣпых и глухих дѣтях 1893 года и закон о недоразвитых дѣтях и эпилептиках 1899 года предписывают, чтобы эти дѣти тоже получали начальное образованіе. Всѣ эти дѣти обучаются в спеціальных школах, которых теперь — 421, с помѣщеніем для 31.802 учащихся. Сто девять из этих школ — закрытыя, а 302 — открытыя. В закрытых школах — 8.596 учащихся, а в школах для приходящих — 23.206 учащихся. Учащіеся обязательно должны посѣщать школы до 16 лѣт. Министерство Народнаго Просвѣщенія выработало спеціальныя правила для этих школ. В программу преподаванія входят: англійскій язык, арифметика и знаніе общих предметов. Сюда относится знакомство с природой, развитіе наблюдательных способностей, исторія, географія, пѣніе, музыка, гимнастика, да ремесла, соотвѣтствующія способностям, а также приноровленныя к спеціальному физическому недостатку учащагося.

Безплатные завтраки.—Спеціальный закон 1906 г. дает полномочія мѣстным школьным властям помогать Комитетам, устраивающим столовыя для учащихся в начальных школах (School Canteen Committees). Тѣ родители, которые могут, должны платить за обѣды своих дѣтей, но нуждающіеся учащіеся получают ѣду безплатно. Расходы, в таком случаѣ, покрываются школьными властями за счет мѣстных налогов. В 1915 году обѣд в школах получали 422.401, в 1916 году—117.901, а в 1917 году—64.613 дѣтей.

·   ·

·

Когда было введено обязательное обученіе, программа предметов преподаванія была очень ограничена. Имѣлись в виду довольно узкіе горизонты, но, с теченіем времени, они расширялись, вначалѣ медленно, а в послѣдніе годы очень быстро.

В наказѣ, данном общественным начальным школам Министерством Народнаго Просвѣщенія, приведены точныя инструкціи относительно предметов преподаванія и цѣлей, к которым должны стремиться учители для общаго развитія учащихся; но допускается эластичность в программѣ. Таким образом, каждая школа может приспособиться к нуждам и запросам даннаго округа. Образовательные Комитеты имѣют нѣкоторую возможность проявить свои идеалы. В основных принципах, намѣченных Министерством Народнаго Просвѣщенія, оно настоятельно подчеркивает абсолютную необходимость умственнаго развитія учащихся. Министерство указываетъ, что школа должна дать дѣтям не только практическое знаніе, но и интеллектуально должна подготовить их для предстоящей жизни. Указывается, что школа имѣет цѣлью развить в дѣтях способность наблюдать и ясно мыслить, дабы они могли получить разумное представленіе о нѣкоторых явленіях и законах природы. Школа должна также заинтересовать дѣтей в идеалах и достиженіях человѣчества. Затѣм она должна дать нѣкоторое знакомство с литературой и исторіей родной страны да помочь дѣтям усвоить хорошо язык, как орудіе мышленія и выраженія мысли. Школа, кромѣ того, должна развить вкус к хорошему чтенію, дабы дѣти потом сами могли продолжать самообразованіе. Важное значеніе придается также всемѣрному поощренію, при помощи ручных работ, естественному стремленію дѣтей к дѣятельности, а затѣм развитію тѣла при помощи гимнастики, игр и ознакомленія школьников с основными законами гигіены. Учителям настоятельно рекомендуется выбирать дѣтей с выдающимися способностями, дабы дать им потом возможность переходить в среднія школы. Подчеркивается также и то, что преподаватель должен заложить в дѣтях фундамент хорошаго поведенія, т.е. умѣнія держать себя, чувства чести и справедливости.

Подробности программы, намѣченной в наказѣ Министерства Народнаго Просвѣщенія, имѣют такое важное значеніе для правильнаго пониманія предмета, что мы даем их полностью.

1. *Дѣти :—*

В отношеніи к дѣтям главной цѣлью школы должно быть развитіе их тѣла и ума, а также созданіе привычек к повиновенію и вниманію.

а) Физическія упражненія должны выражаться скорѣе в играх, заключающих свободу движенія, в пѣніи и в правильном дыханіи, чѣм в гимнастикѣ.

б) Дѣтей младшаго возраста надо поощрять в изощреніи глаз, руки и пальцев. Учителя должны путем бесѣд с дѣтьми, разсказов и поощренія вопросов содѣйствовать развитію представленій у учащихся и умѣнію выражать идеи простым дѣтским языком.

в) Для дѣтей постарше упомянутыя выше упражненія должны быть пополнены короткими уроками, во время которых дѣти привыкнут слушать внимательно, говорить ясно, читать наизусть легкія вещицы, передавать своими словами нетрудные разсказы и развивать свои способности к наблюденію. Дѣти эти должны также выполнять несложныя работы, затѣм приступать к рисованію, чтенію и письму, получить начальное представленіе о цифрах и упражняться в пѣніи.

з) Старших дѣтей можно учить шитью и вязанью, но надо избѣгать работ, которыя могли бы повредить зрѣнію.

2. *Учащіеся старшаго возраста :—*

В классах для старших дѣтей, предметы, упомянутые ниже, должны быть преподаваемы примѣнительно к возрасту и способностям учащихся. Совсѣм не необходимо, чтобы всѣ предметы преподовались *в каждой школѣ и каждом классѣ.* Программа в общем может *мѣняться,* если Министерство имѣет достаточно основаній думать, что *измѣненія эти обусловливаются нуждами учащихся, условіями данной школы или полезны, как опыт.*

I. *Англійскій язык.* Сюда включены упражненія в ясном произношеніи, изложеніе своими словами, чтеніе, как про себя так и вслух, и сочиненія. Хрестоматіи, которыми пользуются учащіеся, должны заключать отрывки, имѣющіе значительныя литературныя достоинства. Нѣкоторые из этих отрывков должны быть заучены наизусть. В старших классах чтеніе про себя должно представлять скорѣе правило, чѣм исключеніе. В систему обученія должно входить также усиленное чтеніе под надлежащим руководством, имѣющее цѣлью, как выработку способности к систематическому самообразованію, так и созданіе хорошаго литературнаго вкуса. Изученіе грамматики должно происходить в старших классах. Цѣлью такого преподаванія, должно быть слѣдующее : учащійся должен понимать состав предложенія, которое он читает, пишет, или говорит, а также и значеніе каждаго слова. Преподаваніе грамматики должно быть, насколько только возможно, свободно от технических подробностей.

II. *Чистописаніе.* Преподаваніе его должно научить дѣтей писать быстро и четко.

III. *Арифметика.* Сюда входят практическія работы в измѣреніи и взвѣшиваніи, упражненія устныя, письменныя, (работы эти должны быть разнородны и включать также другія знанія, кромѣ арифметических). В старших классах учащіеся должны давать объясненія употребляемых пріемов. Старшим учащимся надлежит объяснить основы метрической системы и выгоды ея. Также можно с пользой изложить начатки алгебры и показать, как рѣшаются задачи путем замѣны цифр буквами.

Надлежит дать практическія упражненія в измѣреніи, для чего учеников надо ознакомить с черченіем и масштабом. Старшіе мальчики должны научиться употребленію циркуля и транспортира. Параллельно с этим, насколько возможно, должен идти ручной труд.

IV. *Рисованіе* (включая моделлированіе). Цѣлью его является прежде всего развитіе в учащемся его индивидуальных способностей к наблюденію и к передачѣ наблюдаемаго. Рисованіе не только порождает ловкость пальцев и точность, но содѣйствует также умственному развитію. С самаго начала учащійся должен пріобрѣтать навык в изображеніи с натуры и по памяти естественных и искусственных предметов, переходя от самых простых к болѣе сложным. Надлежит при этом избѣгать копированія рисунков и употреблять матеріалы и, в особенности, акварельныя краски и пастель, наиболѣе подходящія в данном случаѣ, могущія содѣйствовать интересу и удовольствію учащагося в его работѣ. Рисованіе должно идти, насколько возможно, рядом с изученіем других предметов и с другими упражненіями пальцев и глаз.

V. *Развитіе способности к наблюденію и изученіе Естественной Исторіи* должно находиться в спеціальной зависимости от условій, окружающих учащихся, от естественных и историческихъ особенностей даннаго мѣста, от растеній, находимых там, и от занятій населенія. Цѣлью изученія является созданіе привычки точнаго и разумнаго наблюденія. В подходящих мѣстах, если имѣются подходящіе и знающіе учителя, старшіе ученики могут изучать садоводство.

VI. *Географія*. Преподаваніе основывается на элементарных знаніях, пріобрѣтенных во время уроков для развитія наблюдательности, затѣм на изученіи естественной исторіи и на разсказах учителей. Цѣлью преподаванія является общее представленіе о землѣ и о населеніи ея, и болѣе подробное знаніе Соединеннаго Королевства и его колоній. Если окажется возможным, то желательно также нѣсколько болѣе подробное изученіе главнѣйших иностранных государств. Учащіеся должны получить навык в пользованіи картой. Они сами должны чертить простыя карты, и в старших классах должны чертить эти карты по масштабу.

VII. *Исторія*. Преподаваніе ея в низших классах обнимает жизнь великих людей и уроки, которые можно извлечь отсюда. В старших классах учащіеся знакомятся с главными дѣятелями и событіями Англійской исторіи и с ростом Британской Имперіи. Преподаватель может и не ограничиваться только исторіей Англіи и Британской Имперіи. В старших классах с большой пользой могут быть даны уроки об обязанностях гражданина.

VIII. *Пѣніе*. Преподаваніе этого предмета должно заключать развитіе голоса, гимнастику дыханія, хоровое пѣніе, чтеніе нот, которыя только в исключительных случаях должны быть обозначены цифрами (Tonic Sol-fa), и основныя понятія о музыкѣ. Учащіеся должны часто пѣть національныя и народныя пѣсни.

IX. *Гигіена и физическое развитіе.* Сюда входятъ: гимнастика, движенія, примѣнительно къ возрасту и полу учащихся, наставленія, какъ охранять свое здоровье, и, въ особенности, правила относительно пищи, питья, одежды, опрятности, свѣжаго воздуха, правильной позы во время писанія и другія наставленія. Цѣлью преподавателя должно быть общее физическое развитіе учащагося. Настоятельно рекомендуется преподавателю слѣдовать указаніямъ, содержащимся въ учебникахъ физическаго развитія. Учащіеся школы должны быть также обучены, какъ имъ держаться во время пожара въ зданіи. Въ программу можетъ быть также включено обученіе плаванію.

X. *Домоводство и рукодѣлье* (только для дѣвочекъ). Сюда входятъ надлежащее выполненіе обычныхъ домашнихъ работъ, шитье и вязанье. Старшія дѣвочки должны получать всюду, гдѣ только это возможно, практическіе уроки стряпанья, стирки и домоводства.

Преподаваніе рукодѣлья должно идти такъ, чтобы дѣвочки пріобрѣли практическое умѣнье шить, кроить и изготовить простое платье. Наряду съ этимъ дѣвочекъ слѣдуетъ обучать, какъ починять платья и какъ штопать чулки. Упражненія на тряпочкахъ должны продолжаться только до тѣхъ поръ, покуда дѣвочки научатся разнымъ стежкамъ. Во всѣхъ классахъ цѣлью должно быть періодическое приготовленіе каждой дѣвочкой какой нибудь полезной части одежды. Старшихъ дѣвочекъ можно обучать, какъ пользоваться швейной машиной, но слѣдуетъ также имѣть въ виду, что рукодѣлье въ извѣстной степени развиваетъ глаза и пальцы. Надо обратить вниманіе на то, чтобы были избѣгнуты всѣ условія, неблагопріятныя для зрѣнія.

Преподаваніе должно давать частую возможность требовать отвѣта не только устно, но и письменно, въ видѣ сочиненій. Насколько возможно, всѣ предметы должны преподаваться въ зависимости другъ отъ друга и въ соотношеніи съ средой, окружающей учащагося. Тѣ дѣйствія и тѣ предметы, съ которыми связана повседневная жизнь населенія данной мѣстности, должны служить темой для арифметическихъ задачъ, содержаніемъ предметныхъ уроковъ, объектомъ рисованія и наблюденія при изученіи естественной исторіи. Надо помнить, что практическія занятія, надлежащимъ образомъ связанныя съ преподаваемымъ предметомъ, не только даютъ конкретность школьной работѣ и развиваютъ творческія и механическія способности учащихся, но содѣйствуютъ также развитію ума.

Преподаваніе морали должно составлять важную часть въ программѣ каждой начальной школы. Такое преподаваніе можетъ быть или 1) случайнымъ, не періодическимъ, являющимся спорадически во время другихъ уроковъ, или 2) происходить систематически, по опредѣленной программѣ.

Преподаваніе должно имѣть цѣлью насажденіе в учащихся мужества, правдивости, чистоты душевной и тѣлесной, приличія в языкѣ, справедливости, уваженія к другим, снисходительности к слабым, само-дисциплины, воздержанности, самоотреченія, преданности Родинѣ и пониманія красоты в природѣ и искусствѣ.

Преподаваніе должно стать наглядным для дѣтей путем ссылок на окружающія условія в городѣ или деревнѣ. Оно должно быть, насколько возможно, болѣе живо иллюстрировано разсказами, стихотвореніями, цитатами, пословицами и примѣрами, заимствованными из исторіи, а также из жизнеописаній великих людей. Цѣлью подобнаго преподаванія является формированіе характера, правил жизни и умѣніе мыслить. Преподаватель должен умѣть затронуть чувство дѣтей и обратиться к их индивидуальности. Ибо, если не затронуты естественныя нравственныя чувства учащагося, то вряд ли преподаваніе морали будет имѣть какой нибудь успѣх.

Школьные часы. В начальных школах ученіе в старших классах продолжается три часа до обѣда и два с половиной часа послѣ обѣда. В младших же классах ученіе послѣ обѣда продолжается только два часа. По субботам и воскресеньям занятій не производится. Учащіеся должны собираться в школѣ в общем 400 раз в год.

Число учащихся в каждом классѣ. По правилам Министерства Народнаго Просвѣщенія в классѣ вообще не должно быть больше тридцати учащихся. Ни в коем случаѣ их не должно быть больше 35. Во время войны, вслѣдствіе недостатка в учителях, правило это было ослаблено.

II.

НАРОДНЫЕ УЧИТЕЛЯ.

До 1870 года, когда посѣщеніе начальной школы не было еще обязательным, суммы на содержаніе преподавательскаго состава были так ограничены, что на цѣлую школу приходился только один учитель или одна учительница. И тогда выработана была система учеников-преподавателей, по которой старшіе учащіеся обучали младших. Когда, в 1870 году, введено было обязательное обученіе, то ученики-преподаватели были оставлены, хотя эта система подвергалась серьезной критикѣ. Сохранена система была потому, что надо было подготовить учителей для многочисленных начальных школ, открывавшихся тогда. Система была широко разработана. Опредѣлено было, что учащійся не может стать преподавателем, если ему нѣт еще 14 лѣт. Приняты были также соотвѣтственныя мѣры, чтобы юноши и дѣвушки, преподающіе в школѣ, могли продолжать собственное обученіе, помимо пріобрѣтенія необходимых педагогических знаній.

В послѣдніе годы сдѣланы значительныя измѣненія в системѣ подготовленія учителей для начальных школ. Выработана послѣдовательная программа, дающая возможность имѣть состав учителей, основательно знакомых с методами преподаванія всѣх предметов, входящих в курс народной школы. В силу этой системы, способные кандидаты в народные учителя могут продолжать свое образованіе и получить с теченіем времени университетскіе дипломы. Система эта очень проста в больших городах, гдѣ существуют учительскіе институты и гдѣ имѣется возможность получить университетское образованіе, но в отдаленных городах и в деревенских округах сдѣланы были спеціальныя измѣненія в системѣ, дабы приспособиться к мѣстным условіям.

*   *

*

Существуют двѣ системы предварительнаго подготовленія учителей. По одной из них, извѣстной под названіем системы учениковпреподавателей (Pupil-teacher System), кандидат может стать таким учителем с 16 лѣт. Подготовительный період продолжается два года, в которые ученик-преподаватель или преподавательница продолжают свое образованіе в средней школѣ, а часть своего времени удѣляют преподаванію в начальной школѣ. Послѣ этих двух лѣт кандидат должен выдержать экзамен для поступленія в учительскій институт (Training College).

Другая система извѣстна под названіем системы стипендій (Bursarship System) мальчикам и дѣвочкам, обучающимся в средних школах и желающим стать народными учителями; стипендія дается на один год. Эта поддержка дает возможность кандидатам закончить среднюю школу, чего иначе они не могли бы сдѣлать вслѣдствіе недостатка в средствах.

По этой системѣ кандидат должен быть не моложе 16 лѣт и не старше 18 лѣт. Через год стипендіаты, если они не остаются в спеціальном классѣ средней школы, поступают или в учительскій институт (Training College) для народных учителей, или в институт для домашних учителей, или становятся студентами-преподавателями.

„Студентами-преподавателями" кандидаты пребывают один год, но срок этот, в случаѣ надобности, может быть продолжен. Студентпреподаватель может быть штатным учителем начальной школы, или он только продолжает свое образованіе, которое даст ему право быть дипломированным учителем.

*   *

*

Мы разсмотрѣли предварительныя стадіи подготовленія народныхъ учителей. Намъ остается теперь ознакомиться съ послѣдней стадіей — системой Учительскихъ Институтовъ. Студенты поступаютъ въ Учительскіе Институты на одинъ, два или на три года. По окончаніи этого срока кандидаты должны сдать окончательный экзаменъ, который даетъ имъ право стать дипломированными учителями. Студенты, пробывшіе въ Институтѣ три года, обыкновенно сдаютъ экзаменъ на университетскій дипломъ.

Курсъ преподаванія въ Учительскомъ Институтѣ распадается на слѣдующія двѣ группы.

Группа А. *Общіе предметы.*

Англійскій языкъ. Исторія. Географія. Математика. Элементарныя естественныя науки. Валійскій языкъ (въ Валійскихъ учительскихъ институтахъ).

Группа Б. *Спеціальные предметы.*

Принципы и практика преподаванія. Гигіена. Физическое воспитаніе (теорія и практика). Теорія музыки и пѣніе. Чтеніе и декламація. Рисованіе. Рукодѣліе (для женщинъ).

Съ согласія Министерства Народнаго Просвѣщенія въ Учительскихъ Институтахъ могутъ также быть преподаваемы слѣдующіе дополнительные предметы:

Группа В. *Дополнительные предметы.*

Французскій языкъ. Нѣмецкій языкъ. Латинскій языкъ. Физика и Химія. Ботаника. Садоводство. Домоводство. Ремесла (спеціальный курсъ для студентовъ).

Въ теченіе всего курса по крайней мѣрѣ шесть недѣль должны быть удѣлены пробнымъ урокамъ въ начальныхъ школахъ по указанію Министерства Народнаго Просвѣщенія.

Студентъ, работающій для полученія университетскаго диплома, долженъ прослушать еще курсъ Основъ Педагогики, если этотъ предметъ не входитъ въ программу того учебнаго заведенія, которое онъ посѣщаетъ.

Студенты допускаются также къ слушанію спеціальныхъ курсовъ, подготовляющихъ преподавателей для начальныхъ школъ для слѣпыхъ, глухихъ и умственно отсталыхъ дѣтей. Студенты, прослушавшіе двухгодичный курсъ, могутъ, если захотятъ, остаться еще на третій годъ, дабы подготовиться къ преподавательской дѣятельности въ школѣ одного изъ вышеуказанныхъ трехъ типовъ.

*   *

*

Въ сельскихъ округахъ дѣйствующія правила значительно мѣняются Министерство Народнаго Просвѣщенія одобрило нѣсколько схемъ, находящихся в зависимости от мѣстных условій. Обычная система сводится к тому, что ученики-преподаватели в теченіе четырех лѣт, от 14 до 18 лѣт, посѣщают среднюю школу, вечерніе классы или другое подходящее учебное заведеніе, имѣющееся в данном округѣ. Слѣдующая система, одобренная Министерством Народнаго Просвѣщенія и дѣйствующая в Warwickshire, гдѣ населеніе по преимуществу земледѣльческое, может быть признана типичной.

Ученик-преподаватель, получающій образованіе в спеціальном классѣ, посѣщает его три-четыре дня каждыя двѣ недѣли. В каждом таком классѣ от 5 до 12 учащихся. Время в спеціальном классѣ посвящается чтенію лекцій и просматриванію домашних работ, выполняемых учеником-преподавателем. В остальные дни ученики или ученицы посѣщают свою начальную школу. Первый год ученик-преподаватель берет спеціальные уроки у завѣдующаго начальной школой и занимается на дому. В теченіе второго года ученик-преподаватель, учится сам и дает пробные уроки. Распредѣленіе времени приблизительно слѣдующее :

Два дня в недѣлю — в центральной школѣ.
1¾ дня — в начальной школѣ.
1½ дня — пробные уроки.

Практическія упражненія в преподаваніи сильно мѣняются в зависимости от взглядов завѣдующаго школой и от способностей ученика-преподавателя. Вообще же, как правило, ученик-преподаватель на второй год получает небольшой класс для практических работ.

К концу четвертаго года подготовки ученик-преподаватель обладает приблизительно такими же знаніями, как и, так называемый, не-дипломированный учитель.

*   *

*

Всѣ расходы по подготовленію учителей начальных школ берут на себя Министерство Народнаго Просвѣщенія и мѣстные Муниципалитеты. Слѣдующая таблица показывает число учительских институтов разнаго типа и число вакансій в них.

Число Институтов.

Годы.	Университетских.	Городских.	Частных.	Всего.	Число вакансій.
1914—15	20	22	47	89	13.356
1915—16	19	19	40	78	12.139
1916—17	18	19	35	72	11.544
1917—18	18	19	37	74	11.615

Слѣдующая таблица показываетъ число учащихся обоего пола въ учительскихъ институтахъ, слушавшихъ курсъ за 1913—1917 годы.

Годы.	Мужск. пола.	Женск. пола.	Всего.
1913—14	4.242	7.545	11.787
1914—15	3.245	7.703	10.948
1915—16	2.214	7.936	10.150
1916—17	719	8.316	9.035

Слѣдующая таблица показываетъ число народныхъ учителей, окончившихъ курсъ за 1915—1917 годы.

Годы.	Мужчинъ.	Женщинъ.	Всего.
1915	1.194	3.709	4.903
1916	480	3.735	4.215
1917	292	3.904	4.196

* *

*

Жалованье учителей начальныхъ школъ подверглось такимъ многочисленнымъ измѣненіямъ за время войны, что очень трудно дать какія бы то ни было цифры, которыя вскорѣ не явятся устарѣвшими,— тѣмъ болѣе, что каждый изъ 318 муниципалитетовъ устанавливаетъ свою собственную скалу учительскаго вознагражденія. Приведемъ статистическія данныя о жалованіи учителей въ до-военное время.

Классификація учителей и годичное жалованье.	Статистическій годъ отъ 1 Августа до 31 Іюля.					
	1912—13.		1911—12.		1910—11.	
Дипломированные учите. Мужчины:	Число учителей.	% отно-шеніе.	Число учителей.	% отно-шеніе.	Число учителей.	% отно-шеніе.
а) Завѣдующіе:						
меньше 100 ф. ст.	468	3,37	501	3,61	520	3,76
100 ф. ст. и меньше 200	9.057	65,17	9.074	65,43	9.087	65,68
200—300 ф. ст.	3.709	26,70	3.637	26,23	3.562	25,75
300 ф. ст. и больше	662	4,76	656	4,73	665	4,81
б) Младшіе учителя:						
меньше 100 ф. ст.	4.783	21,71	4.498	21,46	4.307	21,43
отъ 100 ф. до 200 ф. ст.	15.735	71,42	15.061	71,85	14.554	72,42
200 ф. ст. и больше	1.513	6,87	1.402	6,69	1.235	6,15

Классификація учителей и годичное жалованье.	Статистическій годъ отъ 1 Августа до 31 іюля.					
	1912–13.		1911–12.		1910–11.	
Дипломированные учителя.	Число учителей.	% отношеніе.	Число учителей.	% отношеніе.	Число учителей.	% отношеніе.
Женщины :						
а) Завѣдующія :						
меньше 100 ф. ст.	4.847	27,13	5.132	28,78	5.393	30,26
отъ 100–200 ф. ст.	11.840	66,29	11.555	64,79	11.367	63,79
отъ 200–300 ф. ст.	1.059	5,93	1.068	5,99	995	5,59
300 ф. ст. и больше	117	0,65	79	0,44	65	0,36
б) Младшія учительницы :						
меньше 100 ф. ст.	32.013	61,4	32.022	63,11	31.944	65,04
отъ 100–200 ф. ст.	20.127	38,6	18.717	36,89	17.170	34,96
больше 200 ф. ст.	..	..	..	..	1	0,00
Не-дипломированные.						
Мужчины :						
а) Завѣдующіе :						
меньше 50 ф. ст.	..	..	..	..	..	..
отъ 50–75 ф. ст.	16	47,06	14	43,75	12	36,36
отъ 75–100 ф. ст.	16	47,06	15	46,87	16	48,49
больше 100 ф. ст.	2	5,88	3	9,38	5	15,15
б) Младшіе учителя :						
меньше 50 ф. ст.	185	3,51	249	4,3	332	5,45
отъ 50–75 ф. ст.	3.712	70,46	4.266	73,61	4.510	74,01
отъ 75–100 ф. ст.	1.285	24,4	1.208	20,85	1.195	19,6
больше 100 ф. ст.	86	1,63	72	1,24	57	0,94
Женщины :						
а) Завѣдующія :						
меньше 50 ф. ст.	..	..	1	0,26	1	0,27
отъ 50–75 ф. ст.	322	78,92	302	79,9	304	80,63
отъ 75–100 ф. ст.	85	20,83	75	19,84	71	18,83
больше 100 ф. ст.	1	0,25	..	..	1	0,27
б) Младшія учительницы :						
меньше 50 ф. ст.	6.074	16,34	7.837	20,49	9.415	24,08
отъ 50–75 ф. ст.	30.860	83,01	30.180	78,95	29.481	75,38
отъ 75–100 ф. ст.	212	0,57	186	0,48	184	0,47
больше 100 ф. ст.	28	0,08	30	0,08	26	0,07

Среднее жалованье для дипломированныхъ учителей въ 1912–13 году было слѣдующее :—

Мужчины.		Женщины.	
Завѣду- ющіе : 175,4 ф. ст.	Младшіе учителя : 128,7 ф. ст.	Завѣду- ющія : 124,11 ф. ст.	Младшія учительницы : 94,7 ф. ст.

Среднее жалованье для не-дипломированных учителей в 1912–13 году было слѣдующее :—

Мужчины.		Женщины.	
Завѣдующіе : 77,7 ф. ст.	Младшіе учителя : 66,9 ф. ст.	Завѣдующія : 67,17 ф. ст.	Младшія учительницы : 55,16 ф. ст.

14 Января 1918 года Министерство Народнаго Просвѣщенія установило слѣдующее минимальное вознагражденіе для учителей опредѣленнаго класса :—

Дипломированные учителя . . . . . . 100 ф. ст. в год.
Дипломированныя учительницы . . . . . 90 ф. ст.   „
Не-дипломированные учителя . . . . . 65 ф. ст.   „
Преподаватели предметов домашн. обихода . 90 ф. ст.   „

Слѣдующая таблица показывает новую скалу учительскаго жалованья, назначенную Совѣтом Лондонскаго Графства. Скала эта вошла в силу с 1 Апрѣля 1918 года.*

Срок службы.	Начальное жалованье учителей, прослушавших курс двухлѣтній, однолѣтній или совсѣм не бывших в институтѣ, но проработавших удовлетворительно 2 года дома.	Максимум испытательнаго періода.	Если испытательный период пройден удовлетворительно, то первое повышеніе жалованья на 10 ф. ст. (для учителей) и на 7 ф. (для учительниц) наступает через
Учителя.			
Прослужившіе меньше одного года ..	120 ф. ст.	3 года	три года
Один год	120 „	2 года	два года
Два года	120 „	1 год	один год
Три года	122 ф. ст. 10 ш.	1 год	один год
Четыре года	130 „	1 год	один год
Пять лѣт	137 „ 10 ш.	1 год	один год
Шесть лѣт и больше	145 „	1 год	один год
Учительницы.			
Прослужившія меньше 1 года	108 ф. ст.	3 года	три года
Один год	108 „	2 года	два года
Два года	108 „	1 год	один год
Три года	108 „	1 год	один год
Четыре года	112 „	1 год	один год
Пять лѣт	116 „	1 год	один год
Шесть лѣт и больше	120 „	1 год	один год

* "New Scale of Salaries," London County Council.

Так как жалованье, получаемое учителями в разных округах, постоянно мѣняется, то статистических данных о среднемъ размѣрѣ вознагражденія учащих для всей страны, для 1918 г., не имѣется.

Дополнительная плата за долголѣтнюю службу (Пенсія).

По законам 1898 и 1912 гг. (Elementary School Teachers Superannuation Acts) учителя, прослужившіе извѣстное число лѣт, получают пенсію. Мы не будем входить в подробности этих законов, так как они измѣнены недавно закономъ 1918 года (The School Teachers Superannuation Act). Новый закон дает учителям пенсію в размѣрѣ $\frac{1}{80}$ нормальнаго вознагражденія за каждый год службы послѣ извѣстнаго срока (десять лѣт). Учителям, которым исполнилось 60 лѣт, и которые пробыли на службѣ 30 лѣт, пенсія увеличивается до размѣра половины жалованія.

Учитель, прослужившій меньше десяти лѣт, но сдѣлавшійся неспособным к труду вслѣдствіе физических страданій или умственнаго переутомленія, может получить единовременное пособіе в размѣрѣ $\frac{1}{12}$ годового жалованья за все время, которое он пробыл на службѣ.

Законным наслѣдникам учителя, прослужившаго пять лѣт, выдается единовременное пособіе в размѣрѣ годового жалованья.

Всѣх учителей в 1914 году было 164.150.*

III.

Ознакомившись в предыдущих главах с существующей системой обязательнаго начальнаго образованія в Англіи и Валисѣ и с подготовкой народных учителей, мы считаем необходимым дать, в заключеніе, краткое изложеніе новаго закона о народном образованіи 1918 года, который вносит коренныя измѣненія во всю систему начальнаго образованія.

Война многому научила англійских законодателей, а в том числѣ и дала понять им, что пренебреженіе образованіем дѣтей является крайне близорукой политикой, ибо дѣти — граждане будущаго, от которых будет зависѣть благосостояніе націи.

---

* В настоящее время учителя объединены в слѣдующіе союзы :—

1) Національный Союз Учителей.   Адресъ: Hamilton House, Mabledon Place, London, W.C. 1.   Союз издает еженедѣльный журнал : „The Schoolmaster“; цѣна номера 1 пенни.

2) Лондонская Ассоціація Учителей.   Адрес: 9, Fleet Street, London, E.C. 4.

Новый закон о народном образованіи задается цѣлью измѣнить существующее положеніе вещей. Задачи закона широки; он охватывает всю систему образованія в ея цѣлом. Вмѣсто того, чтобы прекращать первоначальное образованіе на 14 году, он удлиняет срок обученія до 18 лѣтняго возраста. Для дѣтей же от 2 до 5 лѣт намѣчается учрежденіе школ для малолѣтних. Государство теперь, согласно закону, берет на себя половину расходов по народному образованію и, таким образом, снимает это бремя с плеч мѣстных самоуправленій, которыя зачастую были не прочь экономить в ущерб народному образованію в интересах плательщиков мѣстных налогов.

Путем объединенія всѣх органов народнаго образованія достигается повышеніе общаго уровня его постановки, и, таким образом, будет уничтожено различіе между богато обставленными в образовательном отношеніи округами и отсталыми.

Новый закон рисует широкіе горизонты и, быть может, даже болѣе широкіе, чѣм это имѣло мѣсто при переходѣ от добровольной системы народнаго образованія в обязательной системѣ.

Перейдем, однако, к изложенію самого закона.

Закон о народном образованіи 1918 года.

Основныя черты.

Прогрессивная и обширная организація дѣла народнаго образованія.—Чтобы развить національную систему народнаго образованія, рѣшено слѣдующее: Каждый совѣт Графства и каждый муниципалитет обязаны доставить средства для прогрессивнаго развитія и для обширной организаціи дѣла народнаго образованія в данном округѣ. Схемы каждаго муниципалитета должны быть представлены Министерству Народнаго Просвѣщенія для доказательства того, как мѣстныя власти использовали свои права и обязанности, указанныя в законѣ о народном образованіи 1918 года.

Школы для продолженія образованія.—Мѣстныя власти, вѣдающія дѣло начальнаго образованія, обязаны озаботиться созданіем центральных школ высшаго типа или классов, в которых будет производиться практическое обученіе. Муниципалитеты же должны устраивать в начальных общественных школах дополнительные курсы для старших и наиболѣе способных дѣтей, посѣщающих эти учебныя заведенія.

Мѣстныя власти, в вѣдѣніи которых находится дѣло народнаго образованія, обязаны выстроить достаточное число средних школ, в которых соотвѣтственное обученіе и физическое развитіе дается безплатно всѣм молодым людям опредѣленнаго возраста, живущим в данном округѣ. Муниципалитеты представляют Министерству

Народнаго Просвѣщенія на просмотр свои схемы, как организацій дѣла средняго образованія, так и того, как добиться правильнаго посѣщенія этих учебных заведеній.

Взаимное содѣйствіе и союзы. — Мѣстные муниципалитеты, в вѣдѣніи которых находится дѣло народнаго образованія, имѣют право составлять федераціи для совмѣстной выработки однородной системы обученія в подвѣдомственных им округах.

Возраст обязательнаго посѣщенія школ. — Возраст обязательнаго посѣщенія начальных школ поднят до 15 лѣт. В случаѣ надобности, опредѣляемой мѣстными муниципалитетами, возраст этот может быть поднят даже до шестнадцати лѣт.

Посѣщеніе школ для дальнѣйшаго образованія. — Всѣ молодые люди, в возрастѣ от 15—18 лѣт, обязаны посѣщать школу для дальнѣйшаго образованія (Continuation Schools) не меньше, чѣм 320 часов ежегодно. Мѣстныя школьныя власти имѣют право требовать в любой день, когда это необходимо, чтобы предприниматель отпускал молодого человѣка в школу для дальнѣйшаго образованія; причем сверх этого отпуска, учебныя власти могут настаивать на дополнительном отпускѣ, не болѣе двух часов, дабы юноша или дѣвушка умственно и физически были готовы для воспріятія ученія.

Обязательное посѣщеніе молодыми людьми от 16 до 18 лѣт школ для дальнѣйшаго образованія входит в силу только через семь лѣт послѣ окончанія войны. В теченіе того же времени, по рѣшенію муниципалитета, число обязательных часов в год может быть не 320, а 280.

Когда со времени окончанія войны пройдет семь лѣт, всѣ молодые люди до 18 лѣт обязаны будут посѣщать Continuation Schools не меньше 320 часов ежегодно.

Дѣтскіе сады. — Мѣстные муниципалитеты уполномочены устраивать дѣтскіе сады для всѣх дѣтей даннаго округа в возрастѣ от двух до пяти лѣт.

Воспитаніе. — В цѣлях физическаго воспитанія и развитія в молодых людях духа товарищества, мѣстныя власти, вѣдающія дѣло народнаго образованія, уполномочены устраивать или поддерживать существующіе уже „лагери“ для отдыхающих во время каникул, в особенности „лагери“ для молодых людей, посѣщающих школы для дальнѣйшаго образованія. С тою же цѣлью муниципалитеты содержат гимнастическія залы, площадки для спорта, купальни и пр. учрежденія.

Стипендіи и пособія. — Закон 1902 года опредѣляет стипендіи для способных учеников начальных школ, желающих продолжать образованіе в средних школах и в университетах. Этот закон о стипендіях теперь значительно расширен.

Плата за ученіе. — Всякая плата за ученіе в общественных начальных школах отмѣнена.

Расходы. — Министерство Народнаго Просвѣщенія берет на себя половину всѣх расходов, произведенных муниципалитетами на дѣло народнаго образованія.

Р. ТАУНСЕНД.

ЛИТЕРАТУРА.

Историческая.

BALFOUR (GRAHAM). *Educational Systems of Great Britain and Ireland.* — Clarendon Press, Oxford. Second Edition. 1903.

BINNS (HENRY BRYAN). *A Century of Education, 1808–1908.* — J. M. Dent & Co., 30, Bedford Street, London.

BIRCHENOUGH (CHARLES). *History of Elementary Education from 1800 to the Present Day.* — University Tutorial Press, London. 1914.

Общая.

BRADLEY (JOHN HADEN). *Education after the War.* — B. H. Blackwell, Oxford. 1917.

CARLING (Miss J.), and (Mr. and Mrs. W. T.) DAVIS. *Through Play to the Understanding.* — Co-operative Union Limited, Manchester.

HUTT (C. W.). *Crowley's Hygiene of School Life.* — Methuen & Co., Limited, London. Second Edition. 1916.

DEWEY (JOHN). *Democracy and Education.* An Introduction to the Philosophy of Education. — The Macmillan Company, New York. 1916.

FISHER (Rt. Hon. H. A. L.). *Educational Reform: Speeches.* — Clarendon Press, Oxford. 1918.

FROEBEL. *Froebel's Chief Educational Writings.* Edited by S. S. Fletcher. — Edward Arnold, London.

FROEBEL. *Educational Ideas of Froebel.* By J. White. — University Tutorial Press, London.

GREEN (J. A.). *Primer of Teaching Practice.* — Longmans, Green & Co., London. 1911.

LOCKE (JOHN). *Educational Writings.* Edited by J. W. Adamson. — Edward Arnold, London.

LOCKE (JOHN). *Thoughts Concerning Education.* — Sampson, Low & Co., London. Reprint. 1902.

MacMillan (Margaret). *Education through the Imagination.*—George Allen & Unwin Limited, London.

MacMillan (Margaret). *The Camp School.*—George Allen & Unwin Limited, London. 1917.

Montessori (Maria). *The Montessori Method.*—Frederick A. Stokes, New York. 1912.

Montessori (Maria). *The Advanced Montessori Method.*—William Heinemann, London. 1917.

Pestalozzi. *Educational Writings.* Edited by J. A. Green and Frances Collie.—Edward Arnold, London. 1912.

Pestalozzi. *Educational Ideas of Pestalozzi.* J. A. Green. University Tutorial Press, London.

Roper (Reginald E.). *Physical Education in Relation to School Life.*—George Allen & Unwin, Limited, London. 1917.

Rousseau. *Rousseau on Education.* Edited by B. L. Archer.—Edward Arnold, London.

Simpson (James Herbert). *An Experiment in Educational Self-Government.*—H. Young & Son, Liverpool. 1916.

Spencer (Herbert). *Education: Intellectual, Moral, and Physical.*—Watts & Co., London. Reprint. 1903.

КРАТКІЙ ОБЗОР

ДѢЯТЕЛЬНОСТИ СЕТТЛЬМЕНТОВ

В АНГЛІИ

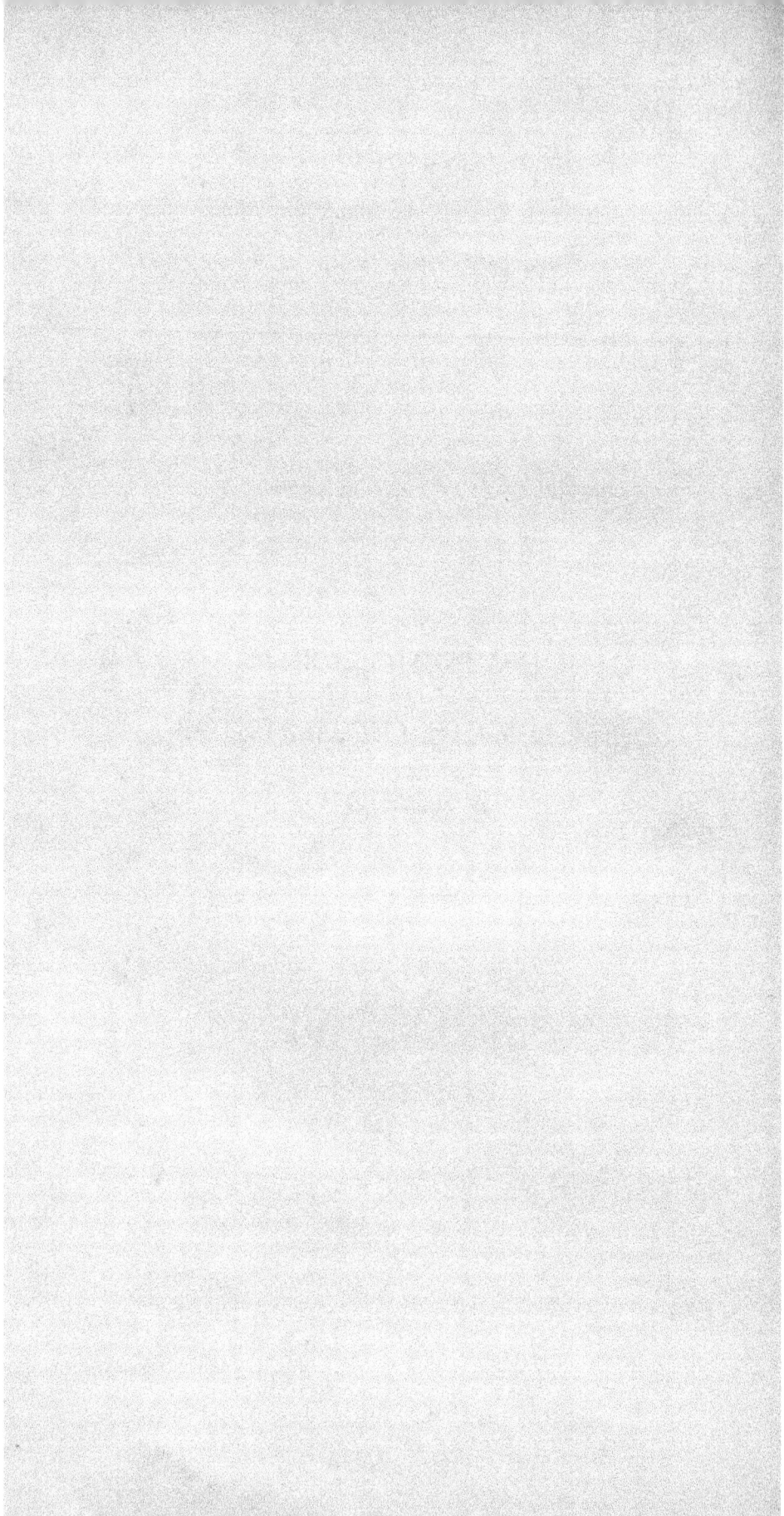

Краткій обзор
дѣятельности сеттльментов
в Англіи.

I.

Работу сеттльментов необходимо всегда разсматривать на фонѣ той среды и обстановки, в которых им приходится развивать свою дѣятельность.

Обычно, сеттльменты организуются в рабочих кварталах больших городов. Трудно описать все разнообразіе населенія, среди котораго работают сеттльменты. Тут и мало обезпеченные рабочіе, и рабочіе с постоянным хорошим заработком. Послѣдніе настолько состоятельны, что занимают цѣлую квартиру в двѣ, три комнаты с кухней и, при желаніи, могут сдавать углы другим; дѣти их одѣты довольно опрятно, пища их, сравнительно, здоровая. За этой категоріей идут рабочіе с меньшим заработком; условія жизни их куда хуже: воздух в квартирах спертый и затхлый; грязная дѣтвора кишит на лѣстницах и на тротуарах; среди них много рахитичных, явно недокормленных; одежда грязная, рваная; женщины блѣдныя, изможденныя работой и частыми родами; мужчины производят впечатлѣніе всегда усталых и раздраженных. Условія жизни остального населенія квартала еще хуже — это жизнь людей с неопредѣленным заработком.

По субботам, когда выплачивалось жалованіе на фабриках, вы могли наблюдать здѣсь печальную картину. У многочисленных кабаков — толпы ругающихся, полупьяных, среди них много женщин, всюду снуют ребятишки. Все свободное время обыкновенно проводилось населеніем этих кварталов на улицѣ или в кабакѣ; драки на улицах, часто между пьяными женщинами, да распространенныя азартныя игры были единственными развлеченіями. Что касается женщин-работниц, то онѣ, в свободное время, могли только бродить группами по улицам, перекрикиваясь с мужчинами, заходя в бары кабаков, выпивая там и опять продолжая свое странствованіе по улицам, прерываемое выпивками и ссорами. Единственное разумное развлеченіе для этих обездоленных — кинематограф, который на время мог занять ту или иную группу.

До чего велика была нужда в разумных развлеченіях в Англіи и до чего развито пьянство от „нечего дѣлать," доказывается слѣдующими цифрами.   В Миддльсборо в одно воскресенье, в 1907 г., кабаки были посѣщены:

Мужчинами . . 55.045
Женщинами . . 21.594
Подростками . 13.775

Итого . . . 90.414 посѣщеній на населеніе в 100.000 чел.

Нам остается упомянуть еще об условіях жизни на „днѣ." Эти условія свойственны каждому большому городу: приходится встрѣчаться с дѣйствительно мрачными картинами в трущобах, населенных, с одной стороны, доковыми рабочими, с другой — мелкими воришками и пр.   Люди живут в углах, в домах, похожих на развалины.   Окна разбиты, штукатурка падает со стѣн; живут всѣ вмѣстѣ: взрослые, женщины, дѣвушки, подростки и дѣти в крайне негигіенических условіях . . . .

Что прежде всего бросается в глаза работнику сеттльмента — это, своего рода, классовое различіе, которое чувствуется среди этих слоев населенія.   Вас прямо таки поражает нетерпимое отношеніе людей менѣе голодных к людям болѣе голодным: болѣе богатой улицы к болѣе бѣдной.   И это вполнѣ понятно: здѣсь говорит самое элементарное чувство самосохраненія и боязнь опуститься на низшую ступень существованія.

Сеттльмент должен считаться со всѣми этими факторами: этой темной и загнанной массѣ он должен помогать совѣтом и дѣлом, давать разумныя развлеченія, обучать желающих, спасать дѣтвору от улицы и объединять всѣ слои населенія квартала вокруг свѣтлаго центра — сеттльмента.

_____

Что же такое Сеттльмент и из кого он состоит?   Слово „Сеттльмент" обозначает собой колонію или поселенье.   В том смыслѣ, в каком оно будет употребляться в этой статьѣ, Сеттльмент — колонія интеллигентов, поселившихся в бѣдной части города с цѣлью служить, по мѣрѣ сил, населенію избраннаго района.   Эти люди идут сюда добровольно, идут „в народ" в скученныя трущобы промышленнаго города с тѣм же воодушевленіем, и с тою же любовью и желаніем помочь, с какими шли русскіе народники в глухія, отдаленныя села и деревни.

Основной идеей сеттльментов является стремленіе пріобщить обездоленные слои населенія к благам культуры и знанія, которыми широко пользуются матеріально обезпеченные классы общества. Работники сеттльментов — „передовая интеллигенція,“ — внося идейное отношеніе к дѣлу, приносят с собой, кромѣ того, умѣнье организовывать и направлять мышленье и характер людей, с которыми они имѣют дѣло, в желаемую сторону. Но есть одна необходимая черта, к сожалѣнью, не всегда присущая работнику сеттльмента: это — умѣнье подходить к людям. Один неосторожный шаг работника, малѣйшая безтактность или желаніе покровительствовать, — и вся его работа идет на смарку. Он встрѣчается с недовѣріем, с ненавистью; его немилосердно обманывают. Он перестает быть товарищем и превращается сразу же в презрѣнное оффиціальное лицо, которое не грѣшно использовать и надуть. Работник же, который съумѣл себя поставить и съумѣл подойти к населенію, пользуется почти безграничным довѣріем и любовью: всѣ идут к нему с горестями и радостями; он стоит под защитой общественнаго мнѣнія района, и работы хватит ему на всю жизнь и на каждую минуту ея.

Роль личности работника сеттльмента огромна. От состава работников зависит, до извѣстной степени, вся дѣятельность сеттльмента. Так, иногда, с приходом новаго члена, вдруг возникает новая отрасль работы, которая потом, с уходом работника, может заглохнуть и исчезнуть.

Нѣт двух сеттльментов совсѣм похожих друг на друга: нѣт строго установившихся рамок ни для программы дѣятельности, ни для количества работников в сеттльментѣ. По составу работников их можно было бы раздѣлить на три основныя группы:—

1. Мужскіе.   2. Женскіе.   3. Смѣшанные.

В зависимости от этой группировки мѣняется и общій тон работы и время, удѣляемое ей.

Обыкновенно, в мужских сеттльментах, работники уходят днем на занятія в университет, в библіотеки или даже просто на службу и только извѣстную часть своего времени могут отдавать работѣ сеттльмента, тогда как дѣятели женских сеттльментов отдают все свое время сеттльменту и могут, таким образом, ближе подойти к населенію.

Опыт показал, что наиболѣе жизненным типом является, так называемый, смѣшанный сеттльмент, т.е. состоящій из работников мужчин и женщин. В мужских сеттльментах, как и в женских, очень часто чувствуется нужда в помощи лиц другого пола, как напримѣр, в организаціи „Клубов для женщин“ при мужских сеттльментах и „Клубов для мальчиков“ при женских сеттльментах. Смѣшанные же сеттльменты, пользуясь услугами лиц обоего пола, естественно имѣют наиболѣе широкій и наиболѣе разнообразный круг дѣятельности.

Состав работников сеттльментов довольно разнороден : он состоит обыкновенно из молодых людей, которые или только что кончили университет или еще учатся в нем, и из людей зрѣлаго возраста, которые намѣрены отдать сеттльментам всѣ свои силы. Молодежь обыкновенно проводит в сеттльментѣ два, три года, иногда лишь всего нѣсколько мѣсяцев. Вторая же категорія лиц живет при сеттльментѣ постоянно; они уже успѣли привыкнуть к своему району, знают всѣ горести и бѣды населенія, которое дѣйствительно становится их другом; со всѣм своим опытом и знаніем они поддерживают жизнь и традиціи сеттльмента и являются его оплотом. Одним из таких болѣе или менѣе постоянных работников является завѣдующій сеттльментом, выборное лицо, отвѣтственное за всю дѣятельность и финансы сеттльмента.

———

Сеттльменты обязаны своим возникновеніем вліянію Рёскина и Карлэйля и школѣ „Соціальных идеалистов," образовавшейся в 70-ых годах девятнадцатаго столѣтія в Оксфордѣ и Кэмбриджѣ. Молодые студенты шли в бѣдныя части Лондона и жили среди бѣднаго населенія, стараясь помочь ему. Одним из таких піонеров был Эдуард Денисон, который пріѣхал в Лондон в 1867 г., прожил там восемь мѣсяцев и основал школу для рабочих, гдѣ сам читал лекціи по религіозным и общим вопросам.

Но главным вдохновителем идей сеттльмента надо считать Арнольда Тойнби (1852–1883), извѣстнаго в Россіи, как автор книги: „Промышленная Революція XVIII вѣка в Англіи." Безгранично добрый, любвеобильный и религіозный, он был одной из самых свѣтлых личностей своего поколѣнія.

Арнольд Тойнби остро сознавал всю необходимость подойти ближе к бѣдному населенію. В 1875 г. он поселился у Канона Барнет, священника в Уайтчапелѣ (бѣдной части Лондона), с намѣреніем работать среди бѣдных; он начал читать лекціи в клубах для рабочих и посѣщать бѣдныя семьи и школы, но вскорѣ, в виду слабаго здоровья, ему пришлось покинуть Уайтчапель. В Оксфордѣ, гдѣ он был доцентом при Университетѣ, он создал теченіе, которое нашло свое естественное выраженіе в основаніи перваго сеттльмента. В то время, как идея работы среди бѣдных росла и развивалась в университетских городах под вліяніем Тойнби, опредѣленный план работы вырабатывался Каноном Барнет в Уайтчапелѣ. Видя нужду и отчаянныя условія жизни населенія Уайтчапеля, Канон Барнет и его жена рѣшили оказать своему приходу хоть какую-нибудь матеріальную помощь. В этих цѣлях они читали лекціи в Оксфордѣ и Кэмбриджѣ и сильно заинтересовали ими группу молодых общественных дѣятелей во главѣ съ Тойнби.

Результатомъ лекцій Барнета было основаніе Комиссіи для организаціи Университетскаго поселенія въ восточной части Лондона. Въ Февралѣ 1884 г. отчетъ этой Комиссіи былъ представленъ всѣмъ интересующимся этимъ движеніемъ въ Оксфордѣ и принятъ ими. Рѣшено было организовать общество для созданія и поддержки Университетскаго Сеттльмента въ Лондонѣ. Завѣдываніе Сеттльментомъ предоставлено было Канону Барнет.

Въ Маѣ того же года, послѣ большого митинга, созваннаго Кэмбриджскимъ „Обществомъ для изученія Соціальныхъ Вопросовъ," Кэмбриджскіе студенты постановили присоединиться къ Оксфордскому обществу и, такимъ образомъ, была создана Университетская Ассоціація Сеттльментовъ. Деньги собраны были по подпискѣ (первая подписка дала £4,000, вторая £7,000), выстроено было помѣщеніе, и въ концѣ 1884 г. первые работники переселились въ сеттльментъ, которому дано было имя Тойнби Холл.

Вслѣдъ за Тойнби Холл основаны были и другіе сеттльменты, большинство которыхъ отличалось отъ перваго сеттльмента своимъ узко религіознымъ характеромъ.

Впослѣдствіи — за послѣднее десятилѣтіе — идеалы сеттльментовъ въ цѣломъ рѣзко измѣнились. Тамъ, гдѣ раньше работа была исключительно религіознаго характера, гдѣ все сводилось къ пропагандѣ принциповъ одной религіозной секты, гдѣ спасеніе души человѣческой считалось самымъ главнымъ дѣломъ сеттльмента, мало по малу пришли къ убѣжденію, что забота о здоровіи человѣка и его нищѣ должно быть первой ихъ задачей: „Здоровая душа въ здоровомъ тѣлѣ" стало какъ бы лозунгомъ сеттльментовъ.

Опытъ показалъ большинству сеттльментовъ, что работа только среди своихъ единовѣрцевъ, въ своемъ приходѣ, всетаки довольно узкая. Мало-по-малу программы сеттльментовъ измѣняются, и, въ послѣднее время, типъ сеттльмента, построеннаго на полной вѣротерпимости, распространяется все шире и шире.

Притокъ въ сеттльменты молодыхъ силъ вызвалъ къ жизни еще новый типъ сеттльмента. Это какъ бы практическая школа для изученія условій жизни рабочихъ классовъ: такіе сеттльменты обыкновенно существуютъ при университетахъ и дѣятельность ихъ, помимо обычной программы сеттльмента, включаетъ курсъ лекцій и практическія изысканія по соціальнымъ вопросамъ.

Самымъ яркимъ примѣромъ такихъ сеттльментовъ служитъ Ливерпульскій Университетскій Сеттльментъ, который считаетъ изученіе соціальныхъ условій бѣдной части города одной изъ своихъ главныхъ цѣлей.*

---

* Другіе сеттльменты такого рода: Birmingham Women's Settlement, Summer Lane, Birmingham; University Settlement, Barton Hill, Bristol, и друг.

Все разнообразіе существующих сеттльментов, по характеру их работы, можно разбить на слѣдующія основныя группы.

1. Узко-церковные — как напр., Лэди Маргарет Холл Сеттльмент.
2. Обще-религіозные — Тойнби Холл и Броунинг Холл Сеттльмент.
3. Соціально-научные — Ливерпульскій, Бирмингамскій и Бристольскій Сеттльменты.

II.

Теперь, когда мы ознакомились с континентом работающих в сеттльментах, с той средой и обстановкой, в которых им приходится проявлять свою дѣятельность, перейдем к обзору самой дѣятельности сеттльментов и ея сущности.

Дѣятельность сеттльментов, как мы уже отмѣчали, настолько разнообразна, что ее трудно изложить в какой либо опредѣленной системѣ. Для удобства изложенія мы разбиваем ее на слѣдующія категоріи :—

1. Работа среди дѣтей.
2. „ „ подростков.
3. „ „ матерей.
4. „ „ женщин.
5. „ „ мужчин.
6. „ „ взрослых обоего пола.

1. ДѢТИ.

Одним из самых больных вопросов рабочаго квартала является вопрос о дѣтях. У всякаго работавшаго в сеттльментѣ навсегда остается в памяти первое впечатлѣніе: это — массы ребятишек, безбоязненно снующих между автомобилями и трамваями оживленных улиц, играющих возлѣ свѣтлых фонарей у трактиров, или малышей, сидящих у края мостовой в тихой улицѣ, роющихся в пыли между плитами тротуара в поисках „песочка" . . . .

Вполнѣ понятно, что эти дѣти — блѣдныя, грязныя — производят очень тяжелое впечатлѣніе, и естественно приходит в голову мысль, что с этого молодого поколѣнія и надо начать работу.

Но, когда Броунинг Холл Сеттльмент подошел к этой работѣ, он увидѣл, что прежде чѣм давать дѣтям разумныя развлеченія, прежде чѣм спасать их от улицы, их придется спасать от голода.

По словам директора одной из Лондонских школ „40% дѣтей района недокормлены в такой степени, что обучать их почти безполезно: они ничего не запоминают. 10% до того голодны, что прямо безчеловѣчно и жестоко стараться обучать их.“

Указанный сеттльмент повел тогда агитацію за то, чтобы кормить дѣтей при городских училищах Лондона. Но, не смотря на всѣ старанія сеттльмента, городское самоуправленіе не захотѣло взять на себя этой обязанности.

Тогда (в 1908 г.), добыв нужныя средства, сеттльмент рѣшил сам кормить дѣтей обѣдами. Это были дѣти одной из школ возлѣ сеттльмента, директор которой так охарактеризовал их: „Голодными они приходят в училище, голодными уходят домой, голодными ложатся спать“ . . . .

„Они собрались, говорит один из работников сеттльмента, безцвѣтная группа измученных дѣтей, готовыя дѣлать, что им прикажут, усталыя, забитыя: в них не осталось ничего дѣтскаго, радостнаго: блѣдныя, малокровныя, плохо одѣтыя и обутыя — они принимают всѣ горести жизни с дѣтским, ничего не спрашивающим, фатализмом.“ [*]

По истеченіи шести недѣль, эти дѣти были неузнаваемы: они повеселѣли, поздоровѣли, в них появился интерес к жизни: они шумѣли и шалили. И все это обошлось сеттльменту в три пенса в день на каждаго.

Лондонское Городское самоуправленіе, узнав об этом удачном опытѣ, само начало в 1909 г. кормить 150 дѣтей того же училища.

Организовав дѣло снабженія пищей, Броунинг Холл Сеттльмент обратил свое вниманіе на снабженіе дѣтей обувью. Покупать обувь всѣм нуждающимся дѣтям было бы дѣлом почти невозможным, кромѣ того, и безполезным, так как хорошіе новые ботинки первыми бы закладывались для удовлетворенія болѣе насущных нужд семьи, и ребенок опять оставался бы не при чем. По иниціативѣ одного из членов Сеттльмента организовано было „сдаваніе ботинок на прокат.“ Во избѣжаніе злоупотребленій, ботинки помѣчались клеймом сеттльмента. Таким образом, свыше 1.300 пар ботинок раздавалось на прокат благодаря этой организаціи.

Такая же система примѣняется и в снабженіи одѣялами, которыя легко моются. Одѣяла сдаются на прокат на зимніе мѣсяцы всѣм нуждающимся дѣтям.

В настоящее время вся забота о здоровіи дѣтей возложена на особые комитеты под названіем „Care Committees“[†]: обыкновенно сеттльменты по мѣрѣ сил помогают этим комитетам в их работѣ, и зачастую

---

[*] „Eighteen Years in the Central City Swarm,“ стр. 154.
[†] „Комитеты заботы о дѣтях.“

с

работники сеттльментов состоят их членами. В началѣ войны, напримѣр, Ливерпульскій Университетскій Сеттльмент помогал в распредѣленіи 800 обѣдов в день дѣтям школьнаго возраста в Ливерпулѣ. Нѣкоторые сеттльменты сами организуют подобные Комитеты и имѣют, кромѣ того, свои After-Care Committees, заботящіеся о будущем дѣтей, когда они оставляют школу, помогают совѣтом, находят им мѣста при содѣйствіи Биржи Труда, стараются воздѣйствовать на родителей так, чтобы они отказались на время от заработка дѣтей и обучали их ремеслу.*

Одним из лучших можно считать такой Комитет при Бристольском Университетском Сеттльментѣ. Этот Комитет посѣщал больных дѣтей и вынес впечатлѣніе, что работа в этой области, при существующих порядках, очень неудовлетворительна. Неудовлетворительность закона в особенности сказывается в области забот о чахоточных дѣтях. Они отправляются в деревню, отдыхают там в теченіе нѣскольких, обыкновенно шести, недѣль, пользуются медицинской помощью и идеальным уходом. Когда они выздоравливают, они возвращаются в прежнія негигіеническія условія, посѣщают школу, но через нѣсколько недѣль опять сваливаются с ног, и весь уход за ними, таким образом, оказывается мало полезным.

В Лэди Маргарет Холл Сеттльментѣ мнѣ жаловались на то же самое. Там одной из забот работников является подготовка родительскаго дома для возвращающагося выздоровѣвшаго ребенка. Они стараются подѣйствовать на родителей, настаивают на основательной чисткѣ дома, на широко открытых окнах. Но всего этого недостаточно. И оба вышеназванные сеттльмента, независимо друг от друга, пришли к одному заключенію: надо основать школу для больных дѣтей. Так, один сеттльмент основал школу для чахоточных дѣтей, другой — для дѣтей, страдающих незаразными болѣзнями, но нуждающихся в свѣжем воздухѣ. Образцом такой школы можно считать школу, организованную при Университетском сеттльментѣ в Бристолѣ.

Школа была им основана в Октябрѣ 1914 г. и разсчитана была на 20 дѣвочек в возрастѣ от 5 до 13 лѣт. Принято было 27 дѣвочек, среднее число посѣщеній в день равнялось 20.

Каждой дѣвочкѣ с самаго начала дана была грядка в саду, и онѣ занялись разсадкой луковиц к веснѣ. Занятія производились под открытым навѣсом. Дѣти обѣдали и отдыхали там же, на свѣжем воздухѣ. За всю осень и зиму дѣтям только два или три раза пришлось пріютиться в залѣ для гимнастики. Послѣднее вполнѣ возможно благодаря мягким климатическим условіям Англіи.

Ежедневно, послѣ обѣда, дѣти лежали два часа на складных кроватях, покрытыя теплыми одѣялами; как постели, так и одѣяла

---

* К таким сеттльментам надо отнести: Red House Settlement, Leeds; University Settlement, Bristol; Canning Town Women's Settlement, London.

куплены были сеттльментомъ, и все обученіе и уходъ за дѣтьми велись безвозмездно членами сеттльмента.

Черезъ шесть мѣсяцевъ четыре ученицы настолько поправились, что докторъ счелъ возможнымъ отправить ихъ въ старую школу.*

Остановимся, вкратцѣ, на дѣятельности сеттльментовъ въ области ухода за больными дѣтьми внѣ связи съ работой Care Committees. Въ 1896 г. Canning Town Women's Settlement открылъ школу для увѣчныхъ дѣтей : добрые люди подарили сеттльменту коляску и ослика : члены сеттльмента сами заѣзжали за дѣтьми и привозили ихъ въ школу и опять отвозили ихъ домой послѣ занятій. Дѣти очень цѣнили школу, и она процвѣтала въ теченіе семи лѣтъ, когда, наконецъ, Министерство Народнаго Просвѣщенія само рѣшило открыть школу для увѣчныхъ дѣтей.

Съ 1898 г., при Броунинг Холл Сеттльментѣ, существуетъ своего рода „клубъ"—школа для увѣчныхъ дѣтей, гдѣ около 200 чел. обучаются чтенію, письму, рукодѣлію и пѣнію.

Сеттльменты, помимо вышеуказанной дѣятельности, работаютъ еще рука объ руку съ Ассоціаціей помощи больнымъ дѣтямъ поставившей себѣ цѣлью „заботу и помощь больнымъ и увѣчнымъ дѣтямъ бѣднаго населенія." Это общество вплотную входитъ въ жизнь дѣтей, оказываетъ имъ медицинскую помощь, покупаетъ имъ теплую одежду, коляски; посылаетъ въ санаторіи и лечебницы и старается по возможности дать имъ спеціальное обученіе какому нибудь ремеслу. Такъ, Лэди Маргарет Холл Сеттльментъ имѣетъ цѣлое отдѣленіе этого общества и заботится о 500-600 увѣчныхъ дѣтяхъ въ своемъ районѣ: слѣдитъ за тѣмъ, чтобы дѣти посѣщали госпитали въ дни,

---

* Для иллюстраціи ежедневныхъ занятій въ школѣ приведемъ расписаніе дня :

    9. 0.– 9.15. Разставляютъ столы и стулья. Пьютъ молоко.

    9.15.– 9.35. Молитва и Св. Писаніе.

    9.35.– 9.40. Перекличка.

    9.40.– 9.55. Гимнастика и игры.

    9.55.–10.25. Уроки.

   10.25.–10.35. Перемѣна.

   10.35.–11. 0. Уроки.

   11. 0.–11.10. Перемѣна.

   11.10.–11.35. Уроки.

   11.35.–11.45. Гимнастика.

   11.45.–12. 0. Приготовленіе къ обѣду. Отдыхъ. Чистка зубовъ (для младшихъ).

   12. 0.– 1. 0. Обѣдъ. Чистка зубовъ (для старшихъ).

    1. 0.– 2.30. Отдыхъ на кроватяхъ на свѣжемъ воздухѣ.

    2.30.– 2.45. Перемѣна.

    2.45.– 3.15. Уроки (рукодѣліе, ручн. трудъ, рисованіе).

    3.15.– 3.45. Игры и рукодѣліе.

    3.45.– 4.20. Уроки танцевъ, разсказываніе сказокъ, пѣнье, организованныя игры.

    4.20.– 4.30. Сборы домой.

предписанные врачем, помогает покупать всякаго рода ортопедическіе инструменты, костыли и проч. для дѣтей, причем родители сами выплачивают извѣстную сумму в недѣлю для того, чтобы покрыть расходы по покупкѣ; смѣняет эти инструменты, когда дѣти выростают из них, отправляет детей в деревню, причем и здѣсь родители, по мѣрѣ возможности, несут часть расходов.

———

Уходу за здоровыми дѣтьми удѣляется не меньше вниманія. Для того, чтобы спасти дѣтей от улицы или душной комнаты дома, для них почти во всѣх сеттльментах устраиваются „игры." Эти игры имѣют мѣсто каждый вечер послѣ школьных занятій в будни, и, кромѣ того, в субботу утром, когда в школѣ занятій нѣт, а мать дома занята уборкой к празднику.

Одним из лучших примѣров игр для дѣтей служит центр при Лидском Red House Сеттльментѣ. Игры здѣсь представляют собой что-то вродѣ клуба: он управляется самими дѣтьми при содѣйствіи членов сеттльмента. Дѣтям предоставляется выбор игры или занятія, но раз выбор сдѣлан, дѣти должны придерживаться его.

Этот сеттльмент старается воспитать в дѣтях чувство товарищества, сотрудничества, самостоятельности и отвѣтственности.

При клубѣ имѣется пять комнат:

1. „Тихая комната" — для чтенія.
2. Зал для танцев.
3. Зал для рукодѣлья и игр на полу.
4. Комната для организованнаго ручного труда.
5. Комната для маленьких дѣтей.

Программа занятій рукодѣліем и ручным трудом слѣдующая: дѣвочки одѣвают кукол, сшивают ситцевыя книжки с картинками, уже наклеенными мальчиками, плетут корзинки и проч. Мальчики дѣлают доски для шашек, наклеивают картинки на ситцевую матерію (для книжек), разрисовывают рождественскія карточки, подклеивают старыя книжки, подаренныя сеттльменту, и чинят игрушки, сломанныя малышами. Совсѣм маленькія дѣти вырѣзывают и раскрашивают картинки и занимаются плетеньем.

Кромѣ этих занятій, дѣти обучаются гимнастикѣ и танцам и бѣгают вперегонки группами (любимая игра).

Организаторша этого центра очень хвалит дѣтей: она говорит, что дѣти:—

1. стараются помочь, чѣм могут, завѣдующим и очень аккуратны;
2. пріучаются разумно выбирать книги — (больше всего дѣти любят книги по исторіи);

3. рисуют осмысленно и хорошо;

4. интересуются природой и любят ее.

Состав работников этого клуба — или, как принято его называть, „центра," слѣдующій : — 1 завѣдующая, 2 завѣдующих играми, 1 женщина для совсѣм маленьких дѣтей, 8 помощницы. Дѣтей — 150.

Училищный Совѣт школы, помѣщающейся вблизи сеттльмента, увидѣв успѣх этой организаціи, и в виду недостатка мѣста в сеттльментѣ, рѣшил открыть Центр для игр при своей школѣ и предложил сеттльменту организовать его и завѣдывать им. Совѣт предоставил помѣщеніе и всѣ средства, и Центр теперь помѣщается при школѣ.

Другой интересный примѣр игр для дѣтей — при Бристольском Университетском Сеттльментѣ. Дѣти приходят в сеттльмент ранним вечером и по праздникам. Дѣвочки приносят с собой самаго маленькаго ребенка в семьѣ, устраивают его на полу с игрушками и идут играть в кукольном домѣ.

Для дѣтей моложе 10 лѣт устроен особый клуб, посѣщаемый по субботам, и вмѣсто того, чтобы мѣшать взрослым дома, эти дѣти чинно играют все утро в клубѣ.

Рождество, Пасха, день 1-го Мая — большіе праздники для дѣтей и к ним готовятся за цѣлыя недѣли вперед.

Лѣтом устраиваются игры для дѣвочек в возрастѣ от 5 до 14 лѣт. Группы в 100 и в 90 человѣк собираются по два раза в недѣлю. По занятіям они разбиваются на слѣдующія группы :

1. Красная — вырѣзываніе из бумаги.

2. Зеленая — игрушки и разныя игры.

3. Голубая — рисованіе и проч.

4. Розовая — игры в мяч.

5. Желтая — плетенье корзинок.

Однажды самую шаловливую недисциплинированную дѣвочку во всем клубѣ назначили наблюдать за играми малышей в зеленой группѣ: она сразу же измѣнилась: начала гордиться своей работой, и в ней почувствовалось сознаніе своего достоинства и отвѣтственности за поведеніе ребят.

Как и в Red House Сеттльментѣ, здѣсь также наблюдалось желаніе дѣтей помогать учительницѣ: и это не смотря на то, что дѣти этого района зачастую распущены и недисциплинированы.

Надо видѣть этих дѣтей за играми — веселых и счастливых, часто отдыхающих от ругани и пинков дома, от холодной улицы — в атмосферѣ, гдѣ их любят и цѣнят, — для того, чтобы понять, до чего важна эта сторона дѣятельности сеттльментов.

При этом же сеттльментѣ имѣется библиотека в 640 томов для дѣтей. Она открыта ежедневно от 5 ч. до 7.15 ч. веч. Билеты выдаются на три четверти часа с тѣм, чтобы в один вечер в библіотекѣ могли читать 3 смѣны дѣтей. Лѣтом дѣти, вмѣсто того, чтобы сидѣть в библіотекѣ, рѣшили заниматься садоводством — занятіе, которое они очень любят.

Кромѣ игр для дѣтей при большинствѣ сеттльментов есть обычная в Англіи Воскресная Школа, гдѣ дѣти обучаются закону Божьему. При Броунинг Холл Сеттльментѣ имѣется еще воскресный дѣтскій сад, гдѣ дѣти играют, рисуют мѣлом, лѣпят из глины — все на библейскіе сюжеты.

В воскресенье вечером, при этом сеттльментѣ устраиваются чтенія с туманными картинами для дѣтей; кромѣ того дѣти поют гимны, слушают пѣсни, потом читается краткая молитва. Это, так наз. „Счастливый Час для дѣтей.“ Число дѣтей, посѣщающих Броунинг Холл Сеттльмент в воскресенье и в будни, 1,000.

Забота о дѣтях не исчерпывается этими организаціями: остается еще время лѣтних каникул, время, когда дѣти предоставлены самим себѣ. Сеттльменты и тут приносят большую пользу при содѣйствіи других благотворительных организацій; так напримѣр, при помощи Фонда для Дѣтских Каникул они отправляют дѣтей в деревню. Но число дѣтей, которых можно отправлять за город, естественно ограничено в виду недостатка средств, и поэтому сеттльментам приходится организовывать школы для дѣтей, принужденных оставаться во время каникул в городѣ.

Программа таких школ очень разнообразна: почти все время посвящается играм, танцам, лѣпкѣ из глины — вообще, можно сказать, что это не школа, а опять таки организованныя игры для дѣтей.

При Canning Town Women's Settlement имѣется такая школа, разсчитанная на 200—300 человѣк дѣтей: она помѣщается в зданіи одного из училищ самаго бѣднаго квартала. Преподаваніе ведется учительницами и студентками безплатно, дѣти занимаются подвижными играми и танцами и были, по выраженію отчета, „восторженно счастливы.“

При Броунинг Холл Сеттльментѣ тоже имѣется такая школа, основанная в 1904 г. по образцу американских Vacation Schools и разсчитанная на 300 чел. Дѣти были собраны по совѣту учителей бѣдных школ, которые знали, кто из их учеников вынуждены будут остаться в городѣ в теченіе всего лѣта. Иногда дѣтей возили на прогулки в деревню, водили в муниципальныя бани для обученія плаванью. В настоящее время программа нѣсколько измѣнена: вмѣсто того, чтобы заниматься в городѣ, дѣтей ежедневно отвозят на трамваях за город, гдѣ им даются уроки в одном из мѣстных училищ. Послѣ занятій дѣти обѣдают и уходят гулять в парк в цѣлях обученія природовѣдѣнію. К вечеру дѣти получают стакан молока и булку и возвращаются в город. Школа организована на 1 мѣс. при двух смѣнах дѣтей — по двѣ нед. каждая. Организація этой школы обходилась сеттльменту в 240 фунтов стерлингов.

При Red House Сеттльментѣ имѣется Каникулярный клуб для дѣтей; это — организація болѣе домашняго характера: около 50–60 дѣтей приходятъ въ сеттльментъ на 2–3 часа въ день — они играютъ въ сеттльментѣ или въ городскомъ паркѣ, рядомъ: занимаются садоводствомъ, рукодѣльемъ, рисованіемъ. Любимое ихъ занятіе, ими самими придуманное, — писать сочиненія. Они приходятъ и уходятъ когда угодно, „но, какъ пишетъ завѣдующая, избавиться отъ нихъ очень трудно.“

Дѣти въ то же время приносили много пользы сеттльменту своимъ уходомъ за садомъ, починкой книгъ въ библіотекѣ и проч.

Такого же рода школа-клубъ для дѣтей имѣется при Лэди Маргарет Холлъ Сеттльментѣ.

2. ПОДРОСТКИ.

Для подростковъ, какъ для мальчиковъ, такъ и для дѣвушекъ, имѣются свои клубы. Эти клубы всегда разсчитаны на подростковъ, занятыхъ на фабрикѣ, и поэтому дѣятельность ихъ довольно своеобразна: они открыты обыкновенно только вечеромъ и служатъ не столько для развлеченія, сколько для обученія разнымъ предметамъ, избираемымъ самими членами клуба.

Для мальчиковъ помоложе существуютъ организаціи „бой-скоутовъ,“ во главѣ которыхъ всегда стоитъ членъ сеттльмента.

Кромѣ того, при нѣкоторыхъ сеттльментахъ, ведутся клубы для молодыхъ подростковъ болѣе или менѣе спортивнаго характера. Такъ напр. при Rugby School Home Mission мальчики играютъ въ крикетъ, футболъ, обучаются боксу, гимнастикѣ и плаванью. Такого же рода клубъ, состоящій изъ 180 членовъ, существуетъ при Броунинг Холл Сеттльментѣ (члены мальчики до 14 лѣтъ) и при Бристольскомъ Университетскомъ Сеттльментѣ.

Для молодыхъ людей постарше (15–18 л.) существуютъ болѣе интересные клубы. Такъ напр., при Бристольскомъ же сеттльментѣ имѣется клубъ воспитательнаго характера для молодыхъ „фабричныхъ.“ Вечеромъ при клубѣ даются курсы по слѣдующимъ предметамъ: классъ драматическаго искусства, математика, французскій языкъ, рѣзьба по дереву, шведская гимнастика; 2 раза въ недѣлю послѣ уроковъ ведутся игры.

При Броунинг Холл Сеттльментѣ тоже имѣется клубъ для подростковъ сверхшкольнаго возраста: въ немъ ведутся кромѣ игръ всякаго рода (карты, билліарды и проч.) — бесѣды по исторіи, уроки бухгалтеріи, рѣзьбы по дереву и проч. Число членовъ этого клуба въ 1912 г. было 70.

Самый типичный, клубъ для дѣвушекъ существуетъ при Бристольскомъ Сеттльментѣ.

Въ Бристолѣ очень много табачныхъ, шоколадныхъ, конфетныхъ, бумагопрядильныхъ и канатныхъ фабрикъ, большинство работницъ которыхъ состоитъ изъ совсѣмъ молодыхъ дѣвушекъ. Вопросъ о разумныхъ развлеченіях для всѣх этих работниц стоит очень остро. Его старались разрѣшить, как различныя благотворительныя общества, так и мѣстныя училищныя власти. Благотворительныя общества организуют для них „клубы для развлеченія," но клубы такого рода, как хороши бы они ни были, не дают никакой пищи уму: училищныя же власти, с другой стороны, основали для них вечерніе курсы, но эти курсы, с их училищной дисциплиной, и долгими часами обученія только утомляют, а подчас и отталкивают молодых работниц.

Видя такое положеніе дѣл, Бристольскій Университетскій Сеттльмент рѣшил сочетать обѣ эти идеи, и предложил свои услуги Училищному Совѣту в веденіи вечерних курсов в мѣстности Barton Hill. Совѣт согласился, и сеттльмент начал свою работу: желающих заниматься было очень много и впослѣдствіи число учащихся ограничено было до 300.

Школа открыта 4 раза в недѣлю. Занятія продолжаются в теченіе одного часа. За полчаса до начала занятій предполагалось вести игры для дѣвушек. В настоящее время программа нѣсколько измѣнена: дѣвушки приходят за ¾ часа до начала занятій и, если не слишком устали от работы на фабрикѣ, играют в подвижныя игры, или же уходят в классныя комнаты, гдѣ могут бесѣдовать, играть в шашки и проч.

В теченіе каждаго семестра ведутся занятія, по крайней мѣрѣ, по трем отдѣльным предметам. Ученицы должны записаться на один цѣлый курс и, кромѣ того, имѣют право избрать один или два из необязательных предметов. На практикѣ дѣло ведется так: ученицы должны взять домоводство, как обязательный предмет и могут записаться еще на курсы англійскаго языка, исторіи, хорового пѣнія и гимнастики. Плата за обученіе — по пенсу в недѣлю. Сеттльмент произвел интересный опыт в связи с веденіем этой школы. Основан был цѣлый ряд небольших клубов для бывших учениц мѣстных народных училищ. Эти „училищные клубы" объединяют старых подруг по училищу, так что в каждом из них очень сильно развит дух лойальности своей группѣ и соревнованіе с другими клубами: они стоят в связи, как со своим старым училищем, так и с сеттльментом.

Такого рода система очень благопріятно отразилась на всей постановкѣ дѣла в вечерней школѣ: ученицы очень стараются соблюсти честь своего клуба и, в виду того, что классы автоматически закрываются, если число учениц падает ниже 10, онѣ посѣщают уроки очень аккуратно, так как для них, по словам завѣдующей, „самая горькая обида, если их заставляют присоединиться для уроков к другому клубу."

Школа управляется Совѣтом, состоящим из всѣх работников по организаціи школы и преподавателей. Засѣданія его происходят раз в три мѣсяца и тогда детально обсуждается вся программа дѣятельности школы.

Кромѣ того, существуетъ Комитетъ Клубовъ, который состоитъ изъ Завѣдующаго сеттльментомъ, всѣхъ работниковъ по клубамъ и 8 дѣвушекъ-представительницъ отъ отдѣльныхъ клубовъ. Комитетъ засѣдаетъ разъ въ мѣсяцъ, обсуждаетъ текущія дѣла и многое сдѣлалъ для объединенія всѣхъ отраслей жизни клубовъ.

При училищѣ имѣется библіотека, пользующаяся большимъ успѣхомъ.

Ежемѣсячно устраиваются вечеринки при участіи друзей сеттльмента. Въ вечерней школѣ занятія прекращаются къ Пасхѣ, послѣ этого начинается лѣтняя программа прогулокъ за городъ и вечернихъ собраній при сеттльментѣ. Лѣтомъ же, существующій при сеттльментѣ хокей-клубъ, замѣняется Клубомъ для плаванья.

За послѣдніе годы сеттльментъ отправляетъ дѣвушекъ подъ наблюденіемъ членовъ сеттльмента въ деревню, на короткій срокъ для отдыха. Дѣвушки сами сберегаютъ на это деньги въ теченіе многихъ мѣсяцевъ, такъ что, когда приходитъ время каникулъ, у нихъ есть не только 10 шиллинговъ, которые беретъ съ нихъ сеттльментъ, но и свои карманныя деньги. Эти праздники въ деревнѣ приносятъ очень много пользы; дѣвушки не только отдыхаютъ и поправляются физически на лонѣ природы, но, живя вмѣстѣ съ членами сеттльмента, онѣ ознакомляются съ новымъ образомъ жизни, очень далекимъ отъ ихъ собственной жизни въ городскихъ трущобахъ.

Нижеприведенная таблица свидѣтельствуетъ о разнообразіи занятій и профессій ученицъ :—

Работницы съ фабрикъ:	Число учениц.
Бумагопрядильныхъ	95
Картонажныхъ	63
Портняжныхъ	18
Папиросныхъ	27
Шоколадныхъ	20
Типографій и фабрикъ бумажныхъ издѣлій .	15
Сапожныхъ	3
Корсетныхъ	15
Мыльныхъ	3
Спичечныхъ	2
Портнихи	2
Прислуга	1
Живущія дома (безъ профессіи) . .	11
Прачки	1
Разныя занятія	3
Итого .	279

84 ученицы состояли членами Клуба . . 3 года.
103 „ „ „ „ . . 2 года.
255 „ „ „ „ . . 1 годъ.

При Броунинг Холл Сеттльментѣ, почти съ первыхъ дней его основанія, велись двоякаго рода клубы для дѣвушекъ :

I. Гимнастическій Клубъ.

II. Общій Клубъ.—Здѣсь дѣвушки встрѣчаются по вечерамъ, шьютъ, поютъ хоромъ; обучаются домоводству, кройкѣ и уходу за больными дома. Въ комнатѣ, гдѣ помѣщается клубъ, въ высшей степени уютно; атмосфера всей работы непринужденная и чисто домашняя. На стѣнахъ висятъ репродукціи хорошихъ картинъ, которыя выдаются на домъ желающимъ. Какъ и при Бристольскомъ Университетскомъ сеттльментѣ, здѣсь устраиваются прогулки за городъ и каникулы въ деревнѣ. Въ 1912 г. сеттльментъ получилъ въ даръ помѣщеніе въ деревнѣ; въ немъ рѣшено было устроить колледжъ для работницъ, своего рода Народный университетъ, при которомъ могли жить его студентки. Курсъ обученія въ немъ однолѣтній.

St. Hilda's East Сеттльментъ ведетъ свою работу приблизительно по такой же программѣ, какъ вышеописанные сеттльменты, но удѣляетъ много времени обученію музыкѣ, пѣнію и домашнему театру. Онъ участвуетъ въ состязаніяхъ женскихъ хоровъ и получилъ первый призъ за чтеніе нотъ на два голоса.

Такова въ самыхъ общихъ чертахъ работа сеттльментовъ среди подростающаго поколѣнія.

3. УХОДЪ ЗА МОЛОДЫМИ МАТЕРЯМИ И ШКОЛЫ ДЛЯ НИХЪ.

Вопросъ о сохраненіи дѣтскихъ жизней стоялъ всегда очень остро. Большая смертность дѣтей въ Англіи—результатъ не столько бѣдности, сколько полнаго незнанія со стороны матерей, какъ ухаживать за новорожденными дѣтьми и за собой.

„Школы для матерей" поэтому являются одной изъ наиболѣе важныхъ отраслей работы среди женщинъ.

Идея „Школъ для матерей" существовала уже давно и проводилась въ жизнь разными благотворительными обществами, но, официально, она была признана лишь въ 1915 г. особымъ Актомъ о школахъ для матерей. Согласно опредѣленію этого акта, школа для матерей является образовательнымъ учрежденіемъ, дающимъ обученіе и воспитаніе матерямъ въ ихъ уходѣ за новорожденными и маленькими дѣтьми. Школы для матерей, одобренныя Министерствомъ Народнаго Просвѣщенія, пользуются субсидіями отъ послѣдняго въ размѣрѣ 50% всѣхъ расходовъ. Такого рода школы, въ той или иной формѣ, существуютъ при многихъ сеттльментахъ.

Школа и клубъ для матерей при Бристольскомъ Сеттльментѣ является одной изъ образцовыхъ.

Школа эта была основана в 1912 г., т.е. еще до официальнаго признанія их закономъ. Она создана была в цѣлях борьбы съ сильно развитой дѣтской смертностью въ Бристолѣ. При ней, кромѣ обычныхъ классовъ по кройкѣ, шитью, уходу за новорожденными, починкѣ платья и кухнѣ, имѣются:

I. Отдѣлъ медицинскаго осмотра и ухода за новорожденными под контролемъ доктора и фельдшерицы.

II. Отдѣлъ посѣщенія матерей и дѣтей на дому членами сеттльмента.

III. Дѣтская-ясли, гдѣ матери ежедневно могутъ оставлять младенцевъ и дѣтей дошкольнаго возраста, на все время пока онѣ на работѣ.

IV. Обѣды для беременныхъ — въ среднемъ по 60 обѣдовъ на каждую женщину.

В ходѣ работы выяснилось, между прочимъ, что безъ „Клуба для Матерей" очень трудно было бы вести школу, и поэтому во многихъ сеттльментахъ устроены клубы для матерей.

Кромѣ вышеуказанныхъ формъ работы среди матерей, Бристольскій сеттльментъ сдѣлал попытку организаціи каникулъ в деревнѣ для матерей и маленьких дѣтей.

Ливерпульскій Университетскій Сеттльментъ за послѣдніе годы сдѣлал шагъ впередъ в уходѣ за матерями и новорожденными: его центръ для матерей и клиника для них являются прямо таки образцовыми.

В 1915 г. при этомъ сеттльментѣ открытъ былъ т. наз. „Центръ для матерей," съ цѣлью помочь женамъ солдатъ и матросовъ в воспитаніи их дѣтей. С тѣх поръ дѣятельность Центра развилась, он вошелъ в сношенія съ другими подобными организаціями, и теперь сфера его вліянія распространилась далеко за предѣлы сеттльментскаго района. Центръ стал сборнымъ пунктомъ для матерей, куда онѣ приносятъ дѣтей для совѣтовъ съ врачемъ и фельдшерицами. Сеттльментъ старается привлечь не только матерей больныхъ дѣтей, которыя нуждаются в медицинской помощи, но и здоровыхъ дѣтей, чтобы слѣдить за их здоровьемъ.

Вскорѣ послѣ организаціи Центра признано было необходимымъ организовать и амбулаторію для беременныхъ. Здѣсь, кромѣ того, ведутся обычные классы по домоводству, уходу за новорожденными и шитью.

Насколько результаты оправдываютъ эту попытку, ясно доказано слѣдующими цыфрами: в то время какъ общая смертность дѣтей в районѣ — 104 на тысячу, смертность среди дѣтей под вѣдѣніемъ сеттльмента — 48 на тысячу.

Слѣдующія данныя о дѣятельности Центра говорятъ сами за себя :—

С 1-го Янв. по 31-ое Дек. 1917 г.

А. Въ Амбулаторіи для Беременныхъ :

Число консультацій	1.400
Докторъ присутствуетъ въ недѣлю . . .	1 разъ
Среднее число посѣщ. кажд. матери . .	3,2
Среднее число осмотровъ въ недѣлю . .	28
Число паціентокъ по журналу въ концѣ Февр. 1917.	256
,, ,, ,, ,, ,, 1918.	448

Б. Въ Амбулаторіи для Матерей и Новорожденныхъ :

Число посѣщеній докторомъ въ недѣлю . .	4
,, дѣтей по журналу	1.110
,, матерей ,, ...	337
,, посѣщеній дѣтей	10.077
,, ,, матерей	3.518
,, ,, на дому добровольными членами	1.982
,, ,, ,, фельдшер. и акушерками	5.174
,, лекцій	111

4. РАБОТА СРЕДИ ЖЕНЩИНЪ.

Почти всѣ сеттльменты организуютъ разнаго рода клубы и курсы для женщинъ : главная задача клуба, по большей части, расширеніе кругозора его членовъ и организація всякаго рода курсовъ и классовъ по домоводству и проч. Охарактеризуемъ вкратцѣ работу одного изъ такихъ клубовъ, организованнаго при Броунингъ Холл Сеттльментѣ. Женщины, ихъ около 1000, если не больше, собираются въ этомъ клубѣ по вторникамъ въ большой залѣ сеттльмента. Онѣ приходятъ сюда задолго до собранія и бесѣдуютъ другъ съ другомъ, потомъ всѣ вмѣстѣ пьютъ чай. Послѣ этого поются хоромъ гимны, читается краткая молитва и нѣсколько стиховъ изъ Евангелія. Затѣмъ слѣдуетъ бесѣда по литературѣ, соціологіи или на злободневныя темы. Послѣ этого опять поются хоромъ гимны или народныя пѣсни, и члены клуба расходятся по домамъ. При этомъ же сеттльментѣ ведется еще Воскресная Школа для взрослыхъ женщинъ. Здѣсь читаются лекціи уже на болѣе серьезныя темы : изучаются вопросы религіи, рабочій вопросъ и проч.

Названный клубъ явился своего рода общественно-политическимъ центромъ. Такъ, напримѣръ, во время безработицы въ 1904 г. клубъ организовалъ процессію женщинъ съ цѣлью обратить вниманіе правительства на положеніе безработныхъ : эта процессія, на ряду съ другими факторами, ускорила созданіе „Фонда им. Королевы для Безработныхъ."

Война вызвала новую форму дѣятельности сеттльментов. Так, в первые мѣсяцы войны, когда промышленная жизнь была серьезно нарушена, десятки тысяч работниц были выброшены на улицу. Бристольскій сеттльмент основал школу для безработных женщин. Она разсчитана была на 100 женщин, которыя приходили в Сеттльмент на 4 часа в день, 4 раза в недѣлю. Им выдавались обѣды ежедневно и по четыре или три шиллинга в недѣлю вспомоществованія, в зависимости от возраста. В этой школѣ велись уроки по шитью и кройкѣ, чисткѣ дома, кухнѣ. Каждый день послѣ обѣда велись бесѣды на темы о сотрудничествѣ, по вопросам гражданской жизни и т. п. Сеттльмент считает этот опыт с безработными очень удачным: он показал, насколько полезны такого рода школы, и сеттльмент опять готов открыть школу, когда встанут острые вопросы безработицы в связи с демобилизаціей.

5. РАБОТА СРЕДИ МУЖЧИН.

Для мужчин организованы при сеттльментах особые мужскіе клубы и собранія: цѣль их — объединеніе населенія, воспитаніе чувства товарищества и уваженія к личности: программа же обычная — разнаго рода лекціи, собесѣдованія и проч.

При всѣх сеттльментах, за исключеніем женских, существуют, так называемыя, Pleasant Sunday Afternoon засѣданія, происходящія раз в недѣлю. Программа этих собраній зависит всецѣло от духовнаго облика сеттльмента: в большинствѣ случаев они носят до извѣстной степени религіозный характер, поются гимны, произносится краткая молитва; кромѣ того читаются рефераты общественными дѣятелями по различным спеціальностям, которые зачастую вызывают горячія пренія.

В Броунинг Холл Сеттльментѣ члены таких собраній объединены в Братство — организацію, имѣющую свою газету и, главным образом, изучающую вопросы религіи и рабочій вопрос с точки зрѣнія христіанства. Члены Братства платят по одному пенсу в недѣлю и из этих денег в концѣ года покупают себѣ, при содѣйствіи сеттльмента, книги; выбор книг очень интересен: большинство из них „серьезныя" книжки по вопросам соціологіи, литературы и проч.

Воскресная Школа, при этом же сеттльментѣ, ведется нѣ только для женщин, но и для мужчин: число учеников обыкновенно около 50. Программа такая же, что и для женщин, но, в виду того, что мужчины живут болѣе активной политической жизнью, главное вниманіе здѣсь обращается на примѣненіе ученій соціологіи и политической экономіи к жизни рабочаго.

Броунинг Холл Сеттльмент, между прочим, единственный сеттльмент в Англіи с явно-соціалистической окраской, и его работа имѣет огромное вліяніе на жизнь всего района.

Здѣсь необходимо отмѣтить Глазговскій Университетскій Сеттльмент, который уже в теченіе 12 лѣт ведет курсы обществовѣдѣнія и
правовѣдѣнія. Цѣль этих курсов дать слушателям представленіе об
основных проблемах общественной жизни в настоящее время и
„воспитать" в слушателях чувство уваженія ко взглядам других.
Эти курсы — попытка противодѣйствовать дешевому журнализму и
вульгарному патріотизму. В 1917–1918 г. здѣсь читались лекціи
по вопросам міровой политики послѣ войны и о международных
взаимоотношеніях, всегда вызывавшія большой интерес и ожи-
вленныя дискуссіи.

6. РАБОТА СРЕДИ ВЗРОСЛЫХ ОБОЕГО ПОЛА.

A. *Воспитаніе :*—

Одним из крупных явленій в жизни сеттльментов надо считать
их работу рука об руку с Ассоціаціей по обученію рабочих (Workers'
Educational Association).

Главная цѣль этой Ассоціаціи — объединеніе людей, занятых
ручным трудом, и всякаго рода преподавателей для обсужденія
проблем воспитанія, в особенности, проблем, касающихся рабочаго
класса.*

Насколько тѣсно могут быть связаны сеттльменты с Ассоціаціей,
можно видѣть из практики Брист. Сеттльмента:

I. Всѣ члены сеттльмента состоят членами Бристольской Ассоціаціи по обученію рабочих.

II. Члены Ассоціаціи собираются в Сеттльментѣ для дискуссій
по вопросам литературы, исторіи, и экономики. Библіотека имени Тойнби при сеттльментѣ принадлежит также
и Ассоціаціи: во главѣ ея стоит профессор Университета
Рейнольдс. Библіотека открыта для всѣх членов Ассоціаціи ежедневно.

III. В сеттльментѣ и в Ассоціаціи ведутся курсы по англійской
литературѣ; особыя лекціи для учителей при школах для
взрослых; уроки ораторскаго искусства; французскій
разговорный язык.

IV. Ежемѣсячно по субботам организуются вечеринки для
членов Ассоціаціи.

V. Многія засѣданія Ассоціаціи и даже конгресс его исполнительнаго органа происходили при сеттльментѣ.

VI. Сад сеттльмента по воскресеньям открыт и для членов
Ассоціаціи.

---

* Подробно об Ассоціаціи, См. Picht, „Toynbee Hall and the Settlement
Movement in Great Britain," стр. 173.

VII. Клубы при сеттльментѣ имѣютъ своихъ представителей въ Исполнительномъ Комитетѣ Ассоціаціи.

VIII. Ассоціація имѣетъ своихъ представителей въ Комитетѣ „Школы для Матерей" при сеттльментѣ, а также и въ Главномъ Совѣтѣ сеттльмента.

Кромѣ сотрудничества съ Ассоціаціей по образованію рабочихъ, сеттльменты пробовали вести курсы въ связи съ University Extension Movement — движеніемъ, возникшимъ въ Англіи въ 70—80 гг. прошлаго столѣтія. Цѣлью этого движенія было расширить дѣятельность университетовъ и дать возможность лицамъ, которыя не могли итти въ университеты, пріобщиться къ благамъ университетскаго образованія. Такого рода лекціи велись при Броунингъ Холлъ Сеттльментѣ и встрѣчены были съ большимъ энтузіазмомъ, но, въ виду недостатка средствъ, эти курсы пришлось прекратить.

Б. *Библіотеки:—*

Библіотечное дѣло сеттльментовъ поставлено сравнительно хорошо; почти при всѣхъ сеттльментахъ есть библіотека для чтенія. Мы должны отмѣтить здѣсь Библіотеку при Броунингъ Холлъ Сеттльментѣ по предметамъ экономики и соціологіи въ связи съ вопросами религіи.

При Бристольскомъ Сеттльментѣ существуетъ упомянутая выше Библіотека Тойнби для учениковъ, студентовъ и членовъ Ассоціаціи по образованію рабочихъ — съ большой коллекціей книгъ по соціальнымъ вопросамъ и экономикѣ.

Коллекціи картинъ, — изъ которыхъ картины выдаются на домъ рабочему населенію для украшенія комнатъ и воспитанія вкуса, — пользуются также большимъ успѣхомъ.

В. *Сберегательныя Кассы:—*

При Броунингъ Холлъ Сеттльментѣ сберегательная касса построена на кооперативномъ началѣ и существуетъ для опредѣленной практической цѣли — для покупки угля. Сеттльментъ покупаетъ уголь и продаетъ его почти по оптовой цѣнѣ. Такого же рода касса существуетъ и при Mansfield House Сеттльментѣ, съ числомъ членовъ около 2.000. Касса при Броунингъ Холлъ Сеттльментѣ, насчитывавшая до 10.000 членовъ, покупала гусей, индюшекъ и провизію к Рождеству изъ денегъ, сбереженныхъ для этой цѣли членами кассы (обычно носящихъ названія клубовъ), и продавала ихъ членамъ по очень низкой цѣнѣ: любопытно, что большинство куръ, гусей и индюшекъ сеттльментъ выписывалъ изъ Россіи.

Slate Club — своего рода страховое общество, на случай болѣзни, смерти и похоронъ. Въ 1912 г. въ клубѣ было 717 членовъ, вносившихъ по 6 пенсовъ въ недѣлю, всего въ теченіе года рабочими внесено было £1.213. За 18 лѣтъ существованія этого клуба внесено было всего £12.000.

Сберегательная Касса при Глазговском Сеттльментѣ — Penny Savings Bank — в 1917–18 г. значительно расширила свои операціи. Свободный остаток ея денег в банкѣ увеличился в два года с £25 до £125. В 1917–18 г. в Кассу внесено было £342. 5s. 9d. Число операцій 3.913. Кромѣ этой Кассы при сеттльментѣ существует еще Holiday Bank, гдѣ члены-рабочіе сберегают деньги для лѣтних каникул и праздников.

Г. *Праздники и каникулы в деревнѣ :—*

Являются одной из сфер дѣятельности сеттльментов, и мы уже описывали их в связи с работой разнаго рода клубов. Мы упомянем здѣсь лишь о Броунинг Холл Сеттльментѣ, который много времени и энергіи удѣлил своей организаціи. В 1895 г. сеттльмент отправил в деревню первую партію рабочих. Они жили лагерем на свѣжем воздухѣ и только спали в больших амбарах : они сами покрывали почти всѣ расходы по содержанію, что обходилось приблизительно в 1 шил. 6 пенс. в день. Работа производилась кооперативно, члены сами готовили пищу, убирали за собой и проч. Интересно то, что этот „Лѣтній лагерь" существует с 1895 г. и состоит из цѣлых семейств, мужчин, женщин и дѣтей. В 1912 г. сеттльмент предоставил населенію 8.010 дней в деревнѣ (на 512 челов.). Кромѣ того сеттльмент снял небольшой дом в деревнѣ, гдѣ бы могли жить люди из района сеттльмента во время лѣтних каникул, проводя время в тѣсном семейном кругу.

Д. *Клуб путешествій :—*

Организован пока только при Броунинг Холл Сеттльментѣ и показывает, до какой степени может быть развит принцип коопераціи при сеттльментах. Этот клуб зародился при довольно оригинальных обстоятельствах : в одной из обездоленных и обиженных частей Лондона, Walworth'ѣ, во время лекціи при сеттльментѣ, оратор, говоря о предстоящей Всемірной Выставкѣ в Парижѣ, замѣтил, что, было бы славно, если бы можно было и присутствующим съѣздить в Париж, посмотрѣть выставку. Вся аудиторія приняла это за простую шутку; однако эта мысль была подхвачена и вылилась в рѣшеніе устроить клуб для поѣздки в Париж. Члены клуба с этой цѣлью вносили по шиллингу в недѣлю в теченіе пятидесяти недѣль. При содѣйствіи одного из агентств для путешествій эта поѣздка была организована, и 26 человѣк рабочих поѣхали в Париж на Выставку. Поѣздка увѣнчалась успѣхом, и рѣшено было продолжать вести клуб с цѣлью поѣздок за границу. Сеттльмент взял в свои руки всю организацію этих экскурсій и ежегодно устраивал поѣздки то в Шотландію и Ирландію, то заграницу. Так, в 1902 г. 74 члена этого клуба поѣхали в Дюссельдорф; стоимость поѣздки, включая содержаніе, обошлась всего в 2 фн. ст. на человѣка. Впослѣдствіи посѣщены были Голландія, Франція, Нормандія, Германія, Швейцарія. Эти поѣздки обычно сопровождались встрѣчами с рабочими организаціями за границей и служили как бы звеном, соединяющим англійских и иностранних рабочих.

Воспользовавшись опытом организаціи своих экскурсій, сеттльмент организовал поѣздку в Германію членов парламента соціалистов с цѣлью сближенія рабочих Англіи и Германіи и предотвращенія войны.

Е. *Развлеченія :—*

Нѣт сеттльмента, при котором всякаго рода развлеченія для населенія не играли бы важной роли. Сеттльменты отлично сознают, что они могут ближе подойти к населенію путем организаціи разумных развлеченій в зданіи сеттльмента.

Обычно устраиваются концерты, вечеринки и театральныя представленія всякаго рода. В такіе вечера населеніе — почетные гости сеттльмента : они на нѣсколько часов могут забыть здѣсь свою обездоленную жизнь и отдыхают в привѣтливой и уютной обстановкѣ сеттльмента. Вечеринки, обыкновенно, устраиваются в субботу вечером, когда населеніе свободно от работы и больше всего нуждается в развлеченіях. Тут молодые люди и дѣвушки встрѣчаются открыто и свободно, весело и разумно проводя время ; тут и люди постарше, которые, благодаря вечеринкам, отвлекаются от кабаков.

Вечера проходят всегда весело и непринужденно, в особенности, в виду того, что завѣдываніе предоставляется обыкновенно **молодым** или популярным членам сеттльмента.

Ж. *Юридическая помощь :—*

Интересной отраслью работы сеттльментов является юридическая помощь населенію : вмѣсто того, чтобы обращаться к адвокату, населеніе может итти в сеттльмент, гдѣ ему безплатно поможет юрисконсульт сеттльмента.

В Mansfield House Сеттльментѣ, по статистикѣ за 1915—16 г. число консультацій было — 1658. Из них самое большое число случаев относится к слѣдующим категоріям : споры между хозяином и работником, компенсація рабочих, споры между мужем и женой, завѣщанія и наслѣдства, страхованіе, споры о собственности.

Юрист обыкновенно бывает в сеттльментѣ, по крайней мѣрѣ, раз в недѣлю, и работы у него всегда много.

З. *Уход за больными и престарѣлыми :—*

В виду большого числа госпиталей и больниц в Англіи, казалось бы, что госпиталь при сеттльментѣ является излишней роскошью. Но Canning Town Women's Сеттльмент произвел очень любопытный и удачный опытъ въ связи съ уходомъ за больными. Госпиталь при этомъ сеттльментѣ началъ свое существованіе въ очень скромныхъ размѣрахъ: онъ былъ разсчитанъ всего на 13 человѣкъ. Но, мало-по-малу, онъ разросся и теперь является важнымъ факторомъ въ жизни района. Для сеттльмента онъ является источникомъ большого удовлетворенія: вмѣсто того, чтобы съ большими затрудненіями отправлять больного изъ своего района въ городской госпиталь, сеттльментъ беретъ его на свое попеченіе.

Въ 1916 г. амбулаторія при госпиталѣ сеттльмента пользовала 11.496 паціентовъ — черезъ госпиталь прошло 200 чел. Число серьезныхъ операцій, произведенныхъ за годъ, — 70; число менѣе сложныхъ операцій — 114. Число смертей — 12.

Кромѣ амбулаторіи и госпиталя сеттльментъ содержитъ еще дачу для выздоравливающихъ и, такимъ образомъ, до полнаго ихъ выздоровленія сеттльментъ можетъ слѣдить за состояніемъ здоровья своихъ паціентовъ.

Броунингъ Холлъ Сеттльментъ сдѣлалъ очень интересную попытку въ области ухода за стариками, организовавъ для нихъ колонію: цѣлое поселеніе, гдѣ старики, мужъ и жена, могутъ жить безвозмездно въ уютныхъ домикахъ; каждой престарѣлой парѣ предоставляется своя комната; кромѣ того, имѣются общія комнаты для всѣхъ. Медицинская помощь, помѣщеніе, отопленіе и освѣщеніе даются старикамъ безплатно; такимъ образомъ, имъ приходится платить только за содержаніе. Число жителей въ колоніи въ 1912 г. было 80.

И. *Разное:*—

Изъ другихъ отраслей работы сеттльментовъ упомянемъ здѣсь объ удачныхъ опытахъ съ клубами для садоводовъ; сады обыкновенно устраиваются, за недостаткомъ земли, на крышахъ домовъ, въ маленькихъ дворикахъ, передъ домами и проч.; несмотря на всѣ затрудненія, члены клуба полны энтузіазма, который легко понять, когда видишь безконечныя сѣрыя улицы, въ которыхъ нѣтъ ни деревца, ни кустика. Выставка цвѣтовъ, выращенныхъ дома, пользуется большимъ успѣхомъ.

Red House Сеттльментъ сдѣлалъ нѣсколько попытокъ въ области организаціи ресторановъ: одинъ изъ нихъ, для дѣвушекъ-фабричныхъ, существовалъ, правда, очень непродолжительное время въ виду дороговизны припасовъ. Второй же ресторанъ, открытый въ 1916 г. и служившій не только ресторномъ, но и коммунальной кухней, былъ болѣе устойчивъ.

* *

*

Закончивъ обзоръ дѣятельности сеттльментовъ, остановимся вкратцѣ на оцѣнкѣ результатовъ ихъ работы.

Нѣт сомнѣнія, что сеттльменты за послѣднее тридцатилѣтіе принесли много пользы: не говоря об их непосредственной помощи населенію, необходимо отмѣтить, что они, кромѣ того, съумѣли вызвать нѣкоторыя реформы в области законодательства.

Встрѣчаясь ежедневно с нуждой, с неудовлетворительными условіями жизни населенія, с проблемами, с которыми не приходилось сталкиваться обезпеченным людям, — сеттльменты старались привлечь вниманіе общественнаго мнѣнія к этим нуждам.

Так напр., Броунинг Холл Сеттльмент много сдѣлал для безработных, вел пропаганду за пенсіи для стариков, увѣнчавшуюся блестящим успѣхом, устраивал митинги по улучшенію жилищных условій рабочих. Другіе сеттльменты, своей работой и примѣром, заставляли Правительство иногда брать цѣлыя отрасли работы в свои руки.

Но и недостатки сеттльментов весьма очевидны :—

1. Сеттльмент, сам по себѣ, слишком небольшая организація: дѣятельность его ограничена районом, в котором он существует.

2. Дѣятельность сеттльмента находится в слишком большой зависимости от личнаго элемента: как мы уже отмѣчали выше, личность работников играет всегда огромную роль — от состава сеттльмента зависят не только ход и тон работы, но и направленіе ея.

Послѣднее, конечно, имѣет свои преимущества — при такой организаціи невозможно „казенное“ отношеніе к дѣлу: все дѣлается от чистаго сердца, от искренняго желанія помочь. Но при этом теряется единство работы сеттльментов, теряется общая координація их дѣятельности.

3. Большинство сеттльментов все еще строит свою дѣятельность на религіозной основѣ, и мы можем назвать только один, Бристольскій Университетскій Сеттльмент, который открыто говорит в своем уставѣ, что „Сеттльмент не связан оффиціально ни с одной организаціей религіознаго характера и не предполагает имѣть классов и митингов в сеттльментѣ по воскресеньям.“

Как ни идеальны были стремленія сеттльментов в области религіи, как ни терпимы их религіозные взгляды, необходимо учитывать тот факт, что многих рабочих молодого поколѣнія такая религіозная подкладка может только отталкивать.

Было время, в царствованіе Королевы Викторіи, когда к рабочему населенію, в то время очень консервативному, можно было подойти только со стороны религіи: когда „практическое христіанство“ казалось единственным исходом из несчастнаго положенія масс. Естественно, что сеттльменты, народившись из такого движенія, продолжали работать в том же направленіи.

В послѣднее время, однако, рабочее движеніе идет под знаком Демократіи и Соціализма и, надо надѣяться, что сеттльменты поймут происшедшую перемѣну и пойдут ей навстрѣчу. Ибо „Задача сеттльмента," по словам завѣдующаго Ливерпульским Сеттльментом, F. J. Marquis, „не в измѣненіи системы работы, а в обращеніи вниманія в новую сторону. Все, что старается воспитать и поднять населеніе трущоб, должно остаться в силѣ.... Но за всей этой работой должен быть протест против существующих условій жизни. Студент-работник в бѣдном кварталѣ должен помнить, что общество требует от него не только, чтобы он помогал и направлял дѣятельность отдѣльных лиц. Его знаніе условій жизни бѣдноты, его знаніе привычек и направленія мышленія бѣднаго населенія должны быть для него матеріалом, в котором он должен разобраться. Всякое приложеніе знанія, каждая система научнаго эксперимента, должны быть употреблены им для того, чтобы повліять на законодательство и общественное мнѣніе так, чтобы исчезла бѣдность и ея причины.... Как желаніе знать заставляет химика разгадать загадку вещества, или путешественника дойти до „края земли," так и сила неугасающей надежды должна заставлять нас найти разрѣшеніе вопроса о соціальном злѣ и достигнуть совершеннаго общества."

                                                Л. СМОЛЛ.

ЛИТЕРАТУРА.

Годовые отчеты сеттльментов и их изданія.

Eighteen Years in the Central City Swarm.—London: W. A. Hammond, Holborn Hall, E.C.

Dr. Werner Picht. *Toynbee Hall and the Settlement Movement.*—London: Longmans, Green & Co., 39, Paternoster Row.

Arnold Toynbee. *The Industrial Revolution of the Eighteenth Century in England.*—London: Longmans, Green & Co., 39, Paternoster Row.

БИБЛІОГРАФІЯ.

Библіографія по сеттльментам имѣется в выше указанной книгѣ Picht'а.

ПРИЛОЖЕНІЕ.

СПИСОК ГЛАВНЫХ СЕТТЛЬМЕНТОВ
И ИХ АДРЕСА.

1. Bath: Citizen House, Chandos Buildings.
2. Birmingham: Birmingham Women's Settlement,
   318, Summer Lane.
3. Bristol: University Settlement, Barton Hill.
4. „ Broad Plain House, Broad Plain.
5. Leeds: The Red House Settlement, East Street.
6. Liverpool: Liverpool University Settlement, Nile Street.
7. „ Victoria Women's Settlement,
   294, Netherfield Road.
8. London: Cambridge House, 131, Camberwell Road, S.E.
9. „ Canning Town Women's Settlement,
   81, Barking Road, E.
10. „ Lady Margaret Hall Settlement,
    129–135, Kennington Road, Lambeth, S.E.
11. „ Mansfield House Settlement, 89–93, Barking Road, E.
12. „ Maurice Hostel (Christian Social Union Settlement),
    64–66, Britannia Street, N.
13. „ Oxford House, Bethnal Green, E.
14. „ Passmore Edwards Settlement, Tavistock Place, W.C. 1.
15. „ Robert Browning Settlement,
    York Street, Walworth Road, S.E.
16. „ Rugby House, 292, Lancaster Road, Notting Hill, W.
17. „ St. Hilda's East, 3, Old Nichol Street, Bethnal Green, E.
18. „ Toynbee Hall, 28, Commercial Street, Whitechapel, E.
19. „ Women's University Settlement,
    44, Nelson Square, S.E.
20. Manchester: Manchester Art Museum and University Settle-
    ment, Ancoats Hall, Every Street.

В ШОТЛАНДІИ.

21. Edinburgh: University Settlement, Surgeon Square.
22. Glasgow: University Students Settlement, 10, Possil Road.
23. „ Queen Margaret Settlement,
    77, Port Street, Anderston.

В ИРЛАНДІИ.

24. Belfast: Women Workers' Settlement, 55, Crumlin Road.

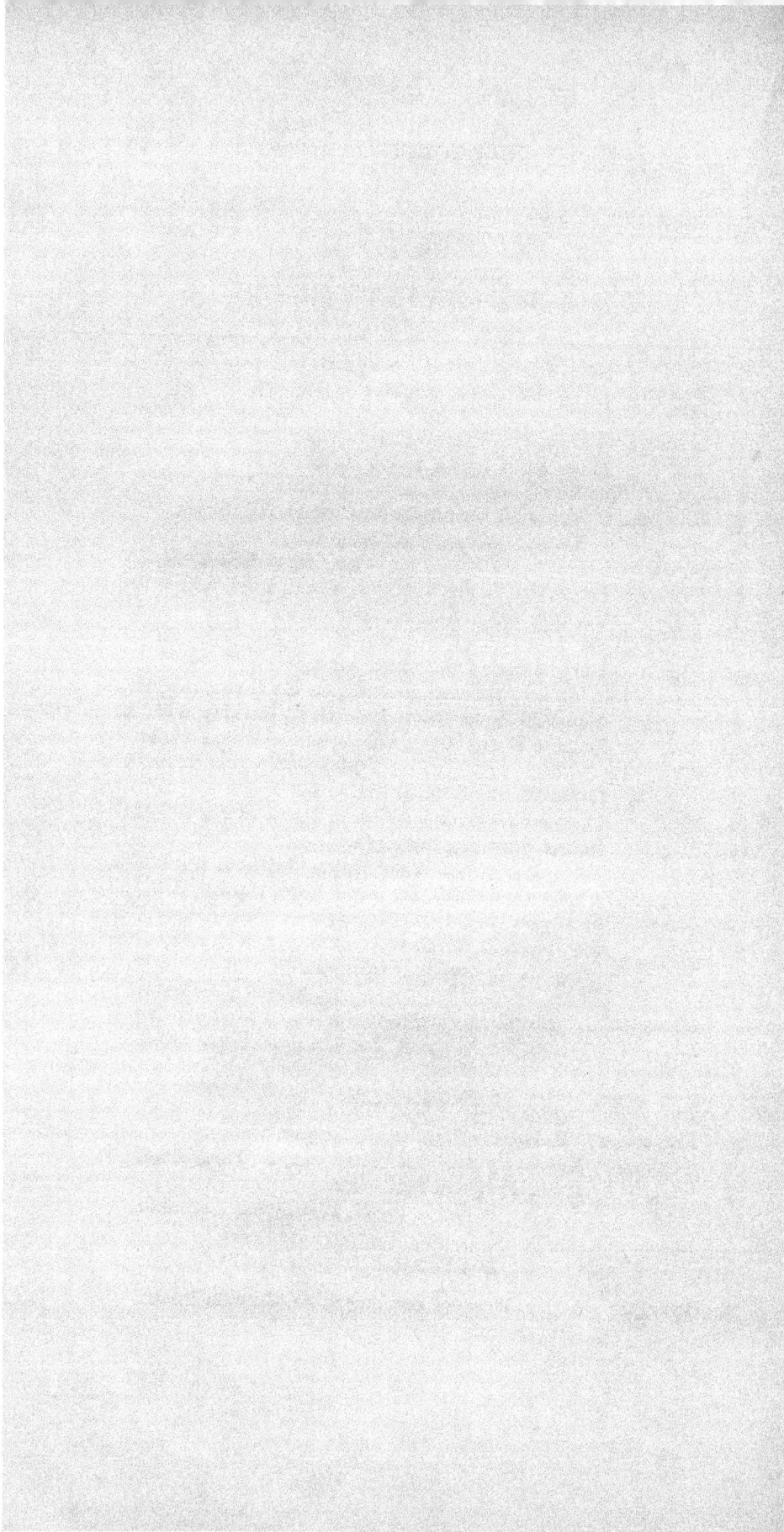

ОХРАНА ДѢТСКАГО ТРУДА

В АНГЛІИ

Охрана дѣтскаго труда в Англіи.

I.

До конца 18-го столѣтія в Англіи фактически, если не считать ряда филантропическихъ попытокъ, ничего не было сдѣлано для охраны дѣтскаго труда. Обычно, дѣтей заставляли работать в теченіе шестнадцати, восемнадцати часовъ в сутки; и эти маленькіе рабы мерли на работѣ, буквально, как мухи, а знаменитый законъ о бѣдныхъ вмѣсто того, чтобы лечить зло, его увеличивалъ, такъ какъ разрѣшалъ мѣстнымъ приходскимъ попечительствамъ „поставлять,“ за небольшое вознагражденіе, дѣтей пяти, семилѣтняго возраста владѣльцамъ крупныхъ предпріятій.

Начиная с 1802 года надзоръ и регулированіе дѣтскаго труда становятся дѣломъ государства. Однако, потребовались десятки лѣтъ для того, чтобы законодательство дѣйствительно подошло вплотную к разрѣшенію несложной и элементарной проблемы защиты дѣтскаго труда. Первые акты в этой области носили довольно случайный характеръ и скорѣе номинально, чѣмъ фактически, защищали дѣтей отъ излишней эксплуатаціи. Института тщательнаго надзора не было совершенно, самое же регулированіе дѣтскаго труда распространялось далеко не на всѣ отрасли производства.

Актъ 1819 года, касаясь только бумаго-прядильнаго производства, запрещалъ пользоваться трудомъ дѣтей, не достигшихъ 9-ти лѣтняго возраста; для дѣтей же в возрастѣ отъ 9 до 16 лѣтъ продолжительность рабочаго дня была ограничена 12-ью часами.

Актъ 1833 года охватывалъ уже всю текстильную индустрію, за исключеніемъ шелковаго производства. Трудъ дѣтей 9–13-ти лѣтняго возраста, согласно этому акту, ограничивался 48-ью часами в недѣлю при обязательномъ ежедневномъ двухчасовомъ посѣщеніи школы. Пользованіе трудомъ подростковъ 13–18 лѣтъ было также ограничено; однако предприниматели съумѣли найти выходъ из этого положенія и начали усердно замѣнять трудъ подростковъ трудомъ женщинъ, на которыхъ эти ограниченія не распространялись.

Разоблаченія прессы об эксплуатаціи дѣтскаго труда привели к изданію акта 1844 года (Factory Act 1844), который требовал соблюденія цѣлаго ряда санитарных условій на фабриках и заводах, принятія мѣр предосторожности от несчастных случаев и дѣлал обязательным для дѣтей, занятых работой, посѣщеніе школы в теченіе трех дней в недѣлю. Дѣти, до 13-ти лѣт, не могли быть занимаемы работой болѣе семи часов в день, при ежедневной работѣ, и десяти часов при работѣ через день.

К этому же времени относятся и разоблаченія Лорда Шафтебери о работах в рудниках, которыя рисуют кошмарную картину. Достаточно упомянуть здѣсь факт, что дѣвушек приковывали цѣпью к тачкѣ и заставляли везти ее, на четвереньках, по узким корридорам шахт.

Послѣ этих разоблаченій и довольно долгой и упорной агитаціи был издан The Mines and Collieries Regulation Act of 1842, запрещавшій пользоваться трудом дѣтей под землей, если они еще не достигли 12-ти лѣтняго возраста. Труд дѣвушек и женщин в шахтах был также воспрещен.

Постепенно, путем долгих усилій, агитаціи, разоблаченій, дѣйствующее законодательство по охранѣ труда подвергалось дополненіям и исправленіям. Так, Factory Act 1844 года исправлялся и дополнялся в 1867, 1874, 1878, 1883, 1891 и 1893 годах.

Factory and Workshop Act 1901 года явился, как бы, кодификаціонным законом, замѣнившим собой всѣ ранѣе вышедшіе акты, и сдѣлался основным актом, подробно регламентирующим фабричнозаводскій труд в Англіи и детально предусматривающим условія труда дѣтей, женщин и подростков.

Основныя положенія этого акта относительно дѣтскаго труда таковы:

Под именем „малолѣтняго“ (child) акт понимает лицо, не достигшее 14-ти лѣтняго возраста и не получившее, по достиженіи 13-ти лѣт, удостовѣренія о профессіональном образованіи или окончаніи общеобразовательной школы. Подростком (young person) акт называет лицо в возрастѣ от 14 до 18 лѣт.

Малолѣтній, не достигшій 12-ти лѣт, не может быть занимаем работой на фабрикѣ, заводѣ или в мастерской.

Всѣ дѣти, занятыя работой, разсматриваются актом, как работающія по „half-time“ системѣ т.е. фактически для них устанавливается опредѣленный полу-рабочій день. Максимальное число часов работы в недѣлю — 34 или 33.

Малолѣтній, занятый работой, обязан посѣщать школу в день, предшествующій работѣ.

Предприниматель, пользующійся трудом дѣтей, обязан еженедѣльно получать от учителя удостовѣреніе в том, что малолѣтній исправно посѣщал школу, хранить в теченіе двух мѣсяцев эти удостовѣренія о числѣ посѣщеній школы и по первому требованію предъявлять ихъ фабричному инспектору.

Также подробно актъ 1901 года регулируетъ число часовъ работы и для подростковъ (young persons).

Пользоваться трудомъ дѣтей и подростковъ по воскресеньямъ запрещается, за исключеніемъ особыхъ случаевъ.

Предприниматель не имѣетъ права занимать работой дѣтей или подростковъ, не достигшихъ 16-ти лѣтняго возраста, не получивъ предварительно удостовѣренія отъ мѣстнаго доктора объ ихъ способности къ работѣ. Если такое удостовѣреніе получается, то оно должно быть возобновлено, когда малолѣтній достигаетъ возраста подростка.

Таковы, въ краткихъ чертахъ, нормы, регулирующія дѣтскій трудъ на фабрикахъ, заводахъ и въ мастерскихъ. Помимо этихъ нормъ, необходимо отмѣтить нормы, регулирующія дѣтскій трудъ въ магазинахъ, шахтахъ и рудникахъ.

Согласно актамъ 1892–1904 (The Shop Hours Acts), подростокъ не можетъ быть занимаемъ работой въ магазинѣ болѣе 74 часовъ въ недѣлю, включая сюда и время на ѣду. Содержатель магазина является отвѣтственнымъ, если онъ пользуется трудомъ подростка, который, кромѣ того, работаетъ и на фабрикѣ или въ мастерской, и если общая продолжительность его рабочаго дня превышаетъ норму, установленную закономъ. Органы мѣстнаго самоуправленія имѣютъ право издавать дополнительныя распоряженія о продолжительности торговли въ магазинахъ.

Работа дѣтей въ копяхъ и рудникахъ регулируется актами 1887, 1900 и 1911 годовъ (The Coal Mines Regulation Act 1887, as amended by an Act to Prohibit Child Labour Underground 1900 and 1911). Работа дѣтей до 14-ти лѣтняго возраста подъ землей этими актами совершенно воспрещена. Для подростковъ до 16-ти лѣтъ установленъ 8-ми часовой рабочій день или 48 часовъ въ недѣлю. Для дѣтей, не достигшихъ 13-ти лѣтъ, работы надъ землей запрещены, а для подростковъ 16-ти лѣтняго возраста ограничены 10-ью часовымъ рабочемъ днемъ или 54 час. въ недѣлю.

Въ металлургическихъ копяхъ (The Metalliferous Mines Act, 1894) запрещена работа дѣтей, не достигшихъ 13-ти лѣтняго возраста. Для подростковъ установленъ 10-ти часовой рабочій день или 54 часа въ недѣлю.

Вышеуказанными актами, въ общемъ, охватывалась вся область охраны дѣтскаго труда въ промышленности и торговлѣ въ періодъ, предшествовавшій войнѣ.

Забота о дѣтяхъ внѣ промышленности и торговли лежитъ на обязанности органовъ мѣстнаго самоуправленія и школьнаго дѣла а также и частныхъ обществъ.

Не мѣшаетъ отмѣтить здѣсь, что война не могла не отразиться на положеніи этихъ маленькихъ работниковъ, творцовъ будущаго. Многіе из них, не без настояній промышленников и фермеров, были освобождены от обязательнаго посѣщенія школы.   И массы „мужичков с ноготок,“ бросив букварь, должны были заступить мѣста своих отцов и братьев и заняться уборкой полей и уходом за скотом в крупных имѣніях англійских помѣщиков.*

II.

Ежедневно в Англіи, если брать цифры до-военнаго времени, было занято работой свыше 2-х милліонов дѣтей.

Число работников-дѣтей до 14-ти лѣтняго возраста было таково :

100.000 дѣтей были заняты в промышленности и горных промыслах.

175.000 дѣтей работали внѣ крупной промышленности, и

304.000 дѣтей, посѣщая регулярно школу, были заняты работой послѣ школьных часов.

Из всей этой полу-милліонной арміи дѣтей-рабочих в возрастѣ до 14 лѣт только первая категорія, состоящая из 100.000 дѣтей, защищается фабричным законодательством, забота же об остальных 480.000 дѣтей всецѣло возложена на органы мѣстнаго самоуправленія и органы народнаго образованія.†

Первыми категоріями дѣтей, которыя обратили на себя вниманіе общества и законодательства, были дѣти-трубочисты и дѣти, работавшія в сельском хозяйствѣ.   Полное отсутствіе каких-либо законодательных норм в этих областях давали широкій простор для произвола и эксплуатаціи.   Теперь все это отошло уже в область исторіи, и законодательные акты о дѣтях-трубочистах и сельско-хозяйственных дѣтских артелях сдѣлались мертвой буквой, т. к. категорія самого труда, как он понимался актами, исчезла: чистка труб производится теперь не при помощи дѣтей, а механическим способом; измѣнился также характер дѣтскаго труда в земледѣліи и, так называемыя, „agricultural gangs“ дѣтей исчезли.

Главными отраслями, помимо промышленности, в которых преимущественно заняты дѣти и с которыми приходится имѣть дѣло органам мѣстнаго самоуправленія и органам народнаго образованія, являются уличная торговля, разноска газет, молока, работа в различнаго рода увеселительных заведеніях и т. п.

---

* Подробно см. изданіе Министерства по Реконструкціи: „Juvenile Employment During the War and After,“ а также *Приложеніе 3-е* к настоящему очерку.

† Полныя цифровыя данныя см. *Приложеніе 2-ое*.

Основными актами, охраняющими дѣтскій труд в указанных отраслях, надо считать Employment of Children Act, 1903, Prevention of Cruelty to Children Act, 1904, и цѣлый ряд мѣстных законов, извѣстных под именем bye-laws.

Сущность Акта 1903 года сводится к слѣдующим положеніям:

1. В промежуток времени от 9 час. вечера до 6 час. утра дѣти не могут быть занимаемы работой. Органам мѣстнаго самоуправленія предоставляется право видоизмѣнять это постановленіе путем изданія дополнительнаго закона (bye-law).

2. Дѣти, не достигшія 11-ти лѣтняго возраста, не могут быть занимаемы уличной торговлей; дѣти же, работающія, согласно Factory Act 1901 года, по „half-time" системѣ, не могут быть занимаемы вообще какой-либо другой работой.

3. Воспрещается заставлять дѣтей носить, возить или передвигать что-либо тяжелое, что может причинить вред их здоровью.

4. Дѣти, вообще, не могут быть занимаемы работой в тѣх отраслях, которыя могут быть вредны для их жизни, тѣла, здоровья или образованія, причем каждый раз должно приниматься во вниманіе их физическое состояніе.

5. Органам мѣстнаго самоуправленія предоставляется право установленія 14-ти лѣтняго возраста, как минимума для всѣх непромышленных занятій.

6. Органы мѣстнаго самоуправленія имѣют право издавать дополнительные законы:

1) опредѣляющіе для всѣх дѣтей, или для мальчиков и дѣвочек отдѣльно, для всѣх отраслей или какой-либо одной отрасли труда — возраст, продолжительность работы и число часов в день или недѣлю, за предѣлами которых занятіе дѣтей работой считается противозаконным;

2) абсолютно запрещающіе или разрѣшающіе, на строго опредѣленных условіях, тѣ или иныя занятія для дѣтей.

По отношенію к уличной торговлѣ органам мѣстнаго самоуправленія предоставлены также довольно широкія полномочія, включающія, между прочим, право выдавать разрѣшенія на производство уличной торговли.

Одновременно с проведеніем Акта 1903 года правительство разослало всѣм мѣстным самоуправленіям циркуляр, приглашавшій их возможно шире развить дѣятельность в области охраны дѣтскаго труда и дававшій детальныя указанія относительно изданія дополнительных законов.

К сожалѣнію, органы мѣстнаго самоуправленія совершенно не использовали предоставлявшихся им прав. За цѣлое десятилѣтіе только 91 из всѣх 329 органов мѣстнаго самоуправленія издали bye-laws, ограничивавшіе пользованіе дѣтским трудом и только

131 орган обратили вниманіе на уличную торговлю и сочли нужным регламентировать труд дѣтей, занятых этой торговлей.

Основными причинами такого индифферентнаго отношенія к своим правам со стороны органов мѣстнаго самоуправленія являлись: полное игнорированіе самой идеи охраны дѣтскаго труда и общая индифферентность дѣятелей мѣстнаго самоуправленія; отсутствіе свободных средств, которыя могли бы быть израсходованы на эти цѣли, и, вообще, скудость средств для развитія какой-либо дѣятельности соціальнаго характера, и, наконец, упорное сопротивленіе предпринимателей всякаго рода попыткам регламентировать дѣтскій труд.

По существу акт 1903 года является и до сих пор одним из основных дѣйствующих законоположеній в трактуемой нами области. Со времени его опубликованія было сдѣлано нѣсколько попыток к его расширенію и дополненію, но всѣ онѣ не увѣнчались успѣхом. Проекты актов 1911, 1912 и 1913 годов остались похороненными в архивах Правительства и Парламента.

Остановимся, в двух словах, на упомянутых выше актах 1904 и 1908 годов: The Prevention of Cruelty to Children Act 1904 и Children Act 1908. Послѣдній имѣет в виду, главным образом, охрану дѣтской жизни вообще и борьбу с жестоким обращеніем с ними, затрагивает вопросы посѣщенія дѣтьми промышленных школ и школ для преступных дѣтей и болѣе точно устанавливает, как характер дѣтских преступленій, так и методы борьбы с ними. Акт 1904 года, в части интересующей нас, запрещает, под страхом наказанія, посылать мальчиков до 14-ти лѣтняго возраста и дѣвочек до 16-ти лѣт попрошайничать и собирать милостыню под видом пѣнія, игры или каких-либо представленій, а также допускать их, в этих цѣлях, в заведеніи, торгующія спиртными напитками. Дѣтям до 11 лѣт запрещаются всякаго рода публичныя выступленія всюду, гдѣ за это взимается плата с зрителей. Также запрещено обученіе дѣтей до 16-ти лѣтняго возраста акробатству, фокусничеству и пользованіе их трудом в циркѣ. Мѣстным органам самоуправленія предоставлено право рѣшать, в какого рода публичных выступленіях могут быть заняты дѣти, не достигшія 11-ти лѣтняго возраста.

К этой же категоріи запрещеній надо отнести и акт 1913 года (Act of Employment of Children Abroad, 1913), запрещающій вывозить заграницу дѣтей и подростков в цѣлях извлеченія прибыли из их пѣнія, игры и т. п. публичных дѣтских выступленій.

III.

Исполняя порученіе Международной Ассоціаціи по рабочему законодательству, F. Keeling в своей книгѣ: „Child Labour in the

United Kingdom," дает исчерпывающій анализ дѣйствующаго законодательства Англіи по охранѣ дѣтскаго труда внѣ крупной промышленности и высказывает пожеланія, которыя должны лечь в основу новаго законодательства.

Жизнь опередила эти скромныя пожеланія, и міровая война, поставив рѣзко и широко проблему переустройства всѣх общественных взаимоотношеній, тѣм самым, конечно, иначе поставила и задачу охраны труда вообще и дѣтскаго труда в частности. Тѣм не менѣе, мы считаем нужным познакомить читателя с этой схемой пожеланій, т. к. она является и критикой существующаго, и дает практическія указанія для мѣстных работников в их повседневной борьбѣ за улучшеніе условій дѣтскаго труда. Если бы эта скромная схема пожеланій была своевременно осуществлена в Россіи, — это было бы большим пріобрѣтеніем для успѣшнаго и здороваго развитія наших производительных сил и, в вопросѣ охраны дѣтскаго труда, давно бы поставило Россію на один уровень с другими странами міра, дав тѣм самым возможность разрѣшить всю проблему в цѣлом, не в узко національном, а в международном масштабѣ.

Вот эта схема.

I. GENERAL EMPLOYMENT.*

A. Ограниченія законом дѣтскаго труда.

1. Закон должен установить всюду минимальный возраст дѣтей, могущих быть занятыми работой. Таким минимумом должен быть 12-ти лѣтній возраст.

2. Нормальный минимум часов, в теченіе которых дѣти могут быть заняты работой:

а) во время школьных занятій — три часа, от 5 час. дня до 8 час. вечера;

б) во время ваканій — четыре часа, в промежуток времени, который должен быть установлен органами мѣстнаго самоуправленія.

в) Дѣти до 14-ти лѣтняго возраста, освобожденныя от посѣщенія школы, могут быть занимаемы работой не болѣе девяти часов в день в теченіе пяти дней в недѣлю; распредѣленіе этих девяти рабочих часов в теченіе дня предоставляется органам мѣстнаго самоуправленія, причем, если необходимо, это распредѣленіе может измѣняться в зависимости от характера занятій. В один из дней недѣли работа должна прекращаться не поздѣе часа пополудни.

3. Работа дѣтей до 14-ти лѣтняго возраста должна быть запрещена законом

а) в парикмахерских,

б) в билліардных комнатах,

* Под General Employment в Англіи понимаются отчасти занятія в непромышленных заведеніях, а также нѣкоторыя категоріи неквалифицированнаго труда.

в) в качествѣ помощников при тотализаторѣ, половых и пр.;

г) в качествѣ сортировщиков перьев и тряпья.

4. Мѣстным самоуправленіям должна быть дана неограниченная власть в установленіи болѣе строгих мѣр; что же касается пониженія установленных норм и повышенія возрастнаго минимума, то мѣстные органы могут это дѣлать только с разрѣшенія центральных властей.

Б. Исполненіе закона.

i.) На Мѣстах.

1. Органы народнаго образованія должны быть отвѣтственны за точное исполненіе законов и дополнительных законов.

2. Спеціальныя лица должны быть назначены для наблюденія за исполненіем законов.

3. Этим лицам должно быть дано неограниченное право инспекціи фабрик, заводов и всякаго рода предпріятій.

4. В школах учителя и школьные доктора должны производить періодически и систематически опрос о заработках дѣтей.

5. Предприниматели обязаны имѣть разрѣшенія на право пользоваться трудом дѣтей; эти разрѣшенія должны получаться ими для каждаго малолѣтняго в отдѣльности.

6. Правила о числѣ часов работы, минимальном возрастѣ и т. д. должны быть вывѣшены всюду, гдѣ дѣти заняты работой.

7. В цѣлях періодическаго освидѣтельствованія дѣтей школьнаго возраста, занятых работой, должны быть организованы спеціальныя медицинскія коммиссіи.

8. На школьный медицинскій персонал должно быть возложено наблюденіе за правильным исполненіем административных постановленій, предусмотрѣнных The Employment of Children Act'ом.

9. Семьям вдов, имѣющих подростков, должна быть оказана необходимая помощь; особое вниманіе должно быть удѣлено тѣм семьям, гдѣ есть дѣти, трудом которых, согласно закону, запрещено пользоваться.

10. Ежегодно должны публиковаться отчеты о проведеніи в жизнь Employment of Children Act'a и других, родственных ему, актов.

ii.) В Центрѣ.

1. Наблюденіе за точным исполненіем закона в Англіи и Уэльсѣ должно быть возложено на Министерство Народнаго Просвѣщенія, а не на Министерство Внутренних дѣл.

2. Мѣстным самоуправленіям должны выдаваться государством субсидіи в размѣрѣ двух третей их расходов по оплатѣ персонала по

надзору за дѣтским трудом, при условіи если эта работа ведется удовлетворительно.

3. Медицинскій Департамент Министерства Народнаго Просвѣщенія должен имѣть сугубое вниманіе в области надзора за дѣятельностью дѣтской медицинской инспекціи и, вообще, внимательно слѣдить за соблюденіем предписаній Employment of Children Act'a в области медицинскаго надзора.

4. В центрѣ, также как и на мѣстах, должны публиковаться ежегодные отчеты о проведеніи в жизнь законов по охранѣ дѣтскаго труда.

II. УЛИЧНАЯ ТОРГОВЛЯ.

А. Ограниченія законом дѣтскаго труда.

1. Уличная торговля, производимая мальчиками до 17-ти лѣтняго возраста и дѣвочками до 18-ти лѣт, должна быть запрещена законом. В случаѣ невозможности проведенія такого запрещенія, минимальный возраст для мальчиков-торговцев, в больших центрах, с населеніем свыше 10.000 ч. должен быть установлен, по крайней мѣрѣ, в 14 лѣт.

2. Мѣстным самоуправленіям должна быть дана неограниченная власть в установленіи болѣе высокаго возрастнаго минимума.

3. Им же должно быть предоставлено право измѣнять юридическія опредѣленія уличных торговцев, к которым, как случайные торговцы, должны быть отнесены торговцы газетами, носильщики багажа и т. и.

Б. Исполненіе закона.

1. Органам мѣстнаго самоуправленія должно быть вмѣнено в обязанность создать систему выдачи разрѣшеній на производство уличной торговли с помощью дѣтей, не достигших 17-ти лѣтняго возраста.

2. Мѣстныя самоуправленія должны обладать неограниченной властью в области выдачи разрѣшеній.

3. Дѣти, обращающіяся с просьбой о выдачѣ им разрѣшеній, должны быть предварительно подвергнуты медицинскому освидѣтельствованію.

4. Всѣ, получившіе разрѣшенія, должны быть зарегистрированы в биржѣ труда для дѣтей.

5. Необходимо, чтобы дѣятельность инспекторов в области контроля уличной торговли была строго координирована.

6. Лица, торгующія газетами или отдающія их для продажи мальчикам до 17-ти лѣтняго возраста, должны разсматриваться, как предприниматели, пользующіеся дѣтским трудом.

7. Получившіе разрѣшеніе на производство уличной торговли обязаны посѣщать дополнительные классы под страхом лишенія их выданных разрѣшеній.

III. ПУБЛИЧНЫЯ РАЗВЛЕЧЕНІЯ.

A. Ограниченія закономъ дѣтскаго труда.

1. Минимальный возрастъ долженъ быть установленъ въ 12 лѣтъ.

2. Дѣти, не достигшія 14-ти лѣтняго возраста, не могутъ быть заняты работой послѣ 9 час. вечера.

3. Для пользованія трудомъ дѣтей до 14-ти лѣтняго возраста, въ какое бы то ни было время, необходимо предварительное полученіе разрѣшенія.

4. Органамъ мѣстнаго самоуправленія предоставляется право фиксировать высшія нормы возрастнаго минимума и уменьшать число часовъ работы.

B. Исполненіе закона.

1. Право выдавать разрѣшенія въ Англіи и Уэллсѣ должно быть передано мѣстнымъ органамъ народнаго образованія.

2. Центральные органы должны наблюдать за ходомъ работъ мѣстныхъ органовъ самоуправленія, заботясь о координаціи ихъ дѣятельности, слѣдя за ежегоднымъ возвратомъ разрѣшеній и учетомъ количества дѣтей, пользующихся разрѣшеніями.

Трудъ F. Keeling'a былъ опубликованъ въ 1914 году. За время войны многое измѣнилось и, какъ мы уже отмѣчали, положеніе дѣтей-работниковъ ухудшилось, такъ какъ многія тысячи малышей и подростковъ были оторваны отъ школы и занялись домашнимъ хозяйствомъ или заняли мѣста отцовъ и братьевъ, ушедшихъ на войну.*

Теперь, когда провозглашены не только широкія реформы, но и поставлено на очередь переустройство въ корнѣ всѣхъ соціальныхъ взаимоотношеній, никакая система по реконструкціи не сможетъ разсчитывать на успѣхъ, если она не положитъ конецъ эксплуатаціи дѣтскаго труда и не пойдетъ намного далѣе скромныхъ пожеланій, высказанныхъ F. Keeling'омъ.

Политика Британской Рабочей Партіи въ этомъ отношеніи является болѣе радикальной и болѣе соотвѣтствующей моменту. Ея требованія сводятся къ слѣдующимъ немногимъ положеніямъ.

Школьный возрастъ дѣтей долженъ быть повышенъ до 16 лѣтъ, и до этого возраста дѣти не должны покидать школы и слѣдовательно не должны эксплуатироваться, какъ рабочая сила.

Для подростковъ можетъ быть установленъ 8-ми часовой рабочій день, при условіи, что имъ дана будетъ возможность посѣщать дополнительные классы.

---

* См. приложеніе 3-ie.

Работа подростков на фабрикахъ и заводахъ не должна продолжаться болѣе 48-ми часовъ въ недѣлю.

На ряду съ общими мотивами Рабочая Партія Англіи указываетъ одинъ, которому нельзя отказать въ простотѣ и очевидной справедливости. — Нѣтъ смысла, говоритъ Рабочая Партія, занимать женщинъ и подростковъ долгой утомительной работой, когда въ наличности имѣются массы безработныхъ мужчинъ.

IV.

Значительнымъ факторомъ, восполняющимъ пробѣлы практики органовъ мѣстнаго самоуправленія въ дѣлѣ охраны дѣтскаго труда въ Англіи, являются биржи труда. Само собою разумѣется, что роль послѣднихъ ограничена рамками посредничества. Ни измѣнить дѣйствующаго законодательства, ни улучшить условій труда, ни повліять непосредственно на ихъ улучшеніе — онѣ не могутъ.

Однако, при современной индивидуалистической системѣ промышленности, дѣтскія биржи труда, подобно биржамъ труда для взрослыхъ, являются крупнымъ факторомъ, не только регулирующимъ рынокъ труда, но и защищающимъ дѣтскій трудъ, охраняющимъ будущія производительныя силы страны и вносящимъ коррективы въ современныя формы ученичества, совершенно утерявшія прежніе значеніе и смыслъ.

Дѣтскія биржи труда въ Англіи троякаго рода: биржи, организованныя Министерствомъ Промышленности и Торговли, Министерствомъ Народнаго Просвѣщенія и добровольныя биржи, организованныя различнаго рода обществами и организаціями. Labour Exchanges Act 1909 и Education (Choice of Employment) Act 1910 являются основными законоположеніями, на которыхъ построено дѣтское посредничество въ Англіи.

Наибольшая дѣятельность развита биржами труда Министерства Торговли и Промышленности. Такъ, въ 1911 году (годъ возникновенія) дѣтскія биржи съумѣли дать занятія 43.000 мальчиковъ и 22.000 дѣвочекъ, въ 1913 году — 90.000 мальчиковъ и 66.000 дѣвочекъ, въ 1914 г. — 103.000 мальч. и 74.000 дѣв. Достаточно взглянуть на эти цифры, чтобы судить, насколько значительнымъ факторомъ могутъ явиться дѣтскія биржи въ области посредничества.

Организація дѣтскаго посредничества въ Англіи оставляетъ, однако, желать многаго. Какъ и въ практикѣ мѣстныхъ самоуправленій, такъ и здѣсь, мы видимъ удивительную разрозненность и несогласованность дѣятельности указанныхъ выше трехъ видовъ биржъ. Не входя въ анализъ этого вопроса, мы позволяемъ себѣ рекомендовать читателю слѣдующія книги: A. Greenwood'a „Juvenile Labour Exchanges and

After-Care," F. Keeling'a „The Labour Exchange in Relation to Boy and Girl Labour," а также указанное в первой главѣ изданіе Министерства по Реконструкціи: „Juvenile Employment," etc.

Вопрос об охранѣ дѣтскаго труда как в Англіи, так и во всем мірѣ, вообще, не является только вопросом, как наилучшим образом защитить дѣтей и подростков от излишней эксплуатаціи. Это — большая насущная проблема сохраненія будущих производительных сил.

Если на зарѣ развитія капиталистических форм производства, дѣтскій труд являлся ученическим трудом, регламентировавшимся цехами в интересах созданія хороших мастеров, то, в современных условіях индивидуалистическаго хозяйства, он является не больше, не меньше, как самой грубой эксплуатаціей дѣтскаго труда. И эта практика широкаго использованія дешеваго дѣтскаго труда в корнѣ подрывает идею воспитанія из подростка хорошаго гражданина и работника ....

И если мір стоит теперь на порогѣ грандіозных преобразованій и измѣненій во всей системѣ индивидуалистическаго хозяйства и замѣны, во многих отраслях производства, индивидуальнаго хозяйства хозяйствами кооперативными, муниципализированными и націонализированными, с широким проведеніем принципа демократическаго контроля индустріи, то проблема охраны дѣтскаго труда неизбѣжно становится проблемой уничтоженія дѣтскаго труда, как таковаго, и замѣны его раціональным профессіональным практическим обученіем в цѣлях подготовки будущих квалифицированных работников.

И горе-тому законодателю и тому общественному или государственному дѣятелю, который, при изданіи или проведеніи в жизнь законов по охранѣ дѣтскаго труда, забудет эту простую, ясную и несложную истину.

С. П. ТЮРИН.

ЛИТЕРАТУРА.

FREDERIC KEELING. *Child Labour in The United Kingdom.*—London: P. S. King & Son. 1914.

MARGARET ALDEN, M.D. *Child Life and Labour.*—London: Headley Brothers. Third Edition. 1913.

ARTHUR GREENWOOD. *Juvenile Labour Exchanges and After-Care.*—London: P. S. King & Son. 1911.

F. KEELING. *The Labour Exchanges in Relation to Boy and Girl Labour.*—London: P. S. King & Son. 1910.

Labour Year Books. 1916, 1919.

Reconstruction Problems, Pamphlet on Juvenile Employment.—Ministry of Reconstruction, Westminster, S.W. 1. 1919.

Juvenile Employment During the War and After.—Ministry of Reconstruction. 1919.

Acts of Parliament:

    Factory and Workshop Act, 1901.

    Mines and Collieries Regulation Act of 1842.

    Coal Mines Regulation Act, 1887, as amended by an Act to Prohibit Child Labour Underground, 1900 and 1911.

    The Shop Hours Acts, 1892–1904.

    Metalliferous Mines Act, 1894.

    Employment of Children Act, 1903.

    Prevention of Cruelty to Children Act, 1904.

    Children Act, 1908.

    Labour Exchanges Act, 1909.

    Education (Choice of Employment) Act, 1910.

    Children (Employment Abroad) Act, 1913.

БИБЛІОГРАФІЯ.

См. труды F. Keeling'a, A. Greenwood'a и M. Alden.

ПРИЛОЖЕНІЕ 1-ое.

ОПРОСНЫЙ ЛИСТ ДЛЯ ДѢТЕЙ И ПОДРОСТКОВ, ИЩУЩИХ ЗАНЯТІЙ.

Имя .... Отчество .... Фамилія ....

День и год рожденія ....

Точный подробный адрес ....

....

Названіе послѣдней школы и время, когда она была оставлена

....

....

Из какого класса школы ищущій занятій ушел? ....

....

Был ли занят работой во время пребыванія в школѣ и как долго?

....

Посѣщает ли или намѣревается посѣщать ищущій занятій какую-
      либо дополнительную школу, техническіе курсы и т. п.,
      по какому предмету и в какое время (днем или вечером)?

....

Какія занятія имѣл послѣ оставленія школы?

      1)   ....

      2)   ....

      3)   ....

Какое занятіе желательно получить? ....

....

Желает ли обучаться ремеслу в мастерской или на заводѣ и может ли
      платить за это? ....

Согласен ли взять работу, не стѣсняясь разстояніем? ....

....

Примѣчанія : ....

....

(Из „Memorandum with Regard to co-operation between Labour Exchanges
and Local Education Authorities under the Education (Choice of Employment)
Act, 1910," p. 6.)

ПРИЛОЖЕНІЕ 2-ое.

УСЛОВІЯ ДѢТСКАГО ТРУДА ВЪ ВЕЛИКОБРИТАНІИ ВЪ 1912 году.

Категорія дѣтскаго труда.	Установленный минимальный возрастъ.	Максимумъ числа часовъ работы: въ день.	въ недѣлю.	Число занятыхъ рабочей дѣтей.
1. Дѣти, занятыя работой полностью на фабрикахъ и заводахъ, согласно Factory Act.	13	Въ текстильной промышленности . . . 10 Въ остальныхъ . . . 10½	Въ текстильной промышленности . . 55½ Въ остальныхъ . . . 60	Въ Англіи и Уэльсѣ . . 55.000 „ Шотландіи . . 1.500 „ Ирландіи . . 3.500 Итого 60.000
2. Дѣти, занятыя работой частично на фабрикахъ и заводахъ, согласно Factory Act.	12	6½ или 10 при работѣ черезъ день.	30-34	Въ Англіи и Уэльсѣ . . 31.140 „ Шотландіи . . 200 „ Ирландіи . . 3.195 Итого 34.535
3. Дѣти, занятыя работой въ рудникахъ, согласно Mines Act.	12, 13 д.ли 14	10	54	Въ Англіи и Уэльсѣ . . 4.740 „ Шотландіи . . — „ Ирландіи . . 84 Итого 4.824
4. Дѣти, занятыя работой полностью внѣ фабрикъ, заводовъ и рудниковъ.	12; 11 въ Ирландіи.	Отъ 6 ч. утра до 9 ч. веч. или согласно предписаніямъ дополнительныхъ законовъ въ соотвѣтствіи съ Employment of Children Act.	Согласно предписаніямъ добавл. законовъ въ соотвѣтствіи съ Employment of Children Act.	Въ Англіи и Уэльсѣ . . 136.424 „ Шотландіи . . 1.666 „ Ирландіи . . 26.500 Итого 164.590
5. Дѣти, занятыя работой частично внѣ фабрикъ и заводовъ.	12; 11 въ англійскихъ сельско-хозяйственныхъ округахъ и въ Ирландіи.	тоже.	тоже.	Въ Англіи и Уэльсѣ . . 8.961 „ Шотландіи . . — „ Ирландіи . . 411 Итого 9.372
6. Дѣти, регулярно посѣщающіе школу и занятыя работой во внѣшкольные часы.	Различный возрастъ, согласно дополнительнымъ законамъ (bye-laws), назначенный въ соотвѣтствіи съ Employment of Children Act.	Тоже для Англіи, Уэльса и Ирландіи. Въ Шотландіи отъ 6 ч. утр. до 9 ч. веч. и отъ 1 апр. по 1 окт. и до 7 ч. веч. въ остальное время года или согласно предписаніямъ bye-laws.	тоже.	Въ Англіи и Уэльсѣ . . 240.000 „ Шотландіи . . 34.000 „ Ирландіи . . 30.000 Итого 304.000
				Всего 577.321

(Изъ кн. „Child Labour in the United Kingdom," стр. xxviii.)

ПРИЛОЖЕНІЕ 3-ie.

РАСПРЕДѢЛЕНІЕ ПОДРОСТКОВЪ (Young Persons) ПО ЗАНЯТІЯМЪ,

въ Іюлѣ 1914 года и Январѣ 1918 года.

Производства и учрежденія.	Число мальчиковъ и дѣвочекъ до 18-ти лѣтняго возраста.		Число мальчиковъ до 18-ти лѣтняго возраста.		Число дѣвочекъ до 18-ти лѣтняго возраста.	
	Число занятыхъ въ Январѣ 1918 года.	Увеличеніе (+) или уменьшеніе (—) по сравненію съ Іюлем 1914 г.	Число занятыхъ въ январѣ 1918 года.	Увеличеніе (+) или уменьшеніе (—) по сравненію съ Іюлем 1914 г.	Число занятыхъ въ Январѣ 1918 года.	Увеличеніе (+) или уменьшеніе (—) по сравненію съ Іюлем 1914 г.
Строительное дѣло	48.000	— 12.300	42.000	— 17.000	6.000	+ 4.700
Копи и рудники	178.000	+ 11.300	174.000	+ 9.000	4.000	+ 2.250
Металлургическая пром.	409.000	+ 173.800	303.000	+ 113.000	106.000	+ 60.800
Химическая „	48.000	+ 22.300	22.000	+ 7.500	26.000	+ 14.850
Текстильная	324.000	— 15.000	114.000	— 10.000	210.000	— 5.000
Изготовленіе одежды ..	169.000	— 19.600	45.000	— 3.000	124.000	— 16.550
Провизія, напитки, табакъ	96.000	+ 7.200	43.000	+ 3.000	53.000	+ 4.200
Бумажное и типографск. дѣло ..	74.000	— 11.700	30.000	— 10.000	44.000	— 1.750
Деревообдѣлочная пром.	55.000	+ 10.000	34.000	— 500	21.000	+ 10.500
Прочія отрасли пром.	81.000	+ 10.000	44.000	— 1.000	37.000	+ 11.000
Всего въ промыш.	1.482.000	+ 176.000	851.000	+ 91.000	631.000	+ 85.000
Муниципальныя предпріятія (газъ, вода, электричество) ..	3.500	+ 2.000	3.000	+ 1.500	500	+ 500
Правительственныя учрежденія	30.000	+ 27.000	21.000	+ 18.000	9.000	+ 9.000
Сельское хозяйство ..	130.000	— 9.000	113.000	— 14.000	17.000	+ 5.000
Транспортъ	102.500	+ 25.100	90.500	+ 14.400	12.000	+ 10.700
Финансов. и Комерческ. учрежденія	416.000	+ 94.000	216.000	— 22.500	200.000	+ 116.500
Либеральныя профессіи	27.000	+ 8.000	17.000	+ 3.000	10.000	+ 5.000
Отели, кинематографы, театры	32.000	+ 7.000	19.000	+ 6.500	13.000	+ 500
Почтовыя учрежденія	23.000	— 4.000	9.000	— 7.800	14.000	+ 3.800
Прочія гражд. учрежд.	14.500	+ 11.400	4.500	+ 1.500	10.000	+ 9.900
Городскія учрежденія (включая образоват. учр., но исключая трамв., газ, воду и электр.)	17.500	+ 4.500	10.000	+ 2.400	7.500	+ 2.100
Итого (включ. промыш.)	2.278.000	+ 342.000	1.354.000	+ 94.000	924.000	+ 248.000

(Из „ Juvenile Employment During the War and After," стр. 77.—Ministry of Reconstruction.)

МЕДИЦИНСКАЯ ПОМОЩЬ НАСЕЛЕНИЮ

В АНГЛИИ.

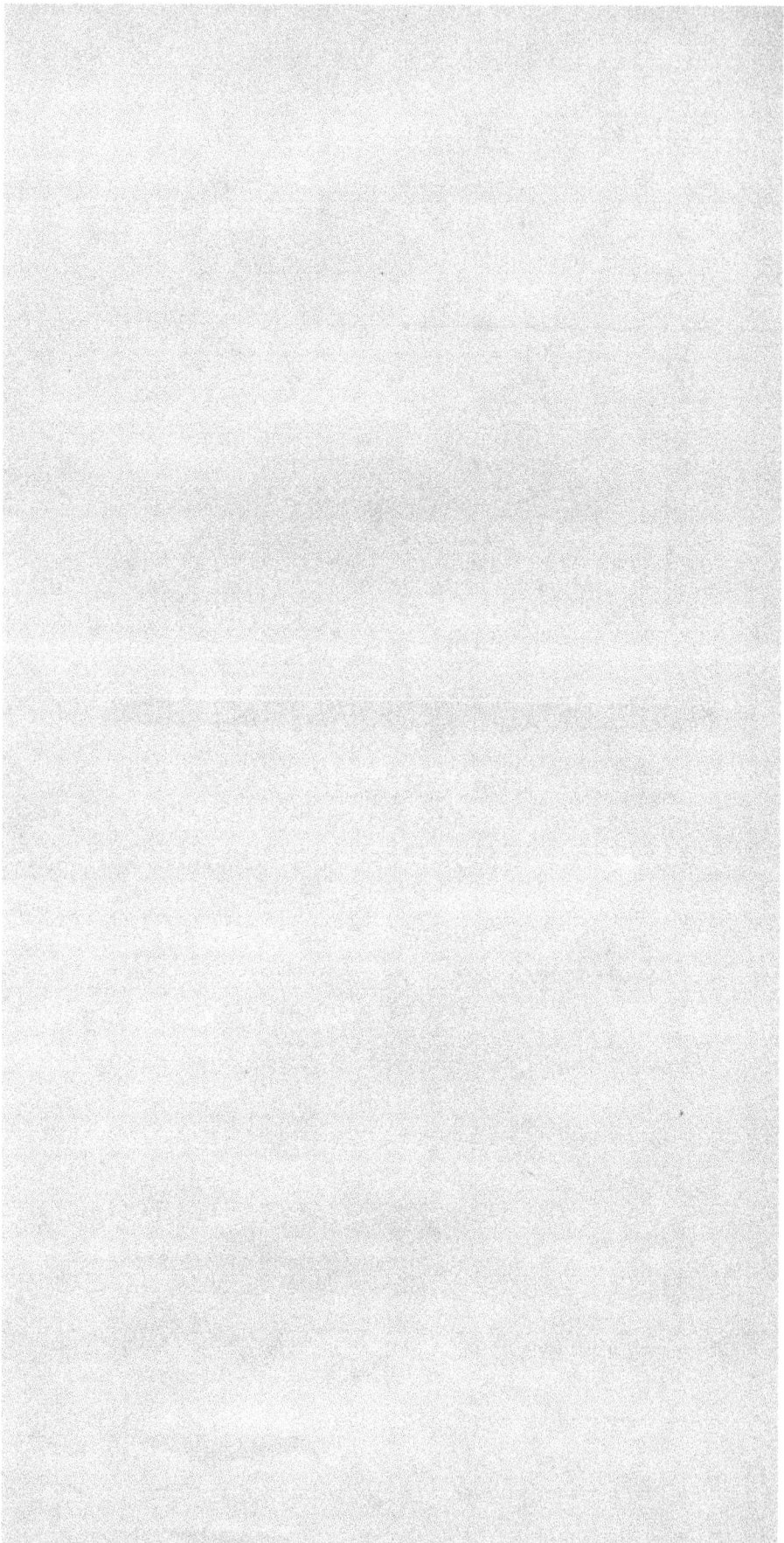

Медицинская помощь населенію в Англіи.

В предлагаемом очеркѣ имѣется в виду обрисовать современное положеніе дѣла обезпеченія медицинской помощью той части населенія Англіи, которая в силу своего экономическаго положенія, или в силу других каких либо причин, не пользуется непосредственно оплачиваемыми услугами вольнопрактикующих врачей или частных лечебных заведеній, преслѣдующих коммерческія цѣли. Это не значит, что разсмотрѣнію подлежит организація одной лишь *безплатной* врачебной помощи населенію. Как отмѣчают С. и Б. Вебб,[*] „дѣло общественнаго здравоохраненія и дѣло врачебной помощи населенію на основаніи Законов о Бѣдных исторически выросли из одного и того-же корня, а именно из факта преобладанія заболѣваемости среди класса пауперов,“ т. е. среди низших слоев бѣдноты ; тѣм не менѣе нынѣ существующія в Англіи формы общественнаго врачеванія отнюдь не построены на принципѣ безплатности.

Под понятіе „общественной медицины,“ в виду особаго хода развитія ея в Англіи, а также в виду своеобразных условій ея конкретной постановки в настоящее время, приходится подвести всѣ виды оказанія врачебной помощи населенію, в основѣ которых лежит начало общественнаго, или точнѣе коллективнаго усилія — будь то со стороны государства, муниципальных учрежденій, или частных лиц, объединяющихся для того или иного филантропическаго начинанія в этой области, или для обезпеченія себя на случай болѣзни медицинской помощью на началах взаимопомощи или страхованія. Не говоря уже об учрежденіях, созданных непосредственно заинтересованными группами населенія путем взаимострахованія и взаимопомощи, исключающих самое понятіе филантропической или общественной опеки и безплатности, лечебныя заведенія, созданныя напр. *для* населенія филантропами, в большинствѣ случаев требуют посильной платы (часто в видѣ „ пожертвованій “) за оказываемыя врачебныя услуги, осуществляя безплатность лишь по отношенію к бѣднѣйшей части населенія. Таким образом, в дальнѣйшем изложеніи имѣется в виду описать все дѣло врачебной помощи населенію, за

[*] Sydney and Beatrice Webb, „ The State and the Doctor “: London, 1910.

исключеніем лишь тѣх видов ея, в которых опредѣляющую роль играет начало частнаго соглашенія между врачем и паціентом.

Общественная медицина в Англіи исторически сложилась из ряда наслоеній различнаго происхожденія и в современном ея состояніи представляет довольно пеструю картину дѣла, мало координированнаго и находящагося в вѣдѣніи различных учрежденій, мало или вовсе между собой не связанных. Больничное дѣло, говорит Б. Киркман Грай в своем посмертном трудѣ „Филантропія и Государство,“ „оказывается предоставленным частной иниціативѣ и заботливости государства, но этим раздѣленіе не ограничивается, ибо часть работы, приходящаяся на долю націи, в свою очередь расколота надвое и вѣдается различными необъединенными между собой учрежденіями: Попечительствами о Бѣдных, с одной стороны, и муниципальными или другими учрежденіями, имѣющими отношеніе к здравоохраненію, с другой.“ * Эта пестрота и отсутствіе центра, объединяющаго всю производимую в странѣ работу по оказанію врачебной помощи трудовым классам населенія, крайне неблагопріятно отражается на ея статистическом учетѣ. „Нѣт даже офиціальнаго отчета, — жаловались С. и Б. Вебб в 1910 г. в упомянутом уже выше трудѣ „Государство и Врач,“ — точно устанавливающаго, что сдѣлано и что еще нужно сдѣлать в области общественнаго врачеванія и здравоохраненія в разных городах и сельских мѣстностях ... Фактически невозможно установить, сколько существует в Соединенном Королевствѣ муниципальных больниц, сколько паціентов в них ежегодно поступает на излеченіе и какими болѣзнями они страдают.“

Правда, впослѣдствіи, в 1915 г., Министерство по дѣлам мѣстнаго управленія составило простую сводку больничных учрежденій Англіи и Валиса,† но дѣло от этого мало выиграло. Вышедшій в 1916 г. „Рабочій Ежегодник“‡ констатирует существованіе в странѣ „пестрой коллекціи госпиталей, пріемных покоев и учрежденій для выздоравливающих, находящихся под всевозможнаго рода управленіем, со всевозможными условіями пріема больных, болѣе или менѣе случайно разбросанных по территоріи страны внѣ прямого отношенія к нуждам той или иной мѣстности. Нѣт ни общественнаго надзора над всѣми этими учрежденіями, ни общаго контроля над ними. Нѣт даже офиціальнаго отчета о том, что уже сдѣлано; полный список этих учрежденій не опубликован ни одним правительственным учрежденіем, ни одной врачебной организаціей и не может быть составлен по появившимся в печати матеріалам.“ Отзыв этот, как видно будет из дальнѣйшаго изложенія, преувели-

---

* B. Kirkman Gray. „Philanthropy and the State,“ стр. 231: London, 1908.
† „Hospital Accommodation in England and Wales,“ Return (June, 1915).
‡ „The Labour Year Book,“ 1916, стр. 662.

ченно категоричен, ибо имѣющіеся частные матеріалы, хотя и не дают совершенно полнаго перечня дѣйствующихъ общественно-врачебныхъ заведеній, все-же достаточно обстоятельны для того, чтобы на основаніи ихъ можно было нарисовать довольно отчетливую картину современнаго положенія дѣла общественнаго врачеванія в Англіи. Но он интересен, как показатель того, насколько живо ощущается потребность в унификаціи и самого дѣла, и его статистическаго описанія. Надо думать, что недавно учрежденное Министерства Народнаго Здравія приведет к сосредоточенію в руках централь-наго правительственнаго органа фактическаго контроля над всѣм дѣлом общественно-врачебной помощи, а, слѣдовательно, и к болѣе правильному, единообразному и исчерпывающему статистическому его изученію.

До 1912 года врачебная помощь нуждающимся классам населенія оказывалась лишь учрежденіями Общественнаго Призрѣнія, создан-ными на основаніи Законов о Бѣдных (Poor Law Authorities), благотворительными учрежденіями, содержимыми на частныя по-жертвованія, обществами взаимопомощи и муниципалитетами. Госу-дарство, в лицѣ національнаго правительства, непосредственнаго участія в дѣлѣ не принимало; оно исполняло, — да и то, как видно из приведенных цитат, довольно слабо — только однѣ контрольныя функціи. Проведенный в 1912 году Акт о Національном страхо-ваніи, дѣйствіе котораго к началу войны распространилось без малаго на 14 милліонов трудящихся, т.е. почти на все взрослое рабочее населеніе страны, дал сильный толчок тому, что в Англіи называют Государственной Медициной (State Medicine). Не создав цѣльной и стройной системы государственной врачебной помощи (State Medical Service) из разнообразія учрежденій и вѣдомств, имѣвших отношеніе к общественной медицинѣ, центральная власть все же стала крупным фактором в этом дѣлѣ, сдѣлав серьезный шаг в направленіи организаціи его на началах принудительнаго участія в нем всѣх прямо или косвенно заинтересованных групп населенія.

При изученіи постановки дѣла общественной врачебной помощи необходимо разсмотрѣть три ея вида: помощь больничную, амбула-торную и помощь, оказываемую на дому больного. Всѣ эти три вида помощи в различной степени и в той или иной формѣ оказы-ваются всѣми дѣйствующими в этой области органами: 1) мѣст-ными учрежденіями в лицѣ муниципалитетов и попечительств о бѣдных; 2) благотворительными учрежденіями, обязанными своим возникновеніем частному почину; 3) организаціями, возникшими на почвѣ самодѣятельности трудящихся, напр. разными „врачебными клубами,“ дружескими обществами (Friendly Societies) и т. д., и наконец 4) государством в лицѣ учрежденій государственнаго страхо-ванія. Для того, чтобы дать ясное представленіе о том, в какой мѣрѣ потребность населенія в легко доступной общественной врачебной помощи в настоящее время удовлетворена в Англіи, мы прослѣдим постановку дѣла не по родам учрежденій, его вѣдающих, а по каждому из трех видов помощи в отдѣльности, т. е. мы прослѣдим постановку помощи *больничной, амбулаторной* и *на дому больному*, дав при разсмотрѣніи каждаго вида помощи, насколько это возможно, сводку всего сдѣланнаго дѣйствующими в этой области учрежденіями и организаціями.

А. БОЛЬНИЧНАЯ ПОМОЩЬ.

Существующія в настоящее время в Англіи больницы содержатся :

1. Частными организаціями　　　　　на добровольныя пожертвованія ;
2. Муниципалитетами　　　　　　　　за счет плательщиков налогов.
3. Попечительствами о Бѣдных

По данным упомянутаго выше оффиціальнаго списка больничных учрежденій, изданнаго в 1915 году Министерством по дѣлам мѣстнаго управленія, в Англіи и Валисѣ * числится :

Число кроватей.

594 общих больницы　　.　　.　　.　　.　31.329

222 спеціальных больницы　　.　　.　　.　13.654

1148 изоляціонных больниц　　.　　.　　.　39.541

700 больниц Попечительств о Бѣдных (Poor Law
　　　　Infirmaries) .　　.　　.　　.　　.　94.001

т.е. всего 2664 больницы с общим числом кроватей в 178.525. При населеніи Англіи и Валиса в 36,070.000 человѣк, на 1000 населенія, слѣдовательно, приходится 4,9 кровати. Слѣдует однако отмѣтить, что значащіяся в оффиціальном спискѣ 700 больниц, содержимыя Попечительствами о Бѣдных, в своем большинствѣ представляют собой ничто иное, как обыкновенныя комнаты, отведенныя в рабочих домах для помѣщенія больных „пауперов.”† К больницам в обще-принятом смыслѣ эти больничныя палаты рабочих домов (Workhouse sick-wards) имѣют весьма отдаленное отношеніе. В справочникѣ больничнаго дѣла, ежегодно издаваемом Сэром Генри Бордеттом,‡ являющемся, за отсутствіем удовлетворительных оффиціальных отчётов, самым надежным частным источником свѣдѣній по ин-

---

* „Hospital Accommodation in England and Wales,” June, 1915.

† В категорію „пауперов” в Англіи зачисляются всѣ тѣ, кто пользуется помощью органов общественнаго призрѣнія за счет налога в пользу бѣдных (Poor Rate). Пауперам оказывается помощь *наружная* (outdoor relief), заключающаяся в періодической выдачѣ денежнаго пособія или в оказаніи врачебной помощи — амбулаторной или на дому призрѣваемаго, или помощь *внутренняя* (indoor relief), т. е. призрѣваемый находит пріют в Рабочем Домѣ (Workhouse) или содержится в одном из лечебных заведеній мѣстнаго Попечительства о Бѣдных (см. стр. 93, примѣчаніе 1-е). В том и другом случаѣ паупер лишается избирательнаго права.

‡ Burdett's „Hospital and Charities Annual,” 1918 (29-ый год изданія).

тересующему нас вопросу, между прочим приведены данныя относительно содержимых Попечительствами о Бѣдныхъ лечебныхъ заведеній, дѣйствительно удовлетворяющихъ своему назначенію. Подсчетъ этихъ данныхъ показываетъ, что изъ общаго числа заведеній этого рода, содержимыхъ Попечительствами о Бѣдныхъ, только 110 являются настоящими больницами, при чемъ въ 97 болѣе крупныхъ больницахъ, о которыхъ получены свѣдѣнія, имѣется 50.432 кровати. Если прибавить это именно число кроватей въ больницахъ Попечительствъ о Бѣдныхъ, которое только и достойно вниманія съ точки зрѣнія правильнаго больничнаго обслуживанія населенія, къ показанному въ оффиціальномъ отчетѣ числу кроватей въ общихъ, спеціальныхъ и изоляціонныхъ больницахъ, то мы получимъ общее число кроватей въ больничныхъ учрежденіяхъ Англіи и Валиса въ 134.956, т. е. приблизительно 3,7 кровати на 1000 населенія.

И съ этой поправкой оффиціальная сводка больницъ не вполнѣ совпадаетъ съ данными Бордетта. По его свѣдѣніямъ, относящимся къ 1916 году, въ Англіи и Валнсѣ числится, помимо больницъ Попечительствъ о Бѣдныхъ, не 1.964 общихъ, спеціальныхъ и изоляціонныхъ больницы, а 1.431 больница, изъ коихъ 759 содержатся на частныя пожертвованія, а 672 муниципалитетами. Въ этихъ 1.431 больницѣ * имѣется 81.001 кровать, что вмѣстѣ съ 50.432 кроватями, которыми располагаютъ больницы Попечительствъ о Бѣдныхъ, составитъ 131.433 кровати для всей территоріи Англіи и Валиса, или 3,5 кровати на 1000 населенія.

Для Шотландіи и Ирландіи сводка данныхъ того-же справочника даетъ слѣдующую картину:

	Шотландія			Ирландія		
	Число больниц, о которыхъ имѣется свѣдѣнія.	Число кроватей.	Число больниц, не доставившихъ свѣдѣній.	Число больниц, о которыхъ имѣются свѣдѣнія.	Число кроватей.	Число больниц, не доставившихъ свѣдѣній.
1. Больниц, содержимыхъ на частныя пожертвованія . . .	76	6.757	31	68	5.301	27
2. Больниц, содержимыхъ муниципалитетами	12	5.403	2	4	103	9
3. Больниц, содержимыхъ Попечительствами о Бѣдныхъ . .	2	794	4	2	399	6
Всего .	90	12.954	37	74	5.803	42

Какъ видно изъ этой таблицы, число шотландскихъ и ирландскихъ больницъ, не доставившихъ о себѣ свѣдѣній, относительно довольно

---

* Фактически въ 1.364 больницахъ. Изъ общаго числа 759 больницъ, содержимыхъ на частныя пожертвованія, свѣдѣнія имѣются лишь относительно 692. Не доставило о себѣ свѣдѣній 67 больницъ небольшихъ размѣровъ. Ихъ общее число кроватей не превышаетъ 500 и, слѣдовательно, картины существенно не мѣняетъ.

велико. Но всѣ онѣ относятся к категоріи больниц весьма небольших размѣров, с малым числом кроватей, так что приведенныя
в таблицѣ общія количества больничных коек в Шотландіи и
Ирландіи можно считать лишь немного отклоняющимися от дѣйстви-
тельнаго числа таковых. На 1000 человѣк населенія таким образом
приходится — в Шотландіи 2,75 кровати, в Ирландіи приблизительно
1,5 кровати.

Для всего-же Соединеннаго Королевства, дѣло представляется в
слѣдующем видѣ:

	Число больниц.	Число кроватей.	Среднее число кроватей на 1000 населенія.
1. Больницы, содержимыя на частныя пожертвованія . .	836*	60,492	
2. Больницы муниципальныя .	688	38,073	
3. Больницы, содержимыя Попечительствами о Бѣдных . .	101†	51,625	приблизи-тельно
Итого .	1.625	150,190	3,25

Принято считать, что для того, чтобы в надлежащей мѣрѣ удовлетворить потребность населенія промышленных мѣстностей в больничной помощи, требуется наличность от 5 до 6 кроватей на 1000
населенія. Высоко развитая в индустріальном отношеніи Англія
оказывается таким образом далеко не достигшей требуемой нормы.
Нужно, однако, имѣть в виду, что на указанную в таблицѣ среднюю
норму для всего Соединеннаго Королевства давят в сторону пониженія земледѣльческіе округа Англіи и в особенности наиболѣе в
этом отношеніи отсталая Ирландія, которая при ея преобладающем
земледѣльческом населеніи в такой высокой нормѣ обезпеченія
больничной помощью и не нуждается. Тот-же Генри Бордетт в
другом своем трудѣ‡ отмѣчает, что для сельских мѣстностей, населеніе
которых сравнительно мало подвержено заболѣваніям, установленной
авторитетами нормой считается 1 кровать на 1000 человѣк населенія, —
конечно, при свойственной Англіи густотѣ его. Чисто-же промыш-
ленные округа и населенные центры Англіи обезпечены больничной
помощью в степени, гораздо болѣе близкой к желательной нормѣ,
нежели вся страна, взятая в цѣлом.

---

* Относительно 125 небольших больниц свѣдѣній нѣт.

† Принимаются в разсчет лишь настоящія больницы, о которых имѣются свѣдѣнія.

‡ H. C. Burdett, „Cottage Hospitals," стр. 10.

Такъ напр., въ Лондонѣ имѣется больницъ:

содержимыхъ на частныя пожертво-

   ванія . . . . . 119, въ нихъ кроватей 14.203

муниципальныхъ . . . . 17 „   „   10.208

содержимыхъ Попечительствами о

   Бѣдныхъ . . . . . 35 „   „   19.947

Всего больницъ — по Бордетту . . 171 „   „   44.358

   по офиціальной сводкѣ Мини-

   стерства по дѣламъ мѣстнаго упра-

   вленія . . . . . 170 „   „   39.989

т. е. въ среднемъ свыше 9 кроватей на 1000 населенія. Эта исключи-
тельная высота нормы объясняется тѣмъ, что Лондонъ, какъ центръ
научнаго медицинскаго знанія и дѣятельности извѣстныхъ клиници-
стовъ, обслуживаетъ не только свое собственное населеніе, но въ значительной мѣрѣ и населеніе всей страны.

I. Больницы, содержимыя на частныя пожертвованія.

До средины 60-ыхъ годовъ прошлаго столѣтія больницы, содержимыя на частныя пожертвованія, или, какъ ихъ въ Англіи просто называютъ, „добровольныя“ больницы (Voluntary Hospitals), были единственными учрежденіями, оказывавшими стаціонарную медицинскую
помощь широкимъ слоямъ населенія Англіи, если не считать больницъ
Попечительствъ о Бѣдныхъ, пользованіе услугами которыхъ до сравнительно недавняго времени налагало печать пауперизма и подвергало
связаннымъ съ нимъ гражданскимъ правоограниченіямъ. Главные
этапы развитія больничнаго дѣла, поддерживаемаго частными пожертвованіями, и его относительная роль въ странѣ опредѣляются
слѣдующими фактами: первая „добровольная“ больница была
учреждена въ 1719 году; къ началу 19-го вѣка всѣ существовавшія въ
то время больницы продолжали оставаться въ частныхъ рукахъ; къ
концу 19-го вѣка двѣ трети всѣхъ больницъ уже содержались общественными учрежденіями на общественныя средства.* Такое благо-
пріятное для общественныхъ больницъ отношеніе ихъ числа къ числу
больницъ частныхъ получится, однако, только въ томъ случаѣ, если въ
число первыхъ включить всѣ больничныя учрежденія Попечительствъ
о Бѣдныхъ, въ томъ числѣ и больничныя палаты Рабочихъ Домовъ.
Если же принять въ разсчетъ собственно больницы Попечительствъ о
Бѣдныхъ, то, какъ видно изъ таблицы, приведенной на стр. 80-ой, число
общественныхъ больницъ въ настоящее время почти равно числу „добровольныхъ“ больницъ при числѣ кроватей, въ 1½ раза превышающемъ
число кроватей послѣднихъ. Насколько въ общемъ жизненно боль-

---

* B. Kirkman Gray, „Philanthropy and the State,“ стр. 222 и 223.

ничное дѣло, черпающее средства изъ частныхъ источниковъ, и насколько оно интенсивно растетъ, можно видѣть изъ того, что, по свидѣтельству С. и Б. Веббъ, число кроватей въ „добровольныхъ" больницахъ Англіи и Валиса въ 1910 году было немного больше 25.000; въ 1912 году число это по свѣдѣніямъ Бордетта (Hospital Annual, 1914 г.) поднялось до 38.922, а въ 1916 году оно достигло 48.434, т. е. возросло на 94% по сравненію съ 1910-ымъ годомъ. Правда, періодъ 1910–1916 г. включаетъ два года войны, 1915 и 1916 годы, когда по понятнымъ причинамъ отзывчивость жертвователей и усилія частныхъ организацій были особенно велики, но свѣдущія лица выражаютъ увѣренность, что достигнутое за это время положеніе „добровольнаго" больничнаго дѣла съ возстановленіемъ нормальныхъ условій не будетъ вновь сведено къ его до-военному уровню.

О работѣ, совершаемой „добровольными" больницами, помимо дѣятельности существующихъ при многихъ изъ нихъ амбулаторій, о чемъ рѣчь будетъ ниже, можно судить по слѣдующимъ даннымъ:

	Число „добровольныхъ" больницъ.		Число кроватей.		Въ среднемъ занято въ день кроватей.		Находилось на излеченіи больныхъ.	
	1912	1916	1912	1916	1912	1916	1912	1916
Англія и Валисъ . . .	679	692	38.922	48.434	31.615	38.390	455.761	521.050
Шотландія	76	76	6.138	6.757	5.159	5.592	68.518	76.003
Ирландія	81	68	5.471	5.301	3.828	3.806	54.647	50.084
Всего въ Соединенномъ Королевствѣ . .	836	836	50.531	60.492	40.602	47.788	578.926	647.137

Изъ этихъ данныхъ слѣдуетъ, что, при общемъ числѣ прошедшихъ черезъ „добровольныя" больницы больныхъ: въ 1912 г. 578.926, въ 1916 г. 647.137, каждый больной въ среднемъ провелъ въ больницѣ дней:

в 1912 году 25,6
1916 „ . . . . . 27,2.

Финансы „добровольныхъ" больницъ. — Средства, необходимыя на содержаніе больницъ этой категоріи, составляются изъ регулярныхъ годичныхъ пожертвованій частныхъ лицъ; изъ капиталовъ, поступающихъ по завѣщаніямъ; изъ доходовъ отъ устраиваемыхъ въ ихъ пользу празднествъ, базаровъ и пр.; изъ кружечныхъ сборовъ; изъ суммъ, поступающихъ отъ организацій, спеціально занимающихся собираніемъ средствъ на больницы, а именно отъ *а)* больничнаго фонда имени Короля Эдуарда, *б)* воскреснаго больничнаго фонда (Hospital Sunday), *в)* субботняго больничнаго фонда (Hospital Saturday); изъ сборовъ, устраиваемыхъ рабочими промышленныхъ предпріятій; изъ платы, взимаемой съ больныхъ; и, наконецъ, изъ суммъ, поступающихъ отъ правительственныхъ учрежденій за леченіе больныхъ, принадлежащихъ къ составу арміи и флота, и изъ поступленій согласно Закону о государственномъ страхованіи. За пятилѣтіе 1912–1916 г. „добровольныя“ больницы получили изъ всѣхъ этихъ источниковъ и израсходовали въ круглыхъ цифрахъ:

	Поступленія.	Расходы.	Превышеніе поступленій надъ расходами.
	фунт. стерл.	фунт. стерл.	фунт. стерл.
В 1912 году . .	4.279.000	4.052.000	227.000
1913 „ . .	4.667.000	4.238.000	429.000
1914 „ . .	4.583.000	4.307.000	276.000
1915 „ . .	4.825.000	4.499.000	326.000
1916 „ . .	5.662.000	4.958.000	704.000

Всѣ перечисленныя выше статьи дохода являются частными добровольными пожертвованіями въ собственномъ значеніи этого слова, за исключеніемъ лишь платы, взимаемой съ больныхъ, — частныхъ лицъ, которыя платятъ сами, и чиновъ арміи и флота, за которыхъ платитъ правительство. Поступленія послѣдняго рода въ общемъ невелики и, хотя они естественно возросли за годы войны (1915 и 1916), они все же занимаютъ небольшое мѣсто въ общемъ приходномъ бюджетѣ больницъ разсматриваемой категоріи, какъ это можно видѣть изъ слѣдующей таблицы: *

	Поступило въ видѣ платы за леченіе больныхъ, частныхъ лицъ и чиновъ арміи и флота.	Это составляетъ по отношенію къ общей суммѣ поступленій
В 1914 г. . .	127.814 фунт. стерл.	4,1 %
1915 г. . .	441.787 „ „	14,5 %
1916 г. . .	624.444 „ „	16 %

Вышеприведенныя данныя показываютъ, что финансовое положеніе больницъ, содержимыхъ на частныя пожертвованія, въ общемъ довольно благопріятно. Оно обнаруживаетъ двѣ любопытныя черты: это, во первыхъ, неизмѣнное превышеніе поступленій надъ расходами и, во вторыхъ, почти не прекращающійся ростъ самихъ поступленій. Такъ, сумма поступленій 1913 года по сравненію съ суммой поступленій 1912 года возросла на 9%. В 1914 г. сумма поступленій нѣсколько понизилась. Это слѣдуетъ отнести на счетъ вспыхнувшей тогда войны, въ начальномъ періодѣ которой необходимость расширенія дѣятельности больницъ не успѣла еще въ достаточной мѣрѣ обозначиться въ глазахъ жертвователей, между тѣмъ какъ стремленіе къ сокращенію личныхъ расходовъ, въ томъ числѣ и разнаго рода пожертвованій, стало явленіемъ общимъ. В 1915 г. поступленія опять возросли по сравненію съ предшествовавшимъ годомъ на 5,2%, а въ 1916 г., по сравненію съ 1915-ымъ годомъ, на 17,3%. Крупное повышеніе поступленій за 1916 г. объясняется уже другой стороной условій, созданныхъ войной, и ихъ вліяніемъ на жертвователей въ направленіи, противоположномъ тому,

---

* Данныя относятся къ 166 крупнѣйшимъ больницамъ.

которое наблюдалось в 1914 году. Если взять болѣе продолжительный період, то рост поступленій в пользу „добровольных" больниц обозначится особенно ярко. В 1896 году в пользу больниц поступило 2.528.000 фунт. стерл., в 1916 г. 5.662.000 фунт. стерл., т.е. за 20 лѣт сумма поступленій возросла на 124%!

Что касается отдѣльных источников поступленій, то небезынтересно будет остановиться на дѣятельности трех главных больничных фондов: Фонда имени Короля Эдуарда, Воскреснаго Фонда и Субботняго Фонда. Первый из них был учрежден в 1897 году по иниціативѣ Короля Эдуарда, тогда бывшаго еще Принцем Уэльским, по случаю празднованія шестидесятилѣтія царствованія Королевы Викторіи. За первыя 20 лѣт существованія Фонда в его пользу поступило пожертвованій от лиц и учрежденій 4.679.333 фунт. стерл.; передано в распоряженіе разных лечебных заведеній 2.265.376 фунт. стерл.

Воскресный больничный фонд существует уже 45 лѣт. Средства его главным образом составляются из сборов, устраиваемых во всѣх церквах раз в год в какое-нибудь воскресенье („Больничное Воскресенье"), большею частью незадолго до или вскорѣ послѣ Рождества. Сбору обыкновенно предшествует соотвѣтственная проповѣдь священника. В 1916 году поступленія в пользу Фонда составили сумму в 149.480 фунт. стерл.; расходы по управленію поглотили 6.370 фунт. стерл., т. е. 4,2% всѣх поступленій. Завѣдываніе Фондом основано на выборном началѣ. Собранія молящихся выбирают представителей, которые из своей среды выбирают членов мѣстнаго Правленія Фонда.

Начало Субботнему больничному Фонду было положено в 1873 году. Средства Фонда в началѣ составлялись из уличных сборов, устраивавшихся раз в год в одну из суббот, но с 1897 года этот способ был оставлен, и в настоящее время средства Фонда исключительно составляются из регулярных взносов служащих и рабочих разнаго рода контор и промышленных предпріятій. Взносы — небольшіе, большею частью по одному пенсу с человѣка, — обыкновенно собираются по субботам, т. е. в день выдачи жалованья и заработной платы. Управленіе дѣлами Фонда находится в руках Собранія делегатов, выбираемых по предпріятіям служащими и рабочими, участвующими своими взносами в созданіи средств Фонда. Собраніе делегатов, в которое входят и представители лечебных заведеній, получающих от Фонда субсидіи, выдѣляет из своей среды пять комиссій: 1) по сбору средств, 2) по распредѣленію их, 3) финансовую, 4) по устройству и оборудованію лазаретных повозок, и 5) по снабженію больных перевязочными средствами и хирургическими приспособленіями (грыжевые бандажи, искусственныя конечности и пр.). Секретари этих комиссій, Президент Фонда и Казначей образуют Исполнительный Комитет, в который входят еще особые представители, делегируемые комиссіями. Делегатскіе собранія собираются разъ въ три мѣсяца для выслушанія отчета и докладовъ Комиссіи. По имѣющимся весьма неполнымъ даннымъ, въ 1916 г. въ Англіи и Валисѣ было собрано 215.224 фунт. стерл.; управленіе обошлось въ 11.418 фунт. стерл., т.е. поглотило 5,3% всѣхъ поступленій.

Помимо средствъ, поступающихъ въ пользу „добровольныхъ" больницъ отъ трудящихся черезъ Субботній Фондъ, рабочіе жертвуютъ въ общемъ значительныя суммы въ видѣ непосредственныхъ взносовъ въ пользу той или иной больницы. Что получаемыя, такимъ образомъ, больницами суммы играютъ не меньшую роль въ ихъ бюджетѣ, нежели поступленія отъ Воскреснаго и Субботняго Фондовъ, можно видѣть изъ слѣдующихъ данныхъ:

По отношенію къ общей суммѣ обыкновеннаго прихода 165 главныхъ больницъ (за вычетомъ чрезвычайныхъ поступленій: по завѣщаніямъ, на спеціальныя цѣли, напр. въ строительный фондъ) поступленія изъ указанныхъ здѣсь источниковъ составляютъ:*

	Отъ Воскреснаго Фонда.	Отъ Субботняго Фонда.	Прямыя поступленія отъ рабочихъ.
Больницы общія . . . }	3,7%	3,4%	6,9%
„ спеціальныя . }		2,0%	1,1%

Средняя годовая стоимость содержанія одной кровати представляетъ довольно значительныя колебанія. Бордеттъ даетъ интересную въ этомъ отношеніи таблицу, составленную на основаніи проанализированныхъ имъ данныхъ относительно 140 больницъ, общихъ и спеціальныхъ, за 1916 годъ.

Средняя годовая стоимость содержанія одной кровати.

Больницы.	Число больницъ, отчетная данныя которыхъ разсмотрѣны.	60 ф. ст. и меньше.	Отъ 61 до 70 ф. ст.	Отъ 71 до 80 ф. ст.	Отъ 81 до 90 ф. ст.	Отъ 91 до 100 ф. ст.	Отъ 101 до 110 ф. ст.	Отъ 111 до 120 ф. ст.	Отъ 121 до 130 ф. ст.	Отъ 131 до 140 ф. ст.	Больше 140 ф. ст.
Лондонъ:											
Общія . .	27	..	..	1	4	5	4	5	3	3	2
Спеціальныя .	41	1	1	3	11	9	5	4	3	2	2
Англія и Валисъ (провинція):											
Общія . .	48	..	5	14	13	11	4	..	1	..	..
Спеціальныя .	12	3	1	4	1	2	1	..	..	..	..
Шотландія:											
Общія . .	6	..	2	3	1	..	..	..	..	..	..
Спеціальныя .	1	..	1	..	..	..	..	..	..	..	..
Ирландія:											
Общія . .	3	1	1	1	..	..	..	..	..	..	..
Спеціальныя .	2	1	1	..	..	..	..	..	..	..	..
	140	6	12	26	30	27	14	9	7	5	4

* Burdett's „Hospital and Charities Annual," 1918, стр. 110–111.

Наиболѣе дорого обходится содержаніе одной кровати в Лондонских больницах, общих и спеціальных, с их болѣе высоким клини-
ческим оборудованіем; всего дешевле — в Ирландіи. Из общаго
числа 140 больниц, отчетныя данныя которых изслѣдованы, на 97
больниц т.е. на 69% приходятся среднія нормы годового расхода
на одну кровать в предѣлах от 71 до 110 фунт. стер.

Группировка больниц по числу коек и спеціальностям. Больницы,
содержимыя на частныя пожертвованія, очень различны по своим
размѣрам. Среди провинціальных больниц, общих и в особенности
спеціальных, встрѣчаются больницы с очень малым числом кроватей.
Так, напр., больница Св. Екатерины в Брадфордѣ для больных раком
имѣет всего 5 кроватей. С другой стороны, среди крупных Лондонских больниц-клиник имѣются больницы с числом кроватей, превы-
шающим 1000, — напр. больница Св. Ѳомы. Представленіе о
численном соотношеніи больниц разных размѣров может дать
слѣдующая, составленная по данным Бордетта, таблица группировки
166 главных „добровольных" больниц.

Число кроватей.	Число больниц.	Число кроватей.	Число больниц.	Число кроватей.	Число больниц
Ниже 25	5	От 201 до 300	23	От 601 до 700	4
От 26 до 50	15	„ 301 „ 400	14	„ 701 „ 800	1
„ 51 „ 100	33	„ 401 „ 500	4	„ 801 „ 900	1
„ 101 „ 200	58	„ 501 „ 600	3	„ 901 „ 1000	2
				Свыше 1000	1

О группировкѣ больниц разсматриваемой категоріи по спеціальностям можно судить по слѣдующим данным, относящимся к
Лондонским больницам. Среди послѣдних имѣются слѣдующія
спеціальныя больницы :—

	Число больниц		Число больниц
Для болѣзней бедренной кости у дѣтей	1	Для болѣзней прямой кишки	2
„ „ глазных	4	„ „ сердца	1
„ „ горловых	1	„ „ ушных	1
„ „ горловых, ушных и носовых	3	„ „ женских	10
„ „ грудных и легочных	4	„ „ женских и дѣтских	4
„ „ дѣтских	11	„ больных раком	2
„ „ мочеполовых	2	„ болѣзней инфекціонных (платная)	1
„ „ мочевого пузыря и каменной болѣзни	1	„ эпилептиков и паралитиков	2
		Зуболечебниц	2
„ „ кожи	4	Ортопедических лечебниц	1
„ „ нервных	1	Родильных пріютов	6

В провинціальных больших городах, как Ливерпуль, Манчестер,
Бирмингам и т.д., такого разнообразія группировки „добровольных"

больниц по спеціальностям, какое наблюдается въ Лондонѣ, нѣт. И там существуютъ спеціальныя больницы для болѣзней глазныхъ, ушныхъ, горловыхъ, дѣтскихъ, накожныхъ и пр., но преобладаютъ больницы общія (General Hospitals).

Условія пріема больныхъ въ больницы, содержимыя на частныя пожертвованія, довольно разнообразны. Преобладаютъ больницы безплатныя, не ставящія больнымъ никакихъ особыхъ условій; в Лондонѣ онѣ составляютъ почти половину общаго числа „доброволь-ныхъ" больницъ. Будучи безплатными, поскольку дѣло касается очень бѣдныхъ больныхъ, многія изъ больницъ этой категоріи требуютъ, или указываютъ на желательность того, чтобы болѣе имущіе больные вносили небольшую плату — нѣсколько шиллингов или больше в недѣлю. В нѣкоторыхъ безплатныхъ больницахъ больныхъ заставляютъ приносить с собой смѣну бѣлья, гребень, щетку и т. п., дѣлая исключеніе в пользу бѣднѣйшихъ больныхъ; в иныхъ больницахъ больные должны платить за стирку бѣлья. Затѣмъ идетъ группа тоже безплатныхъ больницъ (в Лондонѣ около ⅓), принимающихъ больныхъ только по рекомендаціи жертвователей, которые в зависимости от размѣровъ дѣлаемыхъ ими взносовъ получаютъ право посылать извѣстное число больныхъ в теченіе года. И больницы этой категоріи требуютъ нѣкоторой платы от болѣе состоятельныхъ больныхъ, а в иныхъ случаяхъ также доставки собственнаго бѣлья, — личнаго, а иногда и постель-наго, — и разныхъ мелочей. Наконецъ, среди „добровольныхъ" больницъ есть нѣкоторое число и такихъ, которыя принимаютъ только платныхъ больныхъ. Плата либо по средствамъ, с указаніемъ в иныхъ случаяхъ минимума, либо установленнаго размѣра. Нѣкоторыя изъ принадлежащихъ к этой группѣ больницъ — в Лондонѣ их 6 — требуютъ еще представленія рекомендаціи от жертвователя. Слѣдуетъ отмѣтить, что и во многихъ безплатныхъ больницахъ имѣется извѣстное число кроватей для платныхъ больныхъ, которые при желаніи могутъ помѣщаться и в отдѣльныхъ комнатахъ.

II. Муниципальныя Больницы.

Если больницы, возникшія по частной иниціативѣ и болѣе или менѣе случайно распредѣленныя по территоріи страны, могли еще в нѣкоторой мѣрѣ удовлетворить потребность трудящагося населенія Англіи в больничной помощи, поскольку дѣло касается болѣзней неинфекціоннаго характера, то в отношеніи болѣзней инфекціонныхъ, которымъ особенно подвержена городская и сельская бѣднота, отсут-ствіе планомѣрно организованной больничной помощи давно уже стало привлекать к себѣ общественное вниманіе. Опасность этого серьезнаго недочета с особой яркостью обнаруживалась во время холерныхъ, оспенныхъ и другихъ эпидемій. Стало ясно, что в ин-тересахъ общественнаго здравоохраненія и успѣшной борьбы с эпидеміями необходимо покрыть страну сѣтью изоляціонных больниц. Д-р Бюкэнен, Главный врач при Министерствѣ по дѣлам мѣстнаго управленія, писал в 1892 г.: „В отношеніи нѣкоторых инфекціонных болѣзней, в особенности скарлатины и дифтерита, ничто в такой мѣрѣ не может помѣшать превращенію немногих заболѣваній в опасную эпидемію, как изолированіе больных в спеціальных больницах.“ Больничная организація Попечительств о бѣдных, хотя и существует за счет налоговых поступленій, не могла быть использована для удовлетворенія этой общественной потребности. Правда, под давленіем общественнаго мнѣнія Попечительства о бѣдных стали с середины 60-ых годов прошлаго вѣка расширять и упорядочивать больничную сторону своей дѣятельности. Но они, как мы увидим ниже, по самому существу преслѣдуемых ими цѣлей, не могли — и не ставили себѣ задачей — создать правильную систему врачебной помощи нуждающемуся населенію, раціонально поставленной и распространяющейся на всѣ виды заболѣваній. Больницы Попечительств о бѣдных не только были плохо приспособлены для леченія заразных больных, но часто таким больным прямо отказывали в пріемѣ. Из создавшагося таким образом положенія естественно намѣчался только один выход: переход заботы о заразных больных, принадлежащих к неимущим классам населенія, в вѣдѣніе органов общественнаго самоуправленія. Послѣдніе и работали в теченіе 50 лѣт над созданіем необходимой сѣти изоляціонных больниц, и достигнутые ими результаты очерчены в слѣдующих словах выше уже цитированнаго Б. Киркман-Грэа: „Они (т.е. органы мѣстнаго самоуправленія) в настоящее время уже занимают самое видное мѣсто в ряду органов власти, вѣдающих дѣло народнаго здравія. Наиболѣе настоятельно необходимая и по существу наиболѣе трудная отрасль больничнаго дѣла, именно больницы для заразных больных, уже находятся в их руках.“ *

Было бы, однако, ошибочно думать, что эта работа органами мѣстнаго самоуправленія завершена, т. е. что сѣть изоляціонных больниц доведена до того уровня, когда ей остается лишь нормально расти в соотвѣтствіи с нормальным ростом населенія. Далеко не вся страна снабжена изоляціонными больницами, и далеко не всѣ отдѣльныя мѣстныя учрежденія стоят на высотѣ правильнаго пониманія этой первостепенной важности задачи; далеко не всѣ муниципалитеты надлежащим образом использовали предоставленныя им парламентскими актами права и полномочія. Выше † было указано, что по данным Бордетта, относящимся к 1916-му году, в Англіи и Валисѣ насчитываются 672 больницы, содержимыя муниципалитетами; в них имѣется 32.567 кроватей. С. и Б. Вебб в 1910 году по данным

---

* „Philanthropy and the State,“ стр. 233.

† См. стр. 79.

Бордетта того времени и по статистикѣ смертей в общественных
лечебных заведеніях, взятой из годового отчета Главнаго Регистра-
тора рожденій, смертей и браков, насчитали в Англіи и Валисѣ
свыше 700 постоянных муниципальных больниц с общим числом
кроватей в 25.000.   По данным же изданной в 1915 г. Министерством по дѣлам мѣстнаго управленія официальной сводки, в Англіи
и Валисѣ насчитывается муниципальных больниц:

для заразных больных	755 с числом кроватей	31.149
„ больных оспой	363 „ „	7.972
больниц, содержимых санитарными		
властями в портовых городах .	30 „ „	420
всего изоляціонных больниц .	1.148 „ „	39.541

Таким образом оказывается, что свѣдѣнія, взятыя из разных источников, существенно расходятся.   Но, если даже считать официальными
данныя наиболѣе близкими к дѣйствительности, то все же окажется,
что из общаго числа существующих в Англіи и Валисѣ 1.800 мѣстных
общественных учрежденій, вѣдающих дѣло народнаго здравія, около
700 не сдѣлали ничего для изоляціи и леченія заразных больных.
Правда, в иных случаях учрежденія смежных мѣстностей соединяются в группы, которыя обзаводятся одной общей изоляціонной
больницей, обслуживающей подвѣдомственные им округа; бывает и
так, что то или иное мѣстное учрежденіе входит в соглашеніе с
существующей в его округѣ общей больницей, направляя туда своих
инфекціонных больных.   По свидѣтельству С. и Б. Вебб, „нѣт
официальных свѣдѣній о том, сколько мѣстных учрежденій, или
какой процент их, содержит свои собственныя больницы; сколько
пользуется, в силу состоявшихся соглашеній, другими больницами, и
сколько в этом отношеніи никаких мѣр не приняло вовсе."*   Можно,
не рискуя ошибиться, принять, что значительная часть тѣх 700
мѣстных учрежденій,† которыя не имѣют собственных изоляціонных больниц, относится именно к категоріи „не принявших никаких
мѣр," и что, слѣдовательно, не малая часть Англіи и Валиса пока еще
лишена средств для быстрой изоляціи заразных больных.   Имѣются,
однако, официальныя указанія на то, что дѣло развивается.   Так,
Главный врач Министерства по дѣлам мѣстнаго управленія в го-
довом отчетѣ за 1917—18 год констатирует, что, „хотя за время
войны Министерство не считало возможным давать разрѣшеніе на
заключеніе займов на постройку новых изоляціонных больниц, кромѣ
оспенных бараков, тѣм не менѣе многія мѣстныя учрежденія заго-
товили планы постройки новых больниц или расширенія старых с
тѣм, чтобы по окончаніи войны приступить к постройкѣ при

---

* „The State and the Doctor."

† Из них около 650 относится к сельским округам (Вебб, стр. 208),

первой возможности. Планы были разсмотрѣны Министерством, и
постройка необходимых зданій может быть начата немедленно по
отмѣнѣ дѣйствующих теперь ограниченій." * Но и при настоящем
положеніи дѣла все же слѣдует признать, что созданная муниципалитетами сѣть изоляціонных больниц с числом кроватей без малаго
в 40.000, т. е. в среднем по 1,1 кровати на 1.000 населенія, — аппарат
весьма значительный, способный удовлетворительно обслуживать
сравнительно небольшую территорію Англіи и Валиса.

При своем возникновеніи муниципальныя больницы имѣли в
виду главным образом осенных больных. Круг их дѣятельности,
однако, стал быстро расширяться, и в настоящее время большинство
их приспособлено для пріема больных скарлатиной, дифтеритом,
разными видами тифа. В нѣкоторых муниципальных больницах
находят себѣ мѣсто страдающіе самыми разнообразными заразными
болѣзнями, включая рожистое воспаленіе, родильную горячку, а
также младенцы с коклюшем или корью и даже чесоточныя дѣти.
В подавляющем большинствѣ случаев муниципалитеты ограничи-
вают свою больничную дѣятельность заботой о заразных больных,
хотя закон им в этом отношеніи никаких рамок не ставит. В нѣкоторых мѣстностях муниципалитеты шире понимают свою задачу и
стараются обезпечить бѣднѣйшее населеніе больничной помощью
и в случаях заболѣваній неинфекціоннаго характера. Таких
муниципалитетов пока немного, но дѣло находится в процессѣ
развитія.

Относительно Шотландіи и Ирландіи имѣются слѣдующія цифровыя данныя: в Шотландіи существует 14 муниципальных больниц с
числом кроватей приблизительно в 5.500, т. е. 1,1 кровати на 1.000
населенія; в Ирландіи — 13 изоляціонных больниц, но свѣдѣнія
имѣются лишь относительно 4 небольших больниц с общим числом
кроватей в 103; относительно остальных 9 больниц свѣдѣній нѣт.

Группировка муниципальных больниц по числу коек.

Подобно „добровольным" больницам, больницы муниципальныя
очень различны по своим размѣрам и оборудованію. Иногда это не
болѣе, как барак или коттэдж с двумя-тремя кроватями; есть и
такія муниципальныя больницы, в которых имѣется по нѣсколько
сот кроватей, напр. в Манчестерѣ существуют 2 муниципальныя
больницы — в 365 и 318 кроватей, в Ливерпулѣ 5 муниципальных
больниц с числом кроватей в 100, 162, 235, 152 и 510 (в том числѣ
160 коек для осенных больных), в Лидсѣ 4 больницы с 64, 342
36 и 104 кроватями. Если классифицировать данныя, приведенныя
Бордеттом в справочникѣ за 1918 год, то окажется, что муниципаль-

---

* 47th Annual Report of the Local Government Board (Report of the
Medical Officer), стр. lviii.

ныя больницы Англіи и Валиса по числу кроватей распредѣляются слѣдующимъ образомъ:—

Число кроватей.	Число больниц.	Число кроватей.	Число больниц.	Число кроватей.	Число больниц.
До 5	47	От 41 до 50	38	От 151 до 200	10
От 6 до 10	130	„ 51 „ 75	38	„ 201 „ 300	7
„ 11 „ 20	170	„ 76 „ 100	30	„ 301 „ 400	4
„ 21 „ 30	100	„ 101 „ 125	9	„ 401 „ 500	2
„ 31 „ 40	70	„ 126 „ 150	5		

Преобладаютъ, слѣдовательно, небольшія больницы (до 30 кроватей), составляющія 67,5% общаго числа муниципальныхъ больницъ въ провинціальныхъ округахъ Англіи и Валиса.

Въ указанное выше общее число муниципальныхъ больницъ Англіи и Валиса включены 17 изоляціонныхъ больницъ, существующихъ въ Лондонѣ и содержимыхъ такъ называемымъ Metropolitan Asylums Board (Столичнымъ Управленіемъ больницъ и убѣжищъ). Это учрежденіе состоитъ главнымъ образомъ изъ представителей районныхъ совѣтовъ Попечительствъ о Бѣдныхъ, но, такъ какъ содержимыя имъ лечебныя заведенія финансируются за счетъ налоговыхъ поступленій, а именно налога въ пользу бѣдныхъ (Poor Rate), и дѣлаютъ то-же дѣло, что изоляціонныя больницы муниципалитетовъ, то они и зачисляются Министерствомъ по дѣламъ мѣстнаго управленія въ одну группу съ больницами муниципальными. Больницы Metropolitan Asylums Board очень крупныхъ размѣровъ и принимаютъ больныхъ различными заразными болѣзнями. По числу кроватей больницы эти распредѣляются слѣдующимъ образомъ:—

Число кроватей.	Число больниц.	Число кроватей.	Число больниц.	Число кроватей.	Число больниц.
От 201 до 300	2	От 501 до 600	3	От 801 до 900	1
„ 301 „ 400	2	„ 601 „ 700	1	„ 901 „ 1000	1
„ 401 „ 500	4	„ 701 „ 800	2	1500	1 (для выздоравливающих)

Условія пріема больныхъ.

Лондонскія изоляціонныя больницы принимаютъ больныхъ по свидѣтельству любого вольнопрактикующаго врача; только въ двухъ дѣтскихъ больницахъ принимаютъ заболѣвшихъ инфекціонной болѣзнью дѣтей лишь по ордеру Столичнаго Совѣта Попечителей о Бѣдныхъ. Въ провинціи изоляціонныя больницы принимаютъ больныхъ по указанію мѣстнаго санитарнаго врача. Большинство Лондонскихъ заразныхъ больницъ имѣетъ свои моторныя лазаретныя повозки, на которыхъ привозятъ больныхъ изъ дому.

Закон предоставляет мѣстным учрежденіям право взыскивать с больных стоимость содержанія и леченія.   На практикѣ же неимущих больных всюду лечат и содержат безплатно; с болѣе состоятельных взимается плата, — в одних случаях фиксированная, в других — по средствам больного или его ближайших родственников.   Есть и такія муниципальныя больницы, которыя со всѣх больных требуют возмѣщенія дѣйствительной стоимости содержанія.   Затѣм, в нѣкоторых мѣстностях безплатным леченіем в изоляціонных больницах пользуются только больные из мѣстных жителей, с иногородних же взимается плата, — напр., муниципальная больница в Ольгамѣ взимает с пришлых больных по 42 шиллинга в недѣлю.   Наконец, при нѣкоторых муниципальных больницах имѣются особыя отдѣленія для платных больных.

Бюджеты муниципальных больниц.

Работа органов мѣстнаго самоуправленія в области больничнаго дѣла — явленіе сравнительно недавняго происхожденія, но размах этой работы, как уже упомянуто выше, неизмѣнно и замѣтно расширяется.   Это, между прочим, можно прослѣдить и на ростѣ сумм, которыя муниципалитеты Англіи и Валиса тратят на содержаніе своих больниц.   Ежегодно издаваемые Министерством по дѣлам мѣстнаго управленія „Отчеты о мѣстном обложеніи“ (Annual Local Taxation Returns), к сожалѣнію, не дают обстоятельной картины структуры больничных бюджетов муниципальных учрежденій, ограничиваясь лишь указаніем в общей вѣдомости расходов всѣх муниципалитетов Англіи и Валиса итожных сумм, издержанных на больницы без распредѣленія их по отдѣльным статьям.   Поэтому то, разобраться в деталях муниципальнаго больничнаго хозяйства невозможно.   Из этих отчетов видно, что общій расход на больницы муниципалитетов Англіи и Валиса, к которым, как уже отмѣчено выше, министерство относит и Metropolitan Asylums Board, вѣдающій изоляціонныя больницы в Лондонѣ, выразился в слѣдующих цифрах :—

	Расход за год.			
	1899–1900	1909–10	1911–12	1913–14
	ф. ст.	ф. ст.	ф. ст.	ф. ст.
а) Муниципальныя учрежденія Англіи и Валиса.	584.414	998.221	1.035.029	1.518.247
б) Metrop. Asylums Board (Столичное Управленіе больниц и убѣжищ) . . .	398.025	408.538	357.815	413.715

Таким образом, расход муниципалитетов на больницы за десятилѣтіе 1900–1910 возрос на 70%, поднявшись за слѣдующее четырехлѣтіе 1910–1914 г. еще на 52%.   Приведенныя же выше указанія Главнаго врача Министерства по дѣлам мѣстнаго управленія в его послѣднем отчетѣ свидѣтельствуют о том, что с возстановленіем нормальной строительной дѣятельности развитіе муниципальнаго больничнаго дѣла пойдет еще болѣе усиленным темпом.

Из дальнѣйшаго изложенія видно будет, что заботой о нуждающихся в больничном леченіи не ограничивается работа органов мѣстнаго самоуправленія в общей схемѣ мѣр по оказанію врачебной помощи населенію.

III. Больницы Попечительств о Бѣдных.*

Тот общепризнанный факт, что в жизни отдѣльных индивидуумов болѣзнь и пауперизм являются взаимно друг друга обусловливающими факторами, и что заболѣваемость среди бѣдноты всегда очень высока, опредѣляет относительное значеніе врачебной помощи в дѣйствующей во всѣх странах общей системѣ общественной заботы о бѣдных.† В частности, в англійской системѣ призрѣнія бѣдных, начало которой восходит к закону, изданному еще в 1601 году Королевой Елизаветой, не смотря на отсутствіе ясно-выраженнаго намѣренія законодателя, врачебная помощь пауперам постепенно заняла очень видное мѣсто. Стаціонарную врачебную помощь англійскія Попечительства о Бѣдных издавна стали оказывать в своих рабочих домах, куда, за отсутствіем или крайней скудостью правильно устроенных больниц, вынуждены были идти не только заболѣвшіе пауперы, но и всѣ, вообще, неимущіе обыватели данной мѣстности. Требованія жизни и агитація общественных элементов заставили Попечительства о Бѣдных обособить в рабочих домах отдѣльныя больничныя палаты. В соотвѣтствіи с укоренившимся в практикѣ органов общественнаго призрѣнія общим взглядом на пауперизм и бѣдность, как на личный „порок“ даннаго индивидуума, не только рабочим домам, но и учрежденным при них больничным палатам старались придать *устрашающій*, отталкивающій характер, а пользованіе в них безплатной врачебной помощью превратить с одной

---

* Для цѣлей общественнаго призрѣнія вся страна раздѣлена на Союзы, из которых каждый состоит из извѣстнаго числа приходов. Каждый входящій в состав Союза приход, с населеніем не меньше 300 человѣк, выбирает одного члена в Совѣт Попечителей, вѣдающій все дѣло призрѣнія бѣдных в предѣлах Союза. Приходы с меньшим населеніем соединяются в группы для избранія Попечителя. Совѣты Попечителей работают под контролем Министерства по дѣлам мѣстнаго управленія, без санкціи котораго они не вправѣ ничего предпринять. Все дѣло призрѣнія бѣдных ведется на средства, которыя дает Налог в пользу Бѣдных (Poor Rate), составлявшій в 1913 году 1¼ шиллинга с каждаго фунта стерл., уплачиваемаго в видѣ наемной платы за недвижимости.

† „Можно считать, что из 915.000 пауперов, в данное время числящихся в Англіи и Валисѣ, около 120.000 страдает острыми болѣзнями и нуждается не только в содержаніи, но и в надлежащем леченіи.“ (С. и Б. Вебб, „The Break-up of the Poor Law,“ 1909, стр. 212.) По данным отчета Министерства по дѣлам мѣстнаго управленія за 1917–18 г. процент больных пауперов значительно выше: из 586.785 человѣк, находящихся на общественном призрѣніи, 166.972 человѣка находится на излеченіи в разных лечебных заведеніях Попечительств о Бѣдных.

стороны в мѣру наказанія для людей, не съумѣвших сохранить независимое положеніе свободных граждан, а с другой — в мѣру острастки для тѣх, кто еще не успѣл опуститься до положенія паупера. В результатѣ получилось то, что рабочіе дома с их больничными палатами приняли, — а в иных мѣстах сохраняют и понынѣ, — характер, достаточно хорошо извѣстный из классических описаній Диккенса. При таких условіях включать больничныя палаты рабочих домов в дѣйствующую систему общественной заботы о неимущих больных значило бы завѣдомо давать неправильное представленіе о дѣйствительном положеніи дѣла. Поэтому то, из общаго числа 700 учрежденій Попечительств о Бѣдных, отнесенных офиціальной сводкой Министерства по дѣлам мѣстнаго управленія в разряду больниц, с числящимися в них 94.000 коек, в приведенном выше общем очеркѣ больничнаго дѣла в Англіи было принято в разсчет в круглых цыфрах лишь 50.000 кроватей, которыми располагает сотня содержимых Попечительствами о Бѣдных самостоятельных больниц, так наз. Poor Law Infirmaries. Остальныя 600 заведеній представляют собой лишь больничныя палаты или помѣщенія при рабочих домах, которых насчитывается около 300 в сельских мѣстностях, с числом коек до полсотни в каждом, и 300 в городских округах, с числом коек от 100 до 400 в каждом.

На обстановкѣ этих 600 учрежденій и на условіях содержанія в них больных подробно останавливаться нѣт надобности. Достаточно указать, что эти условія в очень многих случаях были признаны правительственными инспекторами не удовлетворяющими не только современным требованіям правильнаго ухода за больными, но часто и элементарным требованіям больничной санитаріи. И, если вспомнить, что в рабочих домах и существующих при них больничных палатах постоянно находятся на „излеченіи“ многіе десятки тысяч больных,* то нельзя будет не согласиться с С. и Б. Вебб, что такое положеніе вещей нельзя назвать иначе, как „крупным общественным скандалом.“† Слѣдует еще имѣть в виду, что в весьма значительном числе округов, лишенных изоляціонных больниц (см. стр. 89), больничная палата при рабочем домѣ является единственным лечебным заведеніем, куда могут поступать неимущіе заразные больные.

Однако, выше уже было отмѣчено, что под давленіем общественнаго мнѣнія Совѣты Попечителей постепенно вводили улучшенія в постановку больничнаго дѣла в подвѣдомственных им учрежденіях. Особенно сильно в этом отношеніи было вліяніе Министерства по

---

* 1-го Января 1914 г. в больничных палатах рабочих домов находилось на излеченіи 66.885 человѣк. (43rd Annual Report, Local Government Board, Part I., Poor Law Administration.)

† С. и Б. Вебб, „The State and the Doctor,“ стр. 89.

дѣлам мѣстнаго управленія, с самаго момента его учрежденія в 1871 г. стремившагося ограничить так наз. „наружную“ врачебную помощь (outdoor medical relief), т. е. помощь нуждающимся больным амбулаторную и у них на дому, и улучшить постановку стаціонарной врачебной помощи (indoor medical relief) в соотвѣтственных учрежденіях Попечительств о Бѣдных.* Под прямым воздѣйствіем Министерства во многих округах были устранены наиболѣе рѣзко бросавшіеся в глаза недочеты. Так, в нѣкоторых округах приходящих ординаторов, назначавшихся из мѣстных вольнопрактикующих врачей и при часто ничтожном вознагражденіи естественно удѣлявших очень немного вниманія и времени паціентам рабочаго дома, стали замѣнять постоянными врачами, приглашаемыми исключительно для работы в данном учрежденіи. Стали отказываться от требованія, чтобы врач из своего вознагражденія доставлял нужныя лекарства, что, разумѣется, не могло не отражаться на качествѣ леченія; доставка врачебно-лекарственных средств становилась дѣлом самих Попечительств. Служителей из содержавшихся в рабочем домѣ пауперов стали замѣнять сестрами милосердія и наемными обученными сидѣлками. В 1866 г. квалифицированный персонал больничных учрежденій Попечительств о Бѣдных в Лондонѣ состоял из 111 человѣк; в 1909 г. сестер милосердія и обученных сидѣлок состояло на службѣ в Лондонѣ 1.246, а в провинціи 1.924.† Наконец, улучшались помѣщенія, гдѣ содержались больные, а кое гдѣ учреждались и самостоятельныя больницы. Начало дѣлу больничнаго строительства органов общественнаго призрѣнія было положено в 1867 г., когда в результатѣ разоблаченій ужасающих условій рабочих домов, сдѣланных комиссіей, назначенной извѣстным медицинским журналом *Lancet*, был проведен новый закон о призрѣніи бѣдных в столицѣ (Metropolitan Poor Act) и было создано упомянутое уже столичное Управленіе больниц и убѣжищ (Metropolitan Asylums Board). По свидѣтельству отчета Министерства по дѣлам мѣстнаго управленія за 1915—16 г. (часть I., стр. liv.), „за послѣдніе годы в учрежденіях Попечительств о Бѣдных замѣтно усилился процесс обособленія дѣла леченія больных; в нѣкоторых округах созданныя таким образом лечебныя заведенія заняли мѣсто общих общественных больниц.“

Самостоятельныя больницы Попечительств о Бѣдных по своему оборудованію и по совокупности всѣх условій содержанія в них больных являются прямой противоположностью больничным палатам рабочих домов. Этому в значительной степени содѣйствовали контроль и регламентація со стороны Министерства. Уже одно, напр., требованіе, чтобы при сооруженіи зданій для больниц разсчеты строились на отношеніи: 850 куб. футов на одну кровать в Лондонѣ

---

* Canon Barnett, „New Poor Law or No Poor Law,“ стр. 81.
† *Ibid.*

и 600 куб. футовъ въ провинціальныхъ округахъ — должно было опредѣлить характеръ внѣшнихъ условій содержанія больныхъ. Различія,
конечно, все же наблюдаются. Болѣе отсталые Совѣты Попечителей
не поставили своихъ больницъ на ту высоту, которой достигли больницы
болѣе передовыхъ Совѣтовъ въ Лондонѣ, Ливерпулѣ, Манчестерѣ, и
другихъ крупныхъ центрахъ, гдѣ „ больничныя зданія прекрасно обору-
дованы, красивы и дороги; освѣщеніе и отопленіе, вентиляція и
санитарныя приспособленія, операціонный залъ и аптека устроены,
если не всегда съ максимумомъ полезности, то съ максимумомъ затратъ."*
О степени совершенства оборудованія больницъ Попечительствъ о
Бѣдныхъ можно судить по даннымъ о стоимости сооруженія больницъ въ
Лондонѣ и провинціи, приведеннымъ въ опубликованномъ въ 1909 г. и надѣ-
лавшемъ тогда много шума отчетѣ Королевской Коммиссіи, назначенной
для разслѣдованія дѣйствующей системы общественнаго призрѣнія и
помощи бѣднымъ.† Сооруженіе больницы въ Лондонскомъ районѣ Бетналъ
Гринъ обошлось въ 274 ф. стерл. на кровать, въ районѣ Хендонъ — въ
377 ф. стерл. на кровать. Средняя стоимость сооруженія въ провинціи
составляетъ 150 ф. стерл. на кровать; въ Лондонѣ въ виду болѣе высо-
кихъ требованій (см. выше) и сравнительной дороговизны труда —
250 ф. стерл. Въ общемъ-же нѣсколько саркастическій характеръ при-
веденнаго выше замѣчанія С. и Б. Веббъ не колеблетъ того факта,
что больницы Попечительствъ о Бѣдныхъ въ достаточной мѣрѣ отвѣ-
чаютъ требованіямъ внѣшняго госпитальнаго благоустройства.

Стоимость содержанія больныхъ.

Содержаніе больныхъ въ больницахъ Попечительствъ о Бѣдныхъ обходится дешевле, нежели въ „ добровольныхъ " больницахъ. Изъ данныхъ,
приведенныхъ въ таблицѣ на стр. 85-ой, видно, что сравнительно низкія
нормы стоимости содержанія одной кровати — до 90 ф. ст. — приходятся приблизительно на 50% „ добровольныхъ " больницъ; на
остальные 50% падаютъ болѣе высокія нормы вплоть до 140 фунт. стерл.
и выше. Расходъ-же на кровать въ больницахъ Попечительствъ о Бѣдныхъ, какъ видно изъ того-же отчета Королевской Коммиссіи, въ 1905—6 г.
колебался въ предѣлахъ отъ 43 до 94 фунт. стерл. Сравнительная
дешевизна содержанія этихъ больницъ находится въ связи съ нѣкоторыми
обстоятельствами, не говорящими въ ихъ пользу. Въ больницахъ Попечительствъ о Бѣдныхъ штатъ врачей, сестеръ и сидѣлокъ, по отношенію къ
числу больныхъ, болѣе малочисленный, нежели въ больницахъ „ добровольныхъ." Богатый клиническій матерьялъ больницъ Попечительствъ
о Бѣдныхъ, даже въ Лондонѣ, остается неиспользованнымъ для цѣлей

---

* С. и Б. Веббъ, „ The State and the Doctor," стр. 109.

† Report of the Royal Commission on Poor Laws and Relief of Distress.
Отчетъ большинства Коммиссіи, стр. 250. Меньшинство членовъ коммиссіи, среди которыхъ
была Беатриса Веббъ, представило отдѣльный отчетъ — Minority Report,

медицинскаго обученія ; студенты в эти больницы не допускаются. Это приводит к устраненію того исканія новых путей, которое обыкновенно сопутствует клиническому преподаванію, дѣлает эти больницы неинтересными для выдающихся врачей, ищущих клинической извѣстности, и естественно влечет за собой примѣненіе одних лишь рутинных, т.е. болѣе дешевых методов леченія. Наконец, слѣдует отмѣтить полное отсутствіе спеціализаціи, как внутри отдѣльных больниц, так и во всей группѣ больниц, содержимых органами общественнаго призрѣнія. Этот по существу странный недочет является пережитком теоріи „ устрашенія “ — теоріи, тѣм менѣе отвѣчающей современным условіям, что, как было установлено Королевской Комиссіей, соціальный состав контингента больных, проходящаго через больницы Попечительств о Бѣдных, замѣтно измѣнился. Хорошія условія содержанія в этих больницах — хорошая пища и просторное помѣщеніе — побуждают идти туда и больных, далеко не находящихся в положеніи пауперов, — больных, которые готовы платить и платят за леченіе и содержаніе. В нѣкоторых мѣстах эта именно статья дохода достигает почтенных размѣров. В Ливерпулѣ, напр., Совѣты Попечителей получают в год около 4.000 фунт. стерл. с больных, лечившихся в содержимых ими больницах. Как, однако, ни устарѣла теорія „устрашенія,“ нашлись эксперты-свидѣтели, которые защищали ее перед Королевской Комиссіей, доказывая якобы недопустимость с общественно-моральной стороны примѣненія дорого стоющих методов спеціальнаго леченія при пользованіи больных пауперов. Это, говорили они, явилось бы своего рода „ преміей “ за пауперизм !

Что содержаніе больных в больницах разсматриваемой категоріи неизмѣнно улучшается, можно видѣть из роста средних норм расхода на человѣка в год. Для Лондона отчет Королевской Комиссіи приводит слѣдующія данныя :—

в 1888 г. средній годовой расход на человѣка составлял 36 ф. ст.
    1897 г. ,,   ,,   ,,   ,,   ,,   48 ,,
    1906 г. ,,   ,,   ,,   ,,   ,,   60 ,,

Чисто врачебный расход Попечительств о Бѣдных, т.е. расход на содержаніе медицинскаго персонала, на медикаменты, перевязочныя средства и хирургическія принадлежности, составлял (по всѣм видам помощи : больничной, амбулаторной и на дому) :—*

в 1893 г. ..   ..   350.530 фунт. стер.
    1903 г. ..   ..   418.345 ,,   ,,
    1913 г. ..   ..   1.119.438 ,,   ,,

Группировка больниц по числу коек. Классификація данных, приведенных в справочникѣ Бордетта за 1918 г. относительно 96

---

* Отчет Local Government Board, за 1913–14 г., стр. 103. Всѣ данныя относятся к отчетному году, кончающемуся 31-го Марта.

больниц Попечительств о Бѣдных, даст слѣдующую картину их распредѣленія по группам по числу имѣющихся в них кроватей:

В Лондонѣ:

Число кроватей.	Число больниц.	Число кроватей.	Число больниц.	Число кроватей.	Число больниц.
От 101 до 200	1	От 401 до 500	4	От 701 до 800	5
„ 201 „ 300	2	„ 501 „ 600	6	„ 801 „ 900	2
„ 301 „ 400	7	„ 601 „ 700	6	„ 901 „ 1000	2
				Всего больниц	35

В провинціи (Англія и Валис):

Число кроватей.	Число больниц.	Число кроватей.	Число больниц.	Число кроватей.	Число больниц.
От 100 до 200	7	От 501 до 600	5	От 901 до 1000	2
„ 201 „ 300	14	„ 601 „ 700	3	„ 1001 „ 1200	2
„ 301 „ 400	10	„ 701 „ 800	3	„ 1201 „ 1300	2
„ 401 „ 500	9	„ 801 „ 900	2	„ 1301 „ 1400	2
				Всего больниц	61

В Лондонѣ, слѣдовательно, больницы с числом кроватей выше 500, составляют 60%, а в провинціи около 34,5% всего числа больниц разсматриваемой группы. За то в провинціальных городах, как Манчестер, Лидс, Бирмингам, Ливерпуль имѣются очень большія больницы с числом кроватей, доходящим до 1400.

Что касается числа паціентов, проходящих через больницы Попечительств о Бѣдных за год, то в оффиціальных отчетах указывается лишь число больных „пауперов,“ находившихся в них на излеченіи. О числѣ больных, принадлежащих к другим соціальным слоям, оффиціальных свѣдѣній нѣт. По данным Бордетта (справочник 1918 г.), относящимся лишь к сравнительно ограниченному числу больниц, через 31 Лондонскую больницу проходят около 100.000 больных в год и столько-же через 43 провинціальных больницы. Сопоставляя эти данныя с данными о среднем числѣ кроватей, занятых в день в указанных больницах, мы найдем, что каждый больной в среднем оставался в больницѣ дней:

в Лондонских больницах   58,5
в провинціальных больницах   35,5

Условія пріема больных. — В больницы Попечительств о Бѣдных паціенты принимаются по ордеру Уполномоченнаго Совѣта Попечителей (Relieving Officer). Как бы ни был серьезен случай, закон

не допускает принятія больного без такого ордера, хотя на практикѣ
в нѣкоторых мѣстах допускаются отступленія от этого правила.
Принимаются больные, страдающіе самыми разнообразными болѣзнями, начиная с хроников и кончая больными корью, коклюшем,
рожистым воспаленіем, послѣродовой горячкой и вѣтряной осной.
Гдѣ имѣются муниципальныя изоляціонныя больницы, круг заразных больных, попадающих в больницы Попечительств, соотвѣтственно ограничивается. Там же, гдѣ их нѣт, больницы Попечительств обслуживают мѣстное населеніе в предѣлах всѣх случающихся
заболѣваній.

Пользующіеся услугами больниц, содержимых органами общественнаго призрѣнія, становятся „пауперами" и подвергаются
ограниченію в гражданских правах вплоть до лишенія избирательнаго права, не смотря на то, что Попечительства вправѣ — и
нерѣдко этим пользуются — взыскивать с родственников больного
стоимость его содержанія и леченія, и что многіе больные фактически все оплачивают, при чем плата в иных случаях доходит
до 10 шиллингов в недѣлю. Несуразность такого положенія вещей
особенно ярко оттѣняется на фонѣ того, что неимущіе больные,
пользующіеся совершенно безплатным леченіем в „добровольных"
или муниципальных больницах, никаким правоограниченіям не
подвергаются. Единообразія, однако, и в этом отношеніи нѣт.
Опасность распространенія таких болѣзней, как тифоидныя или
осна, заставили подумать об устраненіи всего, что могло бы
побудить заболѣвших уклониться от обращенія к общественной
врачебной помощи. В 1879 г. соотвѣтственныя больницы были
частью депауперизированы, т. е. им разрѣшено было принимать
наравнѣ с пауперами и не пауперов.* В 1885 г. был проведен
Medical Relief Disqualification Removal Act, отмѣнившій правила о
лишеніи избирательнаго права лиц, которым была оказана одна лишь
врачебная или хирургическая помощь с отпуском лекарств за счет
сумм Налога в пользу Бѣдных. В нѣкоторых мѣстностях рѣшеніе
вопроса об исключеніи из избирательных списков лиц, находившихся на излеченіи в больницах Попечительств о Бѣдных,
зависит от того, как мѣстное учрежденіе, ведущее эти списки,
толкует термин „врачебная помощь."† Вообще-же, положеніе этого
вопроса ненормально, приводит на практикѣ к ряду противорѣчій
и недоразумѣній и ждет законодательной регулировки.

Все вышесказанное об организаціи больничнаго дѣла органов
общественнаго призрѣнія в Англіи и Валисѣ относится и к
Шотландіи, гдѣ рабочіе дома и больницы Попечительств соотвѣтственно называются „Домами для Бѣдных" (Poor-houses) и „Боль-

---

* B. Kirkman Gray, „Philanthropy and the State," стр. 227.

† С. и Б. Вебб, „The State and the Doctor," стр. 115,

ницами при Домах для бѣдных" (Poor-house Hospitals). Послѣднія и в Шотландіи постепенно принимают характер общественных больниц, обслуживающих широкіе слои населенія; собственно пауперы составляют только часть обычнаго круга их паціентов. К аномаліям соціальнаго характера, наблюдаемым в постановкѣ дѣла в Англіи и Валисѣ, в Шотландіи прибавляются еще кое какія своеобразныя черты. Так, в отчетѣ Королевской Коммиссіи имѣются указанія на то, что в Шотландіи по закону помощь не может быть оказываема членам семьи здороваго трудоспособнаго человѣка, как бы очевидна ни была нужда в ней. По признанію оффиціальных лиц, выслушанных Коммиссіей в качествѣ экспертов, возникающія на этой почвѣ затрудненія устраняются простым обходом закона.

Число больниц разсматриваемой категоріи в Шотландіи и Ирландіи дано в таблицѣ на стр. 79-ой. В Ирландіи кромѣ того дѣйствует система государственной безплатной врачебной помощи населенію, — помощи амбулаторной и на дому больных, — о чем рѣчь будет ниже.

IV. Пріюты для реконвалесцентов (выздоравливающих).

Мысль о необходимости созданія промежуточнаго учрежденія между больницей и домом рабочаго, в условіях котораго трудно только что покинувшему больничную койку паціенту вполнѣ оправиться и возстановить свои силы, возникла в Англіи давно. Еще в 1840 г. была созвана конференція выдающихся врачей „для выработки наилучшаго способа оказанія помощи широкому кругу больных, здоровье которых не может быть возстановлено одними врачебно-лекарственными средствами, но которые слишком бѣдны для того, чтобы воспользоваться благами перемѣны обстановки и воздуха." Однако, первый пріют для выздоравливающих был учрежден одной из Лондонских больниц лишь в 1868 г. С тѣх пор дѣло значительно подвинулось вперед. В настоящее время в Соединенном Королевствѣ насчитывается около 300 учрежденій этого рода, включая 16 пріютов, непосредственно связанных с Лондонскими больницами, посылающими туда своих больных, нуждающихся для полнаго выздоровленія в правильном уходѣ, питаніи, отдыхѣ и чистом воздухѣ. В 1905 г. образована была Ассоціація Пріютов для выздоравливающих (Convalescent Homes Association), ставящая себѣ задачей содѣйствовать развитію этого дѣла, несомнѣнно имѣющаго крупное общественное значеніе.

Любопытно отмѣтить, что среди работающих в этом дѣлѣ намѣтились два теченія. Одни доказывают необходимость созданія достаточной для всей страны сѣти Пріютов для выздоравливающих, совершенно самостоятельных и не связанных исключительно с той или иной больницей. Другіе доказывают преимущества пріютов, из

которых каждый обслуживает одну опредѣленную больницу, составляя
с ней одно органическое цѣлое. Сторонники перваго взгляда между
прочим указывают на серьезное значеніе возможности выбора
наиболѣе подходящих для паціента климатических условій и
обстановки; сторонники второго взгляда говорят о пользѣ и
выгодах, которыя может дать координація работы больницы и
исключительно ее обслуживающаго пріюта для выздоравливающих.

Большинство этих пріютов содержится на частныя пожертвованія
и на суммы, поступающія в видѣ платы, взимаемой с паціентов.
Плата нерѣдко лишь номинальная, но в нѣкоторых случаях довольно
высокая, покрывающая дѣйствительную стоимость содержанія больного. Нѣкоторое число пріютов для выздоравливающих учреждено
и содержится кооперативами, Дружескими Обществами, профессіо-
нальными союзами (напр. Союз печатников имѣет свой пріют) и
Союзом рабочих клубов.

Преобладают пріюты с небольшим числом коек — до 30 или
50, — но есть и такіе пріюты, в которых койки насчитываются
сотнями — 100, 200 и больше. Большинство пріютов находится в
приморских пунктах. Дневная стоимость содержанія паціента
колеблется между 2 и 9 шилл., при преобладаніи низших норм.
Средняя годовая стоимость содержанія одной кровати составляет
приблизительно 60 фунт. стерл.

В. ПОМОЩЬ АМБУЛАТОРНАЯ И НА ДОМУ БОЛЬНОГО.

К услугам больных, неимущих или малоимущих, желающих
воспользоваться общественной амбулаторной медицинской помощью,
имѣются: амбулаторіи при „добровольных" больницах, пріемные
покои Попечительств о Бѣдных, врачебная организація муниципалитетов и множество пріемных покоев других категорій, частью
содержимых на частныя пожертвованія, частью возникших на почвѣ
разных форм объединенія среди самих заинтересованных классов
населенія. Наконец, каждый трудящійся из числа тѣх милліонов,
на которых распространяется дѣйствіе закона о государственном
страхованіи, всегда может воспользоваться услугами своего „списко-
ваго" врача.*

Перечисленныя организаціи оказывают врачебную помощь и на
дому больного в тѣх случаях, когда послѣдній не в состояніи являться
в амбулаторію или пріемный покой и в то-же время почему-либо не
может лечь в больницу.

1. *Амбулаторіи „добровольных" больниц.* О совершаемой „добровольными" больницами амбулаторной работѣ можно судить по

---

* См. стр. 110.

слѣдующимъ даннымъ Бордетта, относящимся къ 166 болѣе крупнымъ больницамъ, представившимъ отчетный и статистическій матеріалъ.

Число больныхъ, которымъ была оказана амбулаторная помощь.					
	въ 1912 г.	въ 1913 г.	въ 1914 г.	въ 1915 г.	въ 1916 г.
Въ больницахъ общихъ . .	2.373.821	1.994.250	1.984.846	1.829.640	1.729.608
Въ больницахъ спеціальныхъ .	496.218	484.050	489.277	487.637	478.550
Итого . .	2.870.039	2.478.300	2.474.123	2.317.277	2.208.158

Пониженіе числа амбулаторныхъ больныхъ въ періодъ 1913—1916 г. по сравненію съ 1912-ымъ годомъ объясняется тѣмъ, что въ 1912 г. вошелъ въ силу законъ о государственномъ страхованіи, и много больныхъ изъ рабочей среды отхлынуло отъ амбулаторій „добровольныхъ" больницъ, перейдя къ созданной закономъ о страхованіи врачебной организаціи. Только въ спеціальныхъ больницахъ число амбулаторныхъ посѣщеній продолжало оставаться на томъ-же уровнѣ, ибо нужда въ спеціальной врачебной помощи, не вошедшей въ схему страхового врачеванія, оставалась та-же.

Условія оказанія амбулаторной помощи въ „добровольныхъ" больницахъ так-же разнообразны, какъ и условія пріема больныхъ для стаціонарнаго леченія. Однѣ больницы даютъ врачебный совѣтъ и отпускаютъ нужное лекарство безплатно всѣмъ приходящимъ больнымъ, другія требуютъ рекомендаціи жертвователя. Нѣкоторыя больницы взимаютъ плату — фиксированную (отъ 3 до 6 пенсовъ, даже отъ 7½ шилл. до 10½ шилл., за разовое посѣщеніе и отъ 1 шилл. до 10 шилл. за посѣщеніе въ теченіе недѣли), либо по средствамъ больного,* при чемъ не могущіе платить получаютъ совѣтъ и лекарство безплатно. Въ иныхъ случаяхъ плата просто предоставляется усмотрѣнію паціента. Подробныхъ данныхъ, которыя показывали бы, какъ „добровольныя" больницы группируются по условіямъ пріема амбулаторныхъ больныхъ, къ сожалѣнію, нѣтъ.

2. *Врачебная организація Попечительствъ о Бѣдныхъ.* — Попечительства о Бѣдныхъ стали учреждать особые пріемные покои въ Лондонѣ послѣ проведенія въ 1867 г. закона о призрѣніи бѣдныхъ въ столицѣ (Metropolitan Poor Act), который, по словамъ цитированнаго уже отчета Королевской Комиссіи, революціонизировалъ все дѣло врачебной

---

* Плата „по средствамъ" не предполагаетъ представленія какихъ-либо документовъ, свидѣтельствующихъ о томъ или иномъ матеріальномъ положеніи больныхъ. Дѣло основано на довѣріи.

помощи бѣднѣйшей части населенія.*   В настоящее время пріемные покои Попечительств о Бѣдных существуют почти во всѣх районах Лондона, а также в крупных провинціальных городах, как Бирмингам, Лидс, Кардиф, Шеффильд и др.   В этих пріемных покоях состоящій на службѣ мѣстнаго Попечительства районный врач в опредѣленные часы принимает больных.   В нѣкоторых пріемных покоях установлены, в разные часы, пріемы нѣскольких районных врачей, при чем каждый принимает больных из своего района.   При каждом пріемном покоѣ состоит фармацевт, отпускающій прописанныя врачем лекарства, а в иных случаях исполняющій и фельдшерскія обязанности: он дѣлает перевязки, стерилизует хирургическіе инструменты и пр.   Пріемный покой обыкновенно состоит из комнаты для ожидающих очереди больных, кабинета врача и аптечной комнаты.   Больные принимаются только по ордерам Уполномоченнаго Попечительства о Бѣдных, т. наз. Relieving Officer.   По свидѣтельству отчета Министерства по дѣлам мѣстнаго управленія за 1913–14 г. в Лондонских пріемных покоях органов общественнаго призрѣнія была оказана помощь:

в 1911 г.	.	.	.	.	63.967 больным.
в 1912 г.	.	.	.	.	63.092	,,
в 1913 г.	.	.	.	.	52.600	,,

И здѣсь замѣтное уменьшеніе в 1913 г. числа обращеній за помощью в пріемные покои Попечительств о Бѣдных слѣдует приписать вліянію вступившаго в 1912 году в силу закона о государственном страхованіи трудящихся.

Министерство требует, чтобы в Лондонѣ одни пріемный покой приходился на район полутораверстнаго радіуса,† что должно облегчить нуждающимся пользованіе услугами этих учрежденій. Затрудненія, однако, возникают на почвѣ того, что Уполномоченный Попечительства, выдающій ордера на полученіе совѣта и лекарства в пріемном покоѣ, живет иногда далеко от своего округа, что для обращающихся за помощью связано с значительной потерей времени.

В сельских округах особых пріемных покоев Попечительств о Бѣдных не существует.   Там районные врачи принимают больных по ордерам Уполномоченнаго Попечительства у себя на дому и по договору с Попечительством сами-же снабжают их нужными лекарствами.   Вытекающая отсюда прямая заинтересованность врача в

---

* Report of the Royal Commission on the Poor Laws and Relief of Distress, стр. 249.

† „Согласно существующему постановленію, площадь, обслуживаемая одним районным врачем, не должна превышать 15.000 акров или имѣть населеніе больше 15.000 человѣк.   На практикѣ, однако, центральной властью допускается довольно большое число отступленій от этого правила.“ Report of the Royal Commission on the Poor Laws, стр. 248.

дешевизнѣ отпускаемыхъ больнымъ лекарствъ не можетъ не отразиться невыгоднымъ образомъ на характерѣ оказываемой помощи.

На службѣ Попечительствъ о Бѣдныхъ въ Англіи и Валисѣ состоитъ около 3.800 районныхъ врачей, которые не только принимаютъ больныхъ въ пріемныхъ покояхъ Попечительствъ, гдѣ таковые существуютъ, и въ своихъ частныхъ кабинетахъ, гдѣ пріемныхъ покоевъ нѣтъ, но оказываютъ врачебную помощь нуждающимся больнымъ и у нихъ на дому. Въ организаціи дѣла домашней врачебной помощи Попечительства о Бѣдныхъ слѣдуютъ двумъ методамъ: въ однихъ случаяхъ районные врачи снабжаются постоянными списками больныхъ пауперовъ или вообще бѣдныхъ, живущихъ въ ихъ районѣ, которые такимъ образомъ составляютъ постоянный контингентъ ихъ паціентовъ; въ другихъ случаяхъ районные врачи оказываютъ помощь по ордерамъ Уполномоченнаго Попечительства о Бѣдныхъ.* Второй методъ болѣе обыченъ. Цитированный выше отчетъ Министерства по дѣламъ мѣстнаго управленія за 1913—14 г. даетъ слѣдующія свѣдѣнія о числѣ больныхъ, которымъ районные врачи Лондона оказали помощь по ордерамъ и по „постояннымъ спискамъ."

	На „постоянныхъ спискахъ" числилось пауперовъ.	Число ордеровъ, по которымъ оказана помощь на дому больныхъ.	Среднее число ордеровъ на одного врача (включая ордера на амбулаторную помощь).
Въ 1911 г. . .	10.697	46.654	804
Въ 1912 г. . .	11.313	44.935	791
Въ 1913 г. . .	11.286	35.534	658

Данныя послѣдней графы о приходящемся на одного врача среднемъ числѣ ордеровъ, разумѣется, не даютъ еще представленія о размѣрахъ падающей на районныхъ врачей работы. Необходимо имѣть въ виду, что ордера часто выдаются не на разовое обращеніе къ врачу, а на извѣстный срокъ (отъ одной недѣли до трехъ и даже шести мѣсяцевъ), въ теченіе котораго больной можетъ приглашать къ себѣ районнаго врача или приходить къ нему за совѣтомъ въ пріемный покой. Иногда выдаются и безсрочные ордера; держатели послѣднихъ могутъ приглашать къ себѣ районнаго врача, когда имъ заблагоразсудится. Въ однихъ районахъ ордера раздаются широко всѣмъ обращающимся за ними, въ другихъ — они выдаются чрезмѣрно скупо. Показаніями свидѣтелей, выслушанныхъ Королевской Коммиссіей для пересмотра дѣйствующей системы призрѣнія бѣдныхъ, установлено было, что практика Попечительствъ въ отношеніи выдачи ордеровъ на полученіе врачебной

---

* Впрочемъ, тѣ-же два метода примѣняются и въ отношеніи больныхъ, пользующихся амбулаторной помощью въ пріемныхъ покояхъ Попечительствъ о Бѣдныхъ.

помощи весьма разнообразна и часто диктуется соображеніями, имѣющими мало общаго с интересами правильнаго общественнаго врачеванія.

Снабженіе больныхъ лекарствами при оказаніи им помощи на дому во многихъ случаяхъ оказывается поставленнымъ так-же неудовлетворительно, какъ и при амбулаторной помощи. Дѣйствовавшая до 1867-го года система соглашеній с врачами, обязывавшимися доставлять нужныя лекарства изъ своего вознагражденія, окончательно еще не вытѣснена новымъ порядкомъ снабженія больныхъ лекарственными средствами за счет самихъ Попечительствъ. До сихъ пор еще въ значительномъ числѣ мѣстностей районные врачи продолжаютъ снабжать больныхъ лекарствами за свой счет. Въ результатѣ получилось то, что, какъ свидѣтельствовалъ один районный врач пред Королевской Комиссіей, „при теперешнемъ порядкѣ врачу приходится выбирать наиболѣе экономное леченіе, ибо иначе он легко может потратить все свое жалованье на закупку необходимыхъ врачебныхъ и лекарственныхъ средствъ.“

3. *Врачебно-санитарная организація муниципалитетовъ.* — Изоляціонныя больницы муниципалитетовъ, имѣя дѣло с одними лишь инфекціонными заболѣваніями, не могут и не призваны оказывать амбулаторную помощь. Тѣм не менѣе въ нѣкоторыхъ округахъ органы мѣстнаго самоуправленія, идя навстрѣчу опредѣленно намѣтившейся нуждѣ въ общественной врачебной помощи въ случаяхъ, не требующихъ стаціонарнаго леченія, приняли тѣ или иныя мѣры к удовлетворенію этой нужды. Кое гдѣ они учредили при своихъ изоляціонныхъ больницахъ пріемные покои, гдѣ неимущим больнымъ даются совѣтъ и лекарство при такихъ заболѣваніяхъ, какъ разнаго рода лишаи, чесотка, болѣе легкія глазныя болѣзни и т. п.; въ иныхъ случаяхъ они содѣйствуютъ болѣе широкой постановкѣ дѣла амбулаторной помощи нуждающимся путем выдачи субсидій соотвѣтственнымъ учрежденіямъ, уже дѣйствующимъ въ подвѣдомственныхъ им округахъ. Примѣняются и другіе способы. Въ Манчестерѣ напр. городской совѣтъ организуетъ безплатный отпускъ лекарствъ нуждающимся въ періодъ господства острыхъ кишечныхъ заболѣваній, въ так. наз. „сезон діарреи“; он-же оплачиваетъ услуги врачей, оказавшихъ по приглашенію акушерки помощь бѣдным женщинамъ при родахъ.* Нѣкоторые муниципалитеты снабжаютъ нуждающихся больныхъ антидифтеритной сывороткой, лечебной и предохранительной.†

Въ связи с дѣйствующей системой обязательнаго заявленія о всѣхъ случаяхъ инфекціонныхъ заболѣваній, списокъ которыхъ все расширяется,‡

---

* Report of the Royal Commission, стр. 263.

† *Ibid.*

‡ Нѣкоторые санитарные врачи настаиваютъ на включеніи рака въ число заболѣваній, подлежащихъ обязательной заявкѣ.

муниципалитеты принимают мѣры к изоляціи и, гдѣ нужно, леченію т. наз. „контактов," т. е. лиц, приходивших в соприкосновеніе с заболѣвшими, а также к дезинфекціи соотвѣтственных жилых помѣщеній.

Муниципалитеты не оказывают врачебной помощи на дому больного в прямом значеніи этого слова, т. е. в смыслѣ непосредственнаго леченія заболѣвшаго. Но они создали обширную организацію, через посредство которой они оказывают нуждающемуся населенію широкую *санитарную* помощь, имѣющую не меньшую общественную цѣнность, нежели помощь собственно врачебная. Эта организація состоит из штата санитарных врачей (в Англіи и Валисѣ их около 1.500), и работающих под их руководством — индивидуально, или в видѣ обществ — „санитарных посѣтителей" (Health visitors), преимущественно женщин, частью вербуемых из рядов добровольных работников, частью же состоящих на платной муниципальной службѣ. „Санитарные посѣтители" періодически посѣщают всѣ дома трудящихся, гдѣ зарегистровано рожденіе ребенка, слѣдя за условіями его содержанія; ребенок таким образом в теченіе перваго года своей жизни остается, через посредство „посѣтителя," под наблюденіем санитарнаго врача. В связи с этим санитарными врачами созданы во многих городах муниципальныя молочныя, отпускающія бѣдным матерям стерилизованное и так наз. „гуманизированное" молоко для кормленія их дѣтей. „Санитарные-же посѣтители" обходят дома, в которых зарегистрована была смерть ребенка или, вообще, смерть от инфекціонной болѣзни, слѣдя за тѣм, чтобы приняты были необходимыя мѣры изоляціи, дезинфекціи и удаленія всего, что может содѣйствовать распространенію заразы, а также дома, в которые возвращаются паціенты, выписавшіеся из изоляціонных больниц.

В настоящее время всѣ 29 округов Лондона, за исключеніем лишь одного, всѣ 82 городских округа в провинціи, тоже за исключеніем одного, 360 округов в графствах и 51 совѣт графств имѣют свои организаціи „санитарных посѣтителей," в подавляющем большинствѣ случаев назначаемых муниципалитетами и лишь в немногих случаях рекрутируемых из мѣстных добровольных работников. В этой работѣ муниципалитеты часто пользуются содѣйствіем мѣстных союзов и обществ, оказывающих помощь роженицам и дѣтям и организующих наблюденіе за условіями их содержанія. Таких „добровольных" организацій в Англіи существует 321, из которых многія содержат штат платных квалифицированных работников для обхода жилищ трудящихся.* Таким образом почти вся страна обслуживается институтом „санитарных посѣтителей." В концѣ Февраля 1917 г. на службѣ муниципалитетов состояло 1.443 „сани-

---

* Maternity and Child Welfare. Report, 1917, стр. iv. и v.

тарных посѣтителей,“ на службѣ частныхъ организацій — 136; кромѣ того въ обходѣ жилищъ трудящихся участвуютъ и районныя сестры милосердія, которыхъ на службѣ муниципалитетовъ числится 800 человѣкъ.*

Согласно циркулярному распоряженію Министерства по дѣламъ мѣстнаго управленія, на должности „санитарныхъ посѣтителей“ могутъ назначаться лишь лица, обладающія необходимой подготовкой, а именно: женщины-врачи, сестры милосердія съ трехлѣтней практикой въ больницѣ, дипломированныя акушерки и лица, состоявшія на службѣ общественныхъ организацій и пріобрѣвшія необходимый для этой работы опытъ. „Санитарные посѣтители“ въ среднемъ получаютъ жалованье въ размѣрѣ 100 фунт. стерл. въ годъ, доходящее иногда до 150 фунт. стерл., съ выдачей разъѣздныхъ или добавочной суммы на пріобрѣтеніе велосипеда.

Входя въ тѣсное общеніе съ массой трудящагося населенія, „санитарные посѣтители“ даютъ разнаго рода совѣты санитарнаго, гигіеническаго, а иногда и врачебнаго характера,† и въ этомъ смыслѣ работа ихъ входитъ въ общую схему оказанія домашней медицинской помощи трудовому населенію.

4. Прочія общественно-врачебныя учрежденія.

а) *Безплатные пріемные покои и „врачебныя миссіи.“* — Въ Лондонѣ и въ нѣкоторыхъ крупныхъ провинціальныхъ городахъ, какъ Бирмингамъ, Лидсъ, Ньюкэстль, существуетъ довольно значительное число пріемныхъ покоевъ, содержимыхъ на частныя пожертвованія, въ которыхъ нуждающимся безплатно — иногда за очень небольшую, часто лишь номинальную плату — дается совѣтъ и отпускается нужное лекарство. Это такъ назыв. Free Dispensaries. Въ нѣкоторыхъ мѣстахъ эти учрежденія работаютъ очень энергично. Въ Ньюкэстлѣ напр. безплатный пріемный покой въ нормальное время имѣлъ постоянный штатъ врачей изъ 6 человѣкъ, принимавшихъ въ годъ до 12.000 паціентовъ.‡ Въ теченіе 1916 года въ немъ было зарегистровано 30.368 посѣщеній.§ Въ Бирмингамѣ больные кромѣ лекарствъ снабжаются также молокомъ, мяснымъ экстрактомъ, рыбьимъ жиромъ и другими питательными продуктами этого рода. Одни пріемные покои этой категоріи оказываютъ помощь всѣмъ обращающимся за ней, другіе требуютъ представленія рекомендаціи отъ одного изъ жертвователей. Средства этихъ

---

* Maternity and Child Welfare, Report, 1917, стр. viii.

† По докладу „санитарнаго посѣтителя“ мѣстный санитарный врачъ нерѣдко посылаетъ сидѣлку для ухода за больнымъ, если этого требуютъ его домашнія условія. Въ теченіе 1916 г. въ Лондонскомъ районѣ St. Pancras въ 16% всѣхъ „посѣщенныхъ“ случаевъ оказалась надобность въ командированіи сидѣлки. Maternity and Child Welfare, Report.

‡ Report of the Royal Commission, стр. 260.

§ Burdett's „Hospital Annual,“ 1918 г.

учрежденій составляются из частных пожертвованій, а в нѣкоторых случаях они субсидируются мѣстным муниципалитетом или попечительством о бѣдных.

Эти учрежденія часто не ограничиваются оказаніем одной лишь амбулаторной помощи, организуя также врачебную и акушерскую помощь нуждающимся больным у них на дому.

Среди учрежденій разсматриваемой группы есть и такія, которыя ставят себѣ задачи спеціальнаго леченія, как напр. Амбулаторія в Лондонском Сити для страдающих грыжей, между прочим снабжающая нуждающихся грыжевыми бандажами. В теченіе 1916 года услугами ея воспользовалось свыше 5.000 человѣк. Другая такая амбулаторія, содержимая Національным Обществом Снабженія Нуждающихся Грыжевыми Бандажами, в 1916 г. оказала помощь без малаго 2.500 паціентам. Или напр., Radium Institute, гдѣ леченіем радіем могут пользоваться платные и безплатные больные.

Небольшое число безплатных пріемных покоев содержится так наз. „врачебными миссіями“ (Medical Missions), связанными с той или другой религіозной организаціей. „Врачебныя миссіи“ ставят себѣ цѣлью путем предоставленія безплатной медицинской помощи привлечь массы к болѣе ревностному посѣщенію церковных служб. Эта „смѣсь религіи и медицины,“ по словам одного эксперта, дававшаго показаніе на одном из засѣданій Королевской Коммиссіи, удовлетворительных результатов не дает. В Лондонѣ существует три пріемных покоя, содержимых миссіями; в теченіе 1916 г. в них было зарегистровано около 20.000 посѣщеній больных.

б) *Учрежденія, возникшія на почвѣ объединенія трудящихся.* — В основѣ всѣх учрежденій этого рода лежит начало взаимнаго страхованія. На средства, составляющіяся из регулярных денежных взносов членов даннаго объединенія, в той или иной формѣ организуется оказаніе безплатной медицинской помощи либо одним только членам, либо также и их семьям. Форма помощи различна. В одних случаях учреждаются так наз. Provident Dispensaries, т. е. пріемные покои со штатом врачей, при надобности безплатно оказывающих помощь, амбулаторную и на дому, всѣм лицам, регулярно вносящим, каждую недѣлю или каждый мѣсяц, извѣстную сумму в фонд даннаго учрежденія. В других случаях члены объединенія образуют так наз. врачебный клуб (Medical Club), входя в соглашеніе с одним из мѣстных врачей, который в опредѣленном мѣстѣ или у себя дома принимает паціентов из их среды, включая, если это предусмотрѣно договором, также и членов их семейств, за опредѣленную общую годовую плату. Если такое соглашеніе заключается не с одним, а с нѣсколькими врачами, то врачебный клуб по существу превращается в содержимый членами объединенія врачебный пункт. В иных случаях иниціатива созданія такого клуба исходит от врача; тогда получается то, что принято называть „контрактной практикой." Наконец, так наз. Дружескія Общества (Friendly Societies), т. е. общества взаимнаго страхованія на случай болѣзни, потери трудоспособности и пр. организуют свои „врачебные клубы" или входят в соглашеніе с врачами на началах „контрактной практики." В нѣкоторых мѣстах объединеніе нѣсколь- ких Дружеских Обществ приводит к учрежденію „Врачебнаго Инсти- тута" (Medical Institute), т. е. пріемнаго покоя, иногда с небольшой больничкой, аптекой и штатом врачей, обслуживающих членов всѣх вошедших в объединеніе обществ. Таких „врачебных институтов" в Англіи насчитывается от 50 до 60.

Численность учрежденій этой категоріи не учтена; их дѣятель- ность и финансы общему статистическому изученію не подвергнуты. Не подлежит, однако, сомнѣнію, что упомянутыя выше формы взаимнаго страхованія на случай болѣзни охватывают широкіе слои населенія. По данным отчета Королевской Коммиссіи по вопросам общественнаго призрѣнія, в Лондонѣ существует 43 пріем- ных покоя, существующих на взносы членов соотвѣтственных объ- единеній (Provident Dispensaries); ими выдается свыше 60.000 членских билетов, по которым около 116.650 человѣк имѣет право пользоваться безплатной врачебной помощью, ибо извѣстное число билетов выдается на цѣлыя семьи. В нѣкоторых провинціальных городах эти учрежденія играют исключительно большую роль. В Лейстерѣ напр. существует два таких пріемных покоя с 60.000 членов, что составляет одну четверть всего населенія города. В Портгэми- тонѣ членами этих учрежденій состоит 18.000 человѣк, т. е. ⅓ всего мѣстнаго населенія.* Размѣр членских взносов колеблется в предѣлах от ½ до 1½ шилл. в мѣсяц; за дѣтей плата ниже.

В сельских мѣстностях начало взаимнаго страхованія в органи- заціи медицинской помощи по преимуществу облеклось в форму „врачебных клубов." Их в странѣ очень много. Один свидѣтель из графства Портгэмтоншайр заявил Королевской Коммиссіи, что „ он не знает деревни, гдѣ бы не существовал такой клуб."†

Что-же касается Дружеских Обществ, этой старѣйшей в Англіи формы соціальнаго страхованія на случай болѣзни, то их главной задачей является выдача денежных пособій заболѣвшим и лишив- шимся заработка членам, или выдача пособія на похороны. Ока- заніе врачебной помощи заболѣвшим членам, осуществляемое Дружескими Обществами указанными выше способами, является для них дѣлом второстепенным. Это напр. можно видѣть из того, что из 20 милліонов фунтов стерл., уплаченных в видѣ пособій членам одним из самых крупных обществ за тридцать лѣт от 1876 по 1905 г., 72% падает на денежное вспомоществованіе заболѣвшим,

---

* Report of the Royal Commission, стр. 259.

† Ibid.

16% на пособія на похороны и лишь 12% на оказаніе врачебной помощи.*

Какъ общее правило, трэд-юніоны, подобно Дружескимъ Обществамъ, ограничиваются выдачей денежнаго пособія своимъ заболѣвшимъ членамъ и объ оказаніи имъ врачебной помощи не заботятся. Наблюдаются лишь рѣдкія исключенія. Напр., союзъ котельщиковъ обыкновенно посылаетъ доктора къ своимъ больнымъ членамъ для оказанія имъ помощи.

5. Государственное страхованіе.

Вступившій въ 1912 г. въ силу законъ о государственномъ, или какъ говорятъ въ Англіи, національномъ страхованіи распространяется на всѣхъ занятыхъ ручнымъ трудомъ мужчинъ и женщинъ, въ возрастѣ отъ 16 до 70 лѣтъ, включая и иностранныхъ подданныхъ, равно какъ и всѣхъ служащихъ въ конторахъ, торговыхъ и промышленныхъ предпріятіяхъ съ окладомъ жалованья ниже 160 фунт. стерл. въ годъ. Этотъ законъ положилъ начало принудительному, при финансовомъ участіи государства, соціальному обезпеченію всѣхъ трудящихся на случай болѣзни и связанной съ ней потери заработка. Развитіе схемы государственнаго страхованія, въ смыслѣ созданія необходимой для полнаго осуществленія его задачъ сѣти врачебныхъ учрежденій, было остановлено европейской войной, такъ что по существу схема не вышла еще изъ состоянія однихъ лишь контуровъ того зданія, которое она ставила себѣ цѣлью воздвигнуть. Дальнѣйшее развитіе дѣла въ направленіи болѣе раціональной постановки амбулаторной помощи застрахованнымъ и созданія необходимаго аппарата для широкой реализаціи правильной стаціонарной помощи, въ видѣ сѣти больницъ, санаторій, домовъ для выздоравливающихъ и т. д., должно будетъ привести къ установленію достаточно развѣтвленной, охватывающей всѣ стороны общественнаго врачеванія, Государственной врачебной службы.

Собственно врачебная сторона схемы государственнаго страхованія построена довольно просто. Государство, въ лицѣ мѣстныхъ страховыхъ комитетовъ, составляетъ списки врачей, выразившихъ готовность оказывать помощь лицамъ, подлежащимъ дѣйствію закона о страхованіи. Эти списки вывѣшиваются во всѣхъ мѣстныхъ почтовыхъ учрежденіяхъ. Каждый застрахованный выбираетъ спискового врача (panel doctor), услугами котораго онъ при надобности желаетъ пользоваться, сообщая его имя своей страховой организаціи. Списковой врачъ оказываетъ, когда нужно, помощь, — амбулаторную въ своемъ кабинетѣ или, если этого требуетъ состояніе больного, у него на дому, — всѣмъ приписавшимся къ нему застрахованнымъ.

---

* Report of the Royal Commission, стр. 257.

Назначенныя списковымъ врачемъ лекарства или другія необходимыя врачебныя средства застрахованный получаетъ безплатно изъ любой частной аптеки, числящейся въ спискѣ аптекъ, вошедшихъ въ соглашеніе съ мѣстнымъ страховымъ комитетомъ, которому аптекаря періодически и представляютъ счета на отпущенныя ими лекарства и пр.

Финансовая сторона дѣла организована слѣдующимъ образомъ: изъ страховыхъ фондовъ, составляющихся изъ обязательныхъ еженедѣльныхъ взносовъ трудящихся, обязательныхъ взносовъ хозяевъ и прибавки изъ государственной казны, нѣкоторая часть, а именно по 9 шилл. въ годъ на каждаго застрахованнаго, отчисляется на расходы по оказанію врачебной помощи. Изъ этихъ девяти шиллинговъ 7 шилл. поступаетъ въ пользу соотвѣтственнаго спискового врача независимо отъ того, пользовался ли приписавшійся къ нему застрахованный его помощью за отчетный періодъ или нѣтъ. Остальные 2 шилл. идутъ на оплату счетовъ аптекарей, къ которымъ должны быть приложены подлинные рецепты, расцѣниваемые по установленной особымъ соглашеніемъ таксѣ. Если фондъ, составившійся изъ отчисленія по 2 шилл. на каждаго застрахованнаго, превышаетъ сумму, слѣдуемую аптекарямъ по счетамъ, то остатокъ, если онъ не больше ½ шилл. на застрахованнаго, распредѣляется между списковыми врачами; если остатокъ оказывается выше этой нормы, то излишекъ, послѣ вычета распредѣляемой между врачами добавочной суммы (½ шилл. на каждаго застрахованнаго), поступаетъ въ лекарственный фондъ слѣдующаго года. Въ тѣхъ-же случаяхъ, когда слѣдуемая аптекарямъ сумма оказывалась превышающей наличныя средства лекарственнаго фонда, то до 1916 г. счетъ каждаго аптекаря соотвѣтственно урѣзывался. Однако, въ виду протестовъ организаціи аптекарей, порядокъ этотъ былъ измѣненъ въ томъ смыслѣ, что, въ случаѣ недостаточности лекарственнаго фонда для оплаты полностью ихъ счетовъ, Государственное Казначейство пополняетъ недостачу.

О широтѣ операцій государственнаго страхованія въ отношеніи оказанія врачебной помощи застрахованнымъ можно судить по слѣдующимъ даннымъ.

Къ моменту начала войны дѣйствію закона о государственномъ страхованіи подлежало:—*

	Мужчин.	Женщин.	Всего.
въ Англіи	7.537.794	3.336.285	10.874.079
въ Шотландіи . . .	1.059.273	460.730	1.520.003
въ Валисѣ	589.465	122.993	712.458
въ Ирландіи	480.028	236.290	716.318
Итого въ Соединенномъ Королевствѣ . .	9.666.560	4.156.298	13.822.858

* Report of the Administration of the National Health Insurance 1914-17, стр. 46, 113, 201 и 167.

По спискамъ страховыхъ комитетовъ Англіи числилось врачей и аптекарей, вошедшихъ въ страховую врачебную организацію:—*

	Врачей.	Аптекарей.
1-го Января 1915 г.	15.955	10.304
1-го Января 1916 г.	15.640	10.055
1-го Января 1917 г.	15.293	9.983

Совершаемая списковыми врачами работа учтена лишь въ Шотландіи, гдѣ на 100 застрахованныхъ въ 1914 г. пришлось: амбулаторныхъ посѣщеній— 206; визитовъ къ больнымъ на домъ — 126.‡

Въ одной только Англіи годовое число рецептовъ, по которымъ изъ аптекъ отпускается лекарство лицамъ, пользующимся врачебной помощью согласно закону о страхованіи, превышаетъ 25.000.000.‡ При средней стоимости лекарства по одному рецепту въ ½ шиллинга, расходъ на отпускъ лекарствъ изъ списковыхъ аптекъ составляетъ 625.000 фунтовъ стерлинговъ въ годъ.§

Всего врачамъ и аптекарямъ было уплачено въ Англіи и Валисѣ изъ страховыхъ фондовъ:—‖

	Въ Англіи.	Въ Валисѣ.	Всего.
	фунт. стерл.	фунт. стерл.	фунт. стерл.
За періодъ отъ 1-го Января до 31-го Декабря 1914 г.	4.247.229	274.843	4.522.072
За періодъ отъ 1-го Января до 31-го Декабря 1915 г.	4.042.168	261.805	4.303.973
За періодъ отъ 1-го Января до 31-го Декабря 1916 г.	3.844.936	243.757	4.088.693

Особое вниманіе обращено на обезпеченіе необходимой врачебной помощью застрахованныхъ, страдающихъ туберкулезомъ. Изъ общихъ страховыхъ суммъ каждый годъ отчисляется по 1½ шиллинга на каждаго застрахованнаго въ фондъ, за счетъ котораго организуется оказаніе спеціальной помощи туберкулезнымъ — въ санаторіяхъ и на дому. Для цѣлей этого вида помощи страховые комитеты пользуются услугами созданной муниципалитетами организаціи для борьбы съ туберкулезомъ. Между тѣми и другими заключаются соглашенія, въ силу которыхъ за извѣстную сумму, уплачиваемую муниципалитетамъ изъ упомянутаго фонда, застрахованные туберкулезные

---

* Report of the Administration of the National Health Insurance 1914–17, стр. 64.

† Ibid., стр. 295.

‡ Ibid., стр. 69.

§ Ibid., стр. 268.

‖ Ibid., стр. 261 и 386.

больные принимаются в муниципальные санаторіи и пользуются услугами муниципальных врачей-спеціалистов по туберкулезу, равно как и существующих спеціальных амбулаторій, содержимых муниципалитетами. Такія-же соглашенія страховые комитеты заключают и с частными организаціями, завѣдывающими учрежденіями, приспособленными для леченія туберкулезных больных. Таким образом, в началѣ 1914 г. страховые комитеты могли предоставить в распоряженіе застрахованных туберкулезных больных: 1139 кроватей в постоянных санаторіях, 4209 в санаторіях временных; кромѣ того больные могли пользоваться услугами 356 спеціальных пріемных покоев.* По данным офиціальнаго отчета о дѣятельности страховых комитетов, к концу Сентября 1917 г. за ними числилось, по заключенным с муниципалитетами Англіи (за исключеніем Лондона) соглашеніям, 2698 кроватей в муниципальных санаторіях.† Эти кровати считались резервированными для туберкулезных больных, имѣющих право на помощь на основаніи акта о государственном страхованіи. За 1½ года до середины Января 1914 г. забота страховой организаціи о туберкулезных больных, застрахованных и членах их семейств, выразилась в слѣдующих цифрах: — ‡

	Обратилось с ходатайством о принятіи в санаторію.	Отказано в пріемѣ кандидатам, оказавшимся не застрахованными.	Находились на излеченіи в санаторіях.		
			Страдающих туберкулезом легких.	Страдающих туберкулезом других органов.	Всего.
Мужчин . .	33.977	1.949	28.115	911	29.026
Женщин . .	18.088	1.210	14.381	788	15.169
Итого .	52.065	3.159	42.496	1.699	44.195

*   *

*

Борьба с туберкулезом. — Работа страховых комитетов по оказанію врачебной помощи туберкулезным, как мы только что видѣли, приводит их в соприкосновеніе с существующим в странѣ аппаратом для леченія туберкулезных больных, созданным муниципали-

---

* "The Labour Year Book," 1916.

† Report of the Administration of National Health Insurance, стр. 272—279.

‡ Return as to the Administration of Sanatorium Benefit, 1914.

тетами и частными организаціями. В рамках настоящаго очерка невозможно дать подробное описаніе того, что сдѣлано в этой области. Большой широтой постановки отличается анти-туберкулезная работа муниципалитетов, являющаяся наряду с их планомѣрной борьбой с инфекціонными болѣзнями, важнѣйшей отраслью англійской муниципальной медицины. Мы здѣсь должны ограничиться приведеніем лишь нѣкоторых цифровых данных, относящихся к этой сторонѣ дѣятельности муниципалитетов.

Муниципальная организація для борьбы с туберкулезом состоит из сѣти санаторій и спеціальных пріемных покоев. По словам отчета Министерства по дѣлам мѣстнаго управленія за 1913–14 г., назначенная им комиссія для изученія необходимых анти-туберкулезных мѣропріятій нашла, что для всего Соединеннаго Королевства требуется сѣть из 225 до 300 амбулаторій для туберкулезных. Это значит, что, пропорціонально численности населенія, собственно Англіи необходимо имѣть от 165 до 200 таких пріемных покоев. „Мы уже одобрили, прибавляет отчет, проекты 255 пріемных покоев для Англіи, из коих 223 учреждаются муниципалитетами (Совѣтами Графств) и 32 частными организаціями, и проекты 73 пріемных покоев для Валиса. С 15-го Іюля 1912 г., т. е. со дня вступленія в силу закона о государственном страхованіи, по этим проектам фактически открыто в Англіи 216 пріемных покоев." [*]

О работѣ этих амбулаторных пунктов можно судить по слѣдующим данным, приведенным в том-же отчетѣ.

Приблизительно за 1½ года (от 15 Іюля 1912 по 31 Декабря 1913 г.) в них подверглось спеціальному врачебному изслѣдованію :—

застрахованных ... 35.718 человѣк
незастрахованных ... 67.865 человѣк ;

воспользовалось амбулаторной помощью туберкулезных больных :—

застрахованных ... 20.945 человѣк
незастрахованных ... 35.347 человѣк.

На средства муниципалитетов за тот-же період содержалось в санаторіях и спеціальных больницах для туберкулезных — 22.312 паціентов, при средней продолжительности пребыванія больных в названных учрежденіях в 75 дней.

Война не остановила работы муниципалитетов в этой области. По свидѣтельству отчета Министерства за 1915–16 г., „извѣстное число учрежденій для туберкулезных, спроектированных до начала

---

[*] Annual Report of the Local Government Board, 1913–14, стр. xxii.

войны, было, не смотря на трудности военнаго времени, закончено постройкой и пущено в ход." *

Ирландія. — Организація общественно-врачебной помощи в Ирландіи сильно отличается от организаціи ея в Англіи. Закон о благотворительных врачебных учрежденіях 1851 г. (Medical Charities Act), дополненный послѣдующими законодательными актами, превратил неудовлетворительную врачебную организацію, созданную по англійскому образцу мѣстными органами общественнаго призрѣнія и частными благотворителями, с ея больничными палатами при рабочих домах и бѣдно обставленными мелкими амбулаторными пунктами, в стройную систему раціонально поставленной государственной врачебной помощи всѣм желающим ею воспользоваться. В Ирландіи почти нѣт ни пріемных покоев, содержимых благотворителями или на началах взаимнаго страхованія, ни „врачебных клубов." † Врачебная помощь, амбулаторная и, если нужно, на дому больнаго, оказывается всѣм нуждающимся общественными врачебными учрежденіями. И хотя послѣднія фактически находятся в вѣдѣніи органов общественнаго призрѣнія, их услугами пользуются не только пауперы, не только живущіе трудовым заработком, но и многіе фермеры и торговые люди.

Нынѣ Ирландія‡ раздѣлена на 741 амбулаторный округ и располагает 1228 пріемными покоями и врачебными пунктами, т. е. одно учрежденіе приходится приблизительно на 4000 человѣк населенія. Эти учрежденія обслуживаются медицинским персоналом, состоящим из 812 врачей, 49 фармацевтов и 777 акушерок. За год до 31 Марта 1914 г. их услугами воспользовалось 680.362 человѣка из которых 174.679 была оказана помощь на дому. Прививок оспы было произведено за тот-же год 62.328; общій расход на врачебную помощь составил 205.654 фунта стерл.

Начиная с 1867 г., половина расходов на содержаніе медицинскаго персонала и на покупку врачебно-лекарственных средств возмѣщалась Ирландским Попечительствам о Бѣдных из общих средств Государственнаго Казначейства, а с 1898 г. из средств по счету мѣстнаго обложенія. Но Министерство ставит условіем, чтобы отпускаемыя населенію лекарства обязательно отвѣчали требованіям фармакопеи и чтобы для этого обязательно производился анализ образцов, взятых из каждой партіи закупленных медикаментов.

---

* Annual Report of the Local Government Board, 1915-16, часть III., стр. 4.

† Report of the Royal Commission on the Poor Laws and Relief of Distress: Report on Ireland.

‡ Annual Report of the Local Government Board (Ireland), 1913-14, стр. 350.

Существованіе въ Ирландіи только что вкратцѣ описанной системы всѣмъ доступной общественной врачебной помощи сдѣлало излишнимъ введеніе особой схемы врачебной помощи въ предѣлахъ закона о страхованіи. Поэтому то, примѣнительно къ Ирландіи эта часть государственно-страховой схемы была опущена, и въ связи съ этимъ еженедѣльные взносы застрахованныхъ были соотвѣтственно понижены.

———————

Взятая въ цѣломъ, дѣйствующая въ Англіи система общественно-врачебной помощи оказывается весьма сложной и пестрой; она находится въ вѣдѣніи цѣлаго ряда учрежденій, организацій и вѣдомствъ, что, разумѣется, несовмѣстимо съ принципомъ экономіи общественныхъ силъ. Достаточно вспомнить, что въ Англіи параллельно и совершенно независимо другъ отъ друга работаютъ въ интересующей насъ области двѣ общественныя организаціи — Попечительства о бѣдныхъ и Муниципалитеты, черпающіе средства изъ одного и того-же источника — изъ мѣстнаго обложенія. Королевская Комиссія по вопросамъ общественнаго призрѣнія, въ представленныхъ ею въ 1909 г. двухъ отчетахъ, большинства и меньшинства, подчеркнула необходимость объединенія дѣла общественно-врачебной помощи и намѣтила рядъ преобразованій — большинство менѣе, меньшинство болѣе — радикальнаго характера. Большинство высказалось за созданіе органовъ, которые содѣйствовали бы координаціи дѣятельности всѣхъ работающихъ въ этомъ дѣлѣ учрежденій; меньшинство высказалось за отмѣну всего законодательства объ общественномъ призрѣніи, за уничтоженіе Попечительствъ о Бѣдныхъ и за полную муниципализацію общественно-врачебнаго дѣла. Съ тѣхъ поръ былъ проведенъ и вошелъ въ силу актъ о государственномъ страхованіи, рѣзко измѣнившій всю ситуацію. Не коснувшись дѣятельности частныхъ благотворительныхъ учрежденій или органовъ призрѣнія бѣдныхъ, онъ все больше переноситъ центръ тяжести дѣла въ сферу коллективнаго самообезпеченія трудящихся, признанія извѣстныхъ обязательствъ со стороны предпринимателей и государства и широкаго сотрудничества страховыхъ учрежденій, въ практическомъ осуществленіи ихъ задачъ, съ органами общественнаго самоуправленія.

И. И. ЗУНДЕЛЕВИЧЪ.

МЕДИЦИНСКАЯ ПОМОЩЬ НАСЕЛЕНІЮ.

(Добавочная глава.)*

Схема организаціи медицинской помощи населенію, предлагаемая Британской Рабочей Партіей.

Въ связи съ состоявшимся недавно учрежденіемъ Министерства народнаго здравія, Британская Рабочая партія опубликовала схему государственной „организаціи врачебной службы въ цѣляхъ предупрежденія и леченіи болѣзней съ учрежденіемъ сѣти больницъ и лабораторій подъ вѣдомствомъ названнаго Министерства." Рабочая партія въ настоящее время является серьезной соперницей „историческихъ" партій—тори и либераловъ, имѣя много шансовъ выйти изъ будущихъ общихъ выборовъ законной наслѣдницей нынѣшняго коалиціоннаго правительства. Это обстоятельство заставляетъ относиться съ интересомъ и вниманіемъ къ проектамъ переустройства разныхъ сторонъ государственной жизни, съ которыми выступаетъ Рабочая партія, ибо можетъ случиться, что эти проекты лягутъ въ основу ряда практическихъ мѣропріятій.

Схема, о которой будетъ рѣчь ниже, была выработана особой комиссіей при Рабочей партіи, подъ предсѣдательствомъ Джона Ходжа, рабочаго депутата, въ періодъ войны бывшаго Министромъ труда и Министромъ пенсій; комиссія состояла изъ политическихъ и муниципальныхъ дѣятелей Рабочей партіи, среди которыхъ было значительное число врачей. Въ комиссію между прочимъ входила и Беатриса Веббъ. Неудивительно, что въ своихъ основныхъ чертахъ намѣченная комиссіей схема совпадаетъ съ предложеніями, заключавшимися въ отчетѣ меньшинства Королевской комиссіи по пересмотру дѣйствующей системы общественнаго призрѣнія, въ составленіи котораго Беатриса Веббъ играла руководящую роль.

Въ вступительной части своей схемы авторы слѣдующимъ образомъ формулируютъ задачи проектируемой ими врачебной организаціи:

1. Наиболѣе полное использованіе указаній врачебной науки необходимо не только въ цѣляхъ предупрежденія и леченія болѣзней, но и для того, чтобы установить такіе способы жизни, работы и наслажденія досугомъ, которые согласно указаніямъ опыта и науки могутъ дать максимумъ всеобщаго довольства.

2. Государственная врачебная организація должна находиться подъ демократическимъ

---

* Послѣ отпечатанія статьи И. И. Зунделевича: „Медицинская помощь населенію" былъ опубликованъ проектъ Британской Рабочей Партіи, который, въ виду указываемыхъ авторомъ соображеній, мы считаемъ нужнымъ помѣстить ниже. (Ред.)

контролем как в центрѣ, так и на мѣстах. Она не должна заключать в себѣ ничего такого, что ограничивало бы свободный выбор врача паціентом; напротив, она должна расширить и дополнить тѣ очень ограниченныя возможности, которыми при нынѣшних условіях располагает огромная масса больных.

3. Всѣ завоеванія врачебной науки, всѣ виды спеціальной помощи, всѣ удобства и весь комфорт лучшаго типа лечебниц, санаторій и больниц должны быть предоставлены в распоряженіе всѣх — и бѣдных, и богатых, — между прочим и тѣх широких слоев мужчин и женщин, которых нельзя отнести ни к богатым, ни к бѣдным.

4. Будущая врачебная организація должна быть свободна от бюрократизма. Она не должна принуждать ни врача, ни паціента против их воли участвовать в ней или пользоваться ея услугами.

В связи с положеніем, формулированным в пунктѣ 3-ем, любопытно отмѣтить, что мысль руководителей партіи англійскаго пролетаріата работает в направленіи заботы о *всем* населеніи, а не об одних лишь классовых группах, как между прочим показывают слѣдующіе приводимые ими доводы:

„Современные методы діагноза и леченія настолько сложны и связаны с такими тратами, что только богатые могут воспользоваться их благами.“ Поэтому то „значеніе стаціонарнаго леченія становится все болѣе общепризнанным, между тѣм как при существующих условіях для большинства людей *средняго* класса оно оказывается внѣ предѣлов достижимаго. Их средства не позволяют им поступать в частныя лечебницы и в то же время их не принимают в общественныя больницы.“

В практической организаціи дѣла предлагается провести слѣдующія начала:

1. Безплатность и доступность услуг проектируемой врачебной организаціи всѣм страждущим, независимо от их финансоваго или соціальнаго положенія.

2. Содѣйствіе привлеченію в ряды врачебных работников самых способных людей.

3. Соотвѣтствіе вознагражденія важности работы и обезпеченіе достаточной пенсіи по выходѣ в отставку.

4. Самыя дѣйствительныя гарантіи против каких бы то ни было репрессій по отношенію к работникам врачебной организаціи за прямоту и добросовѣстность в исполненіи ими своих обязанностей.

Что же касается самой структуры намѣченной схемы, то ея стволом является сѣть больниц разных категорій, от которой отходят в видѣ развѣтвленій всѣ другія учрежденія проектируемой организаціи.

Каждый населенный пункт с населеніем около 6000 человѣк должен имѣть свою больницу с числом коек по 2 на каждую тысячу населенія. Всѣ мѣстные вольнопрактикующіе врачи составляют врачебный персонал больницы. Каждый из них может помѣщать в больницу и пользовать в ней своих паціентов.

Слѣдующим звеном в цѣпи врачебных учрежденій является

больница графства с хорошо оборудованными хирургическим и другими специальными отделениями и соответствующим врачебным персоналом. Таких больниц в графстве может быть одна или несколько, в зависимости от численности населения и географическаго характера. Местныя больницы находятся в постоянном контакте с больницами графства. Специалисты последних действуют в качестве консультантов всех врачей данной местности, посещая по их просьбе больных как в местных больницах, так и на дому. Должны быть созданы средства для быстраго перевода при надобности больных из местных больниц в больницы графства.

Больничную сеть должны возглавлять большие национальные госпитали в Лондоне, Эдинбурге и других университетских городах, содержимые на средства центральнаго правительства, принимающие больных из всех местностей страны, являющиеся центрами врачебнаго преподавания и научной клинической деятельности.

В городах с населением меньше 6000 человек и в более крупных деревнях должны быть устроены приемные покои с квалифицированным персоналом и тремя или четырьмя койками для помещения пострадавших от несчастных случаев или больных, требующих наблюдения в течение одного или двух дней. Из приемных покоев больные, если нужно, без замедления переводятся в местную больничку или больницу графства.

Организация должна включать особый отдел, имеющий и своем распоряжении достаточное число лазаретных линеек и вагонов для удобной перевозки больных из одного учреждения в другое по шоссейным и железным дорогам, а также достаточное число автомобилей для разъездов вольнопрактикующих врачей, консультантов и специалистов.

При всех местных больницах и больницах графства должно быть достаточное число кабинетов для приема местными вольнопрактикующими врачами своих пациентов, которые должны быть изолированы в соответственных отделениях по группам, напр. дети школьнаго возраста, младенцы, женщины, туберкулезные и венерические больные.

Должны быть учреждены особые родильные приюты или достаточное число родильных палат при больницах для помещения всех женщин, домашния условия которых неудовлетворительны для правильнаго проведения родов или нуждающихся в оперативной помощи.

Вольнопрактикующие врачи объединяются в своей работе вокруг местной больницы, как центра, в группы от 4 до 20 человек, соответственно нуждам и распределению населения. Врач не должен обслуживать больше 3.500 человек в городских и 2.000 человек в деревенских местностях. В пределах группы, обслуживающей данный район, обыватели имеют право свободнаго выбора врача.

Каждая больница графства и болѣе крупныя из мѣстных больниц должны имѣть хорошо оборудованныя клиническія и патологическія лабораторіи. Всѣ практикующіе в графствѣ врачи имѣют право пользоваться услугами этих лабораторій для цѣлей діагноза и лечения. Эти лабораторіи должны работать в контактѣ с научными учрежденіями больших національных больниц.

Организація собственно врачебной помощи по схемѣ Рабочей партіи должна быть связана: (1) с широко поставленным общественным медико-санитарным надзором; (2) с системой „домашняго посѣщенія," уже описанной в настоящей статьѣ, при участіи достаточно многочисленнаго персонала врачей, фельдшериц и сестер милосердія; (3) со школьно-врачебным надзором и с организаціей школьных клиник, и (4) с врачебно-фабричным надзором, надѣленным широкими полномочіями в смыслѣ регулированія вопросов об опасных механизмах, профессіональных болѣзнях, условіях труда молодых юношей и дѣвушек и т. д., и работающим в сотрудничествѣ с особыми комитетами, состоящими из равнаго числа представителей предпринимателей и рабочих.

Созданіе такой единой государственной врачебной организаціи предполагает упраздненіе нынѣ дѣйствующих врачебных организацій — добровольно-филантропической, органов призрѣнія бѣдных и государственно-страховой — и сосредоточеніе всего дѣла в руках муниципалитетов и Министерства народнаго здравія. Проект намѣчает необходимые способы постепеннаго перехода от нынѣшней системы к новой. Проектируемая организація, разумѣется, потребует больших денежных затрат для своего осуществленія и содержанія, но авторы проекта едва ли грѣшат против истины, заявляя, что всѣ затраты окупятся сокращеніем заболѣваемости, удлиненіем средней продолжительности жизни трудящихся, повышеніем их трудоспособности и производительности их труда.

Н. П. З.

ЛИТЕРАТУРА.

Sydney and Beatrice Webb. *The State and the Doctor.* London. 1910.

Sydney and Beatrice Webb. *The Break-up of the Poor Law.* London. 1909.

B. Kirkman Gray. *Philanthropy and the State.* London. 1908.

Burdett's *Hospital and Charities Annual*, издается ежегодно, начиная с 1890 года.

Sir Henry Burdett. *Cottage Hospitals: General, Fever, and Convalescent.*

Local Government Board. *Hospital Accommodation in England and Wales.* June, 1915.

Local Government Board. *Годовые отчеты (Annual Reports)*, за разные годы.

Local Government Board. *Maternity and Child Welfare: Report on the provisions made by Public Health Authorities and Voluntary Agencies in England and Wales.* London. 1917.

Return as to the Administration of Sanatorium Benefit. London. 1914.

Report of the Royal Commission on Poor Laws and Relief of Distress. London. 1909.

Canon Barnett. *New Poor Law or No Poor Law.* London.

National Health Insurance. *Report on the Administration of National Health Insurance during the years* 1914—17. London. 1917.

58th Annual Report of the Board of Superintendence of the Dublin Hospitals for the year 1915—16. London. 1916.

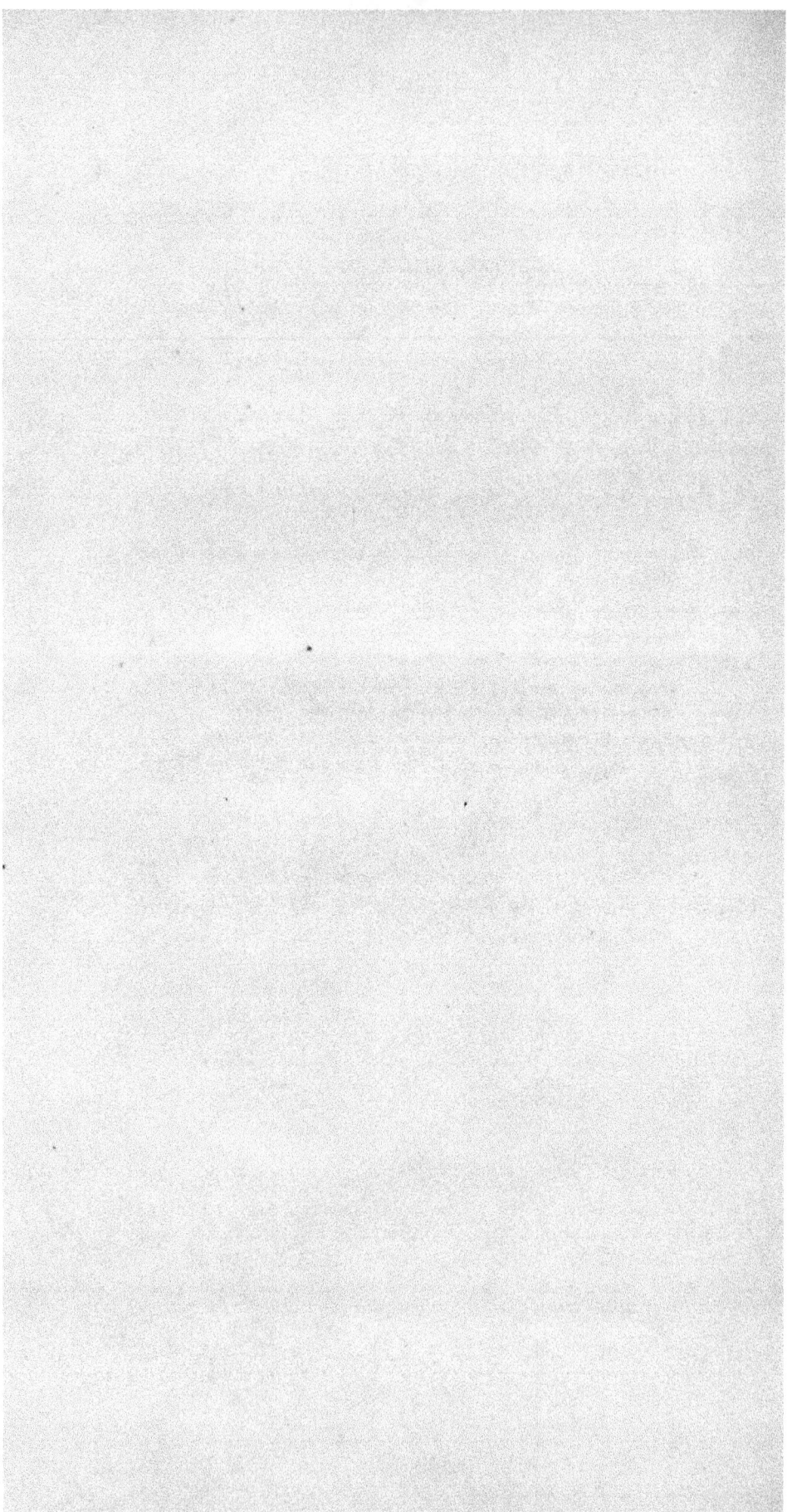

ОЧЕРК ПО ГИГІЕНѢ

ГОРОДОВ

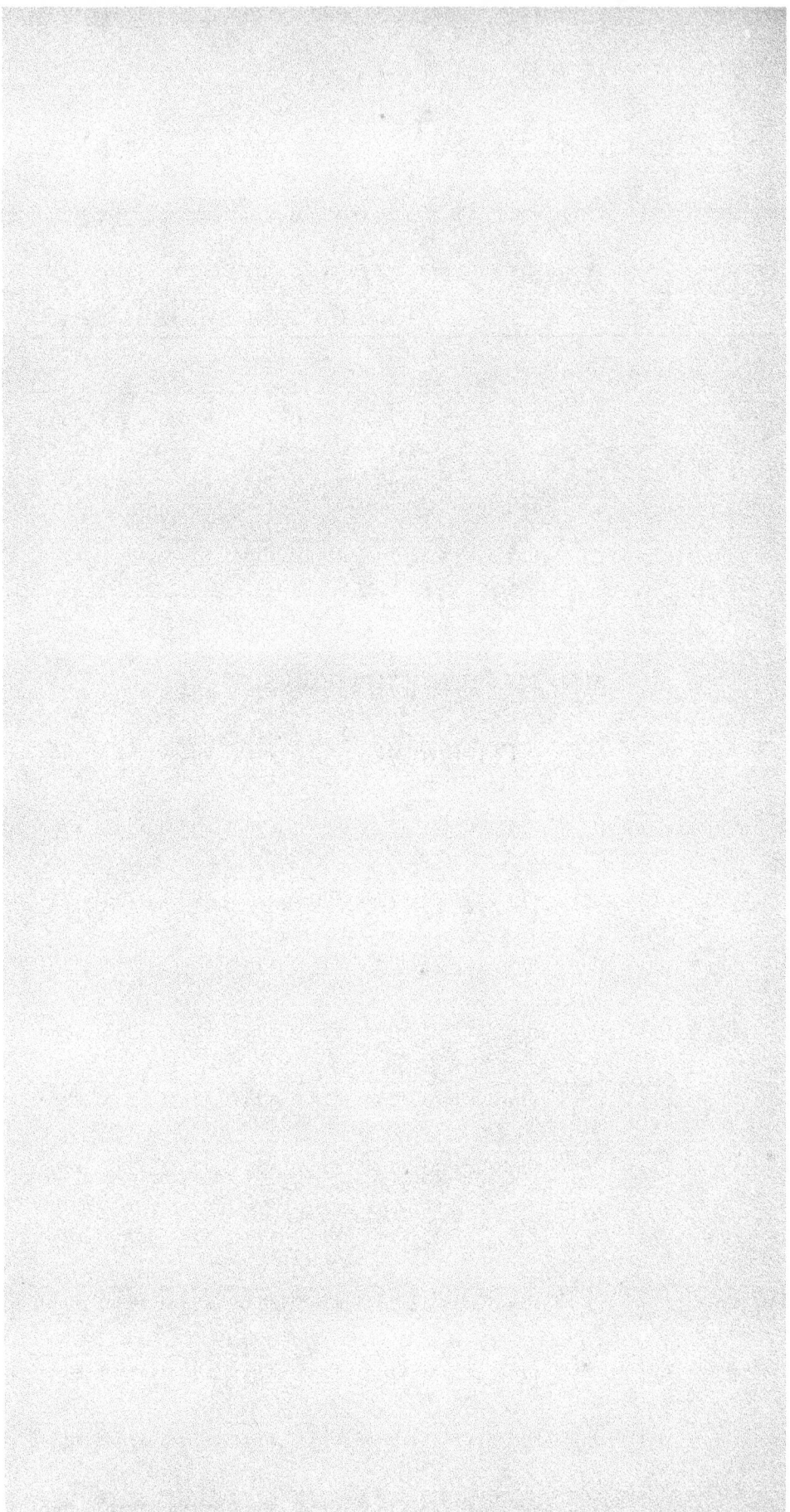

Очерк по гигіенѣ городовъ.

I.

При выполненіи своихъ задач по городской гигіенѣ каждый городъ обычно шелъ своимъ путемъ, вырабатывалъ свои методы, примѣняясь къ мѣстнымъ условіямъ и средствамъ и вполнѣ зависѣлъ отъ умѣнья и знанья занятыхъ этимъ дѣломъ лицъ. Скоро, однако, явно почувствовалась нужда въ обмѣнѣ накопившимися знаніями и практическими методами по борьбѣ съ антигигіеническимъ состояніемъ городовъ; съ быстрымъ ростомъ и развитіемъ городовъ почувствовалась невозможность обходиться одними доморощенными средствами и явилось стремленіе видѣть и изучать то, какъ это же поставлено въ другихъ мѣстахъ, съ какими результатами и послѣдствіями. Такое стремленіе выразилось въ созывѣ съѣздовъ дѣятелей по гигіенѣ городовъ сперва отдѣльныхъ странъ, а потомъ съѣздовъ международныхъ. Доклады на этихъ съѣздахъ составляютъ богатую и цѣнную литературу, черезъ нее знаніе и опытъ другихъ странъ и отдѣльныхъ городовъ стали доступны изученію, сравненію и заимствованію. Не довольствуясь докладами на этихъ съѣздахъ и личнымъ обмѣномъ мнѣній участниковъ съѣздовъ, отдѣльные большіе города начали устраивать спеціальныя командировки своимъ должностнымъ лицамъ, занятымъ по городской гигіенѣ, въ различные города, гдѣ санитарная работа во всѣхъ деталяхъ своей будничной обстановки проходитъ непосредственно передъ взорами командированнаго лица, а самъ городъ своимъ видомъ лучше всякихъ аргументовъ и таблицъ воочію доказываетъ годность или негодность употребляемыхъ методовъ.

Сравнивая разные города въ ихъ дѣлѣ по городской гигіенѣ, мы видимъ, что обычно одинъ городъ имѣетъ свою излюбленную сторону по улучшенію этихъ условій, другой городъ другую. Эти излюбленныя стороны городомъ особенно культивируются, спеціально совершенствуются; очень часто въ силу этого остаются безъ должнаго вниманія другія, не менѣе важныя, стороны въ дѣлѣ городской гигіены. И казалось бы, что если взять у каждаго города его лучшее въ его борьбѣ за гигіеническія улучшенія, то можно составить одну систему, стремленіе осуществить которую означало бы стремленіе къ обезпеченію максимума благополучія города, насколько таковое благополучіе зависитъ отъ гигіены. Такая сводная система, конечно, должна варьировать в извѣстных предѣлах в зависимости от мѣстных условій и средств.

В дѣйствительности, нѣчто в родѣ такой сводной системы было выработано Спеціальной Комиссіей по очисткѣ улиц, избранной на 13-ом Международном Конгрессѣ Гигіены и Демографіи, имѣвшем мѣсто в Брюсселѣ в 1902-ом году.   Комиссія эта засѣдала под предсѣдательством такого крупнаго авторитета по городской гигіенѣ, как Альфред Рехлинг.   По заключенію этой Комиссіи в основу всякой городской гигіены должны быть положены слѣдующіе четыре принципа :—

1.   Предупрежденіе лучше, чѣм леченіе.

2.   Наиболѣе дѣйствительная и основательная санитарная работа в концѣ концов окажется самой дешевой и экономной.

3.   Мѣстныя власти и учрежденія должны вести всю санитарную работу по городу сами со своим собственным штатом служащих под руководством своих спеціалистов.

4.   Вся работа по санитаріи города должна быть распредѣлена так, чтобы она производилась регулярно круглый год при всяких условіях погоды.

Чистка улиц, как рекомендует эта Комиссія, должна производиться так, чтобы ни воздух, ни окружающіе предметы не грязнились при этой чисткѣ и от этой самой чистки и чтобы, с точки зрѣнія требованій современной науки о гигіенѣ, ничего нельзя было бы возразить против таковой чистки.   Такая цѣль лучше всего достигается соблюденіем цѣлаго ряда правил, выработанных Комиссіей для практическаго руководства городам.   Из этих правил я приведу лишь тѣ, которыя непосредственно касаются гигіены улиц и содержанія города в чистотѣ вообще :—

B. 1.   Законодательное регулированіе.

Чистка улиц и проѣздов; собираніе, отвоз и окончательное помѣщеніе отбросов и сора должны регулироваться соотвѣтствующими правилами и узаконеніями.

2.   Борьба с системой подрядов.

Чистка всѣх улиц и проѣздов, собираніе и окончательное опредѣленіе отбросов из домов и уличнаго сора должны производиться исключительно самими мѣстными учрежденіями и властями со своим собственным штатом служащих, не сдавая эту работу подрядчикам.

3.   Поливка улиц.

Подниманіе пыли на улицах во время чистки их должно тщательно избѣгаться путем систематическаго поливанія.

4. Отдѣленіе части уличныхъ отбросовъ, могущихъ служить удобреніемъ.

Если организовать тщательный отборъ, то часть уличныхъ отбросовъ, могущихъ служить удобреніемъ, можетъ быть отдѣльно собираема и соотвѣтственно использована.

5. Время чистки улицъ.

Всѣ улицы, переулки и проѣзды должны чиститься по меньшей мѣрѣ разъ въ недѣлю, а главные пути, по которымъ совершается большое уличное движеніе, два или три раза въ недѣлю, если не каждый день, и лучшее время для этого ночь или раннее утро.

6. Повозки для перевезенія уличныхъ отбросовъ и сора.

Повозки, въ которыхъ отвозятся уличные отбросы, должны быть непроницаемы для воды, крѣпки и содержаться въ чистотѣ.

7. Собираніе, удаленіе и окончательное помѣщеніе уличныхъ отбросовъ.

Собираніе, удаленіе и окончательное опредѣленіе уличныхъ отбросовъ и сора должны имѣть мѣсто немедленно послѣ того, какъ они подобраны на улицѣ, не складывая ихъ для храненія ни въ какое время года.

8. Сжиганіе уличныхъ отбросовъ и сора.

Гдѣ практикуется сжиганіе уличныхъ отбросовъ, тамъ это должно производиться наиболѣе гигіеническимъ способомъ.

9. Использованіе уличныхъ отбросовъ для удобренія.

Гдѣ практикуется таковое использованіе, тамъ оно должно производиться при условіи принятія во вниманіе всѣхъ условій санитаріи.

10. Свалка отбросовъ.

Вываливанію уличныхъ отбросовъ на открытыя мѣста и заполненію этими отбросами овраговъ, балокъ и обваловъ, особенно въ сосѣдствѣ съ жилыми домами и когда эти отбросы содержатъ много органической матеріи, нужно всѣми средствами противиться и, какъ правило, таковая свалка отбросовъ не должна вообще разрѣшаться.

11. Выбрасываніе уличныхъ отбросовъ въ море.

Такое выбрасываніе большинства городовъ не касается, но если гдѣ оно практикуется, тамъ таковое должно производиться такъ, чтобы отбросы не выбрасывались вновь моремъ на берегъ и не вели бы къ другимъ непріятностямъ и хлопотамъ.

D. Уличные ретирады и писсуары.

1. Ретирады и писсуары должны быть выстроены для обоихъ половъ на улицахъ и въ общественныхъ мѣстахъ въ достаточномъ количествѣ и содержаться въ должной чистотѣ.

2. Дезинфекція ретирадовъ и писсуаровъ. Во время эпидемій эти ретирады и писсуары должны дезинфицироваться.

E.   Удаленіе снѣга съ улицъ.

1. Борьба съ системой подрядовъ.

Удаленіе снѣга со всѣхъ улицъ, переулковъ и проѣздовъ должно быть сдѣлано, какъ и въ случаѣ чистки улицъ, самими мѣстными властями и учрежденіями со своимъ собственнымъ штатомъ служащихъ, не сдавая эту работу подрядчикамъ.

2.   Удаленіе снѣга.

Снѣгъ долженъ быть удаленъ съ улицъ по возможности быстро.

3.   Свалка снѣга.

Снѣгъ, если онъ чистъ, можетъ быть сваленъ въ рѣку или на подходящее открытое мѣсто. Если же снѣгъ очень грязенъ и гдѣ позволяютъ условія, онъ можетъ быть вываленъ въ городскія сточныя воды.

F.   Отбросы изъ домовъ.

I.   Опасный характеръ отбросовъ изъ домовъ.

Всѣ виды отбросовъ изъ домовъ вообще должны разсматриваться, какъ опасныя для здоровья.

II.   Обращеніе съ отбросами изъ домовъ, ихъ собираніе, удаленіе и окончательное опредѣленіе.

Складываніе отбросовъ въ домахъ, ихъ собираніе изъ домовъ, удаленіе ихъ изъ города и окончательное опредѣленіе ихъ должны производиться такъ, чтобы ни окружающій воздухъ, ни лица, ни предметы не страдали отъ этого и не грязнились бы, и чтобы съ санитарной точки зрѣнія ничего нельзя было бы возразить. Это будетъ лучше всего достигнуто при соблюденіи слѣдующаго :

1.   Законодательное регулированіе.

Складываніе отбросовъ въ домахъ, ихъ собираніе изъ домовъ, удаленіе ихъ изъ города и окончательная судьба ихъ должны регулироваться соотвѣтственными узаконеніями и предписаніями.

2. Борьба съ системой подрядовъ.

Собираніе отбросовъ изъ домовъ, ихъ удаленіе изъ города и окончательное помѣщеніе ихъ должны производиться самими мѣстными соотвѣтственными учрежденіями и властями съ собственнымъ штатомъ рабочихъ, не сдавая эту работу подрядчикамъ.

3.   Предупрежденіе образованія пыли.

Должно тщательно избѣгать подыманія пыли при выносѣ отбросовъ изъ домовъ, при вывозѣ ихъ изъ города или во всякомъ другомъ мѣстѣ.

4. Разбор руками отбросов и сортированіе
домашнихъ отбросовъ.

Нужно избѣгать, насколько возможно, рыться руками въ домашнихъ отбросахъ. Сортированіе руками домашнихъ отбросовъ должно быть запрещено.

5. Складываніе домашнихъ отбросовъ въ домахъ.

Для складыванія отбросовъ въ домахъ должны употребляться только металлическіе ящики или сосуды, непроницаемые для воды и крѣпкіе. Эти ящики должны быть такого размѣра и формы, чтобы ихъ удобно было носить руками. Гдѣ можно, лучше имѣть ихъ въ двойномъ количествѣ.

Когда необходимо, то пепелъ нужно складывать отдѣльно отъ остальныхъ отбросовъ.

6. Собираніе наполненныхъ ящиковъ съ отбросами.

Всѣ ящики, полные отбросовъ, должны собираться и увозиться, гдѣ можно, каждый день.

7. Чистка и дезинфекція сорныхъ ящиковъ.

По опорожненіи сорныхъ ящиковъ они должны быть тщательно вычищены и во время эпидемій дезинфицированы.

8. Повозки для домашнихъ отбросовъ.

Повозки, въ которыя собираются домашніе отбросы и отвозятся, должны быть непроницаемы для воды, не пропускать воздуха и содержаться въ чистотѣ.

9. Время собиранія и отвоза домашнихъ отбросовъ.

Собираніе и отвозъ домашнихъ отбросовъ должны производиться или ночью или раннимъ утромъ, прежде чѣмъ началось уличное движеніе.

10. Помѣщеніе домашнихъ отбросовъ.

Окончательное помѣщеніе домашнихъ отбросовъ на мѣсто должно быть произведено немедленно же послѣ ихъ собиранія, не складывая ихъ въ городѣ ни въ какое время года.

11. Сжиганіе домашнихъ отбросовъ.

Лучшимъ гигіеническимъ средствомъ, извѣстнымъ до сихъ поръ, чтобы избавиться отъ отбросовъ изъ домовъ, это сжигать отбросы.

12. Употребленіе домашнихъ отбросовъ на удобреніе.

Использованіе домашнихъ отбросовъ на удобреніе должно разрѣшаться только тамъ, гдѣ это можетъ быть сдѣлано съ наивозможнымъ соблюденіемъ санитарныхъ условій.

F

13. Вываливаніе домашних отбросов.

Вываливаніе домашних отбросов на открытыя мѣста или заполненіе отбросами овраговъ и обваловъ, особенно въ сосѣдствѣ жилыхъ домовъ, должно всегда наистрожайше запрещаться.

14. Выбрасываніе домашних отбросовъ в море.

Такое выбрасываніе большинства городовъ не касается, но если гдѣ оно практикуется, то нужно сваливаніе производить такъ, чтобы отбросы не прибивало моремъ назадъ.

G. Сухіе отбросы с мельниц, фабрик, заводов, мастерских и пр.

Съ этого рода отбросами должно поступать такъ же, какъ съ домашними отбросами.

H. Сухіе отбросы с рынков.

Хотя рыночные отбросы въ свѣжем состояніи, вообще говоря, менѣе опасны для здоровья, чѣмъ домашніе отбросы, однако ихъ складываніе, собираніе, увозъ и окончательное помѣщеніе должны производиться согласно правилъ, данныхъ для домашних отбросовъ, и лучшимъ съ санитарной точки зрѣнія является сжиганіе ихъ.

I. Отбросы с боен.

Отбросы съ боенъ, какъ правило, весьма зловонны и, если съ ними не обращаться правильно, могутъ повести к тяжелымъ санитарнымъ послѣдствіямъ. Съ этими отбросами нужно поступать по правиламъ для домашнихъ отбросовъ, и съ санитарной точки зрѣнія лучшимъ будетъ уничтоженіе ихъ огнемъ.

(XIII-ый Конгресъ Гигіены и Демографіи в Брюсселѣ 1902 года, томъ IV., стр. 5–10.*)

Эта схема, составленная на основаніи требованій современной гигіены и путемъ обобщенія наилучшихъ методовъ содержанія улицъ въ чистотѣ въ разныхъ городахъ, рекомендуется каждому городу. Однако, разсматривая работу разныхъ городовъ по отношенію к этой схемѣ, мы не находимъ ни одного города, гдѣ эта схема была бы воплощена полностью. И поэтому эта схема въ ея цѣломъ до сихъ поръ остается какъ бы идеаломъ, осуществленіе котораго нужно всячески привѣтствовать.

---

* Congrès International d'Hygiène et de Demographie. Comptes rendus.

1-й Конгрессъ в Брюсселѣ,	1876 года.		7-й Конгрессъ в Лондонѣ		1891 года.
2-й	„	Парижѣ,	1878 „	9-й „	Мадридъ,	1898 „
3-й	„	Женевѣ,	1882 „	10-й „	Парижъ,	1900 „
4-й	„	Гаагѣ,	1884 „	13-й „	Брюсселѣ,	1902 „
5-й	„	Вѣнѣ,	1887 „	14-й „	Берлинѣ,	1908 „
6-й	„	Парижѣ,	1889 „	15-й „	Вашингтонъ,	1912 „

Обращаясь къ самой схемѣ, мы прежде всего замѣчаемъ два рѣзко раздѣленные по методамъ, но тѣсно связанные по существу, рода работы по городской гигіенѣ: во-первыхъ, содержаніе улицъ въ чистотѣ, куда входитъ подметаніе, мытье ихъ, собираніе и удаленіе уличныхъ грязи и отбросовъ, удаленіе снѣга съ улицъ, содержаніе въ чистотѣ общественныхъ ретирадовъ и писсуаровъ; во-вторыхъ, собираніе и удаленіе отбросовъ изъ частныхъ домовъ, съ рынковъ, боенъ, фабрикъ и заводовъ и изъ мастерскихъ. Въ какихъ формахъ выкристаллизовывается эта работа въ городахъ и въ какомъ отношеніи она стоитъ къ вышеизложенной сводной системѣ, выработанной Брюссельской Комиссіей, мы увидимъ въ слѣдующихъ главахъ.

II.

СОДЕРЖАНІЕ УЛИЦЪ ВЪ ЧИСТОТѢ.

Необходимость содержать городскія улицы въ чистотѣ и здоровомъ видѣ настолько ясна и очевидна для каждаго, что Комиссія къ своей выработанной схемѣ не нашла даже нужнымъ предпослать ни одного слова объ этой необходимости. Робертъ Раулинсонъ въ своей предсѣдательской рѣчи къ собранію Санитарныхъ Инженеровъ въ Стратфордъ-онъ-Эвонъ въ 1910 году вѣрно отмѣтилъ: „Есть одна въ особенности вещь, о которой я хочу сказать всѣмъ, кому сіе вѣдать надлежитъ, и эта вещь основа всей санитарной науки, есть „чистка.“ И если бы меня спросили, что самое важное въ санитаріи, я опять сказалъ бы „чистка.“ Ваши сточныя трубы, дренажъ, электричество и водопроводъ явятся второстепенными, если чистка улицъ будетъ въ загонѣ.“ И дѣйствительно, вы можете держать свой домъ въ идеальной чистотѣ, но эта чистота моментально исчезнетъ, стоитъ вамъ открыть окно на грязную улицу съ грязнымъ полнымъ міазмовъ и микробовъ воздухомъ; ваши дѣти, вы сами, ваша прислуга, ваши друзья и знакомые принесутъ на ногахъ вредную грязь съ грязной улицы. Фрукты, овощи, всякаго рода провизія все это принесетъ въ вашъ чистый домъ уличную пыль со всѣми микробами, кишащими въ этой пыли. И никакими самой совершенной системы вентиляціями, никакими садами вы не огородитесь отъ всюду проникающей уличной пыли. Съ грязью она приноситъ часто болѣзни, особенно такія какъ корь, коклюшъ, скарлатина, дифтеритъ, инфлуэнца, воспаленіе легкихъ, тифозная лихорадка, чахотка и др. Не исключена чрезъ уличную пыль даже возможность смерти, особенно во время эпидемій. Этой-то ясно сознаваемой опасностью городской грязи и пыли для населенія и продиктованы тѣ четыре основные принципа городской гигіены, которые Комиссія на Брюссельскомъ конгресѣ положила во главу угла дѣятельности городских учрежденій и лиц, отвѣтственных за благополучіе города. В борьбѣ с сильным врагом, а к таковым, несомнѣнно, принадлежат городскіе грязь, пыль и отбросы, требуется упорная и планомѣрная кампанія с соблюденіем всѣх правил, выработанных наукой и опытом и сведенных в одное цѣлое Брюссельской Комиссіей.

Первое правило этой Комиссіи об узаконеніях, которыя должны издаваться в связи с общественной гигіеной, лучше всего и, можно сказать, вполнѣ в совершенной формѣ, выполняется в Англіи и особенно в Лондонѣ. Узаконенія и предписанія эти отличаются необыкновенной точностью, удивительной детальной разработанностью и строгой систематичностью. Полное собраніе всѣх узаконеній, касающихся вообще общественнаго здравія, составляют два огромных тома в 2595 страниц с перечисленіем наиболѣе характерных случаев нарушенія их, что еще больше усиливает точность пониманія и без того точных узаконеній. Хорошо составленный указатель к этому сборнику в 231 страницу дѣлает необыкновенно легкой оріентировку в этом обширном матеріалѣ. Сборник в 1914-ом году был издан 8-ым изданіем и называется он „Lumley's Public Health.“ Здѣсь мы находим точное опредѣленіе, что такое улица, что такое переулок, что разумѣется под уличными отбросами, под уличной грязью, что значит чистка улиц и пр.

Не плохи также, между прочим, нѣмецкія узаконенія об общественной гигіенѣ, напоминающія краткія инструкціи солдатам. Хорошее представленіе о них дает напр. Albert Shaw в своей книгѣ под заглавіем: „Municipal Government in Continental Europe.“

В узаконеніях других городов и стран можно найти тоже много цѣннаго, но главный недостаток их это отсутствіе цѣльности и систематичности. В то время как одни из этих узаконеній продуманы и научны, другія, часто стоя в противорѣчіи с первыми, поражают архаичностью и непригодностью.

Что касается втораго правила Брюссельской Комиссіи, чтобы вся работа по городской гигіенѣ производилась самими городами без отдачи ея хотя бы даже в части подрядчикам, то можно указать всего один город, который полностью выполняет это правило, это Бирмингэм. Здѣсь принцип дѣлать все, касающееся гигіены города, исключительно силами самого города проведен чрезвычайно ревниво. Ни даже малѣйшая часть города не ввѣряется попеченію подрядчика; ни в одной стадіи процесса чистки города подрядчик не участвует. Сам город ведет это дѣло силами собственнаго штата рабочих и служащих под руководством собственных инженеров и спеціалистов. В этом отношеніи Бирмингэм представляет чрезвычайно интересный примѣр города, ведущаго свое хозяйство во всѣх его мельчайших подробностях на так называемых хозяйственных началах.

Осуществленіе этого же правила Брюссельской Комиссіи можно

до нѣкоторой степени видѣть также в любопытном обычаѣ, сохранившимся до сих пор в цѣлом рядѣ городов с числом жителей от 10,000
до 100,000 человѣк в Сѣверо-Американских Соединенных Штатах.
Регулярной чистки там не существует, будь то с подрядчиками или
без них. Но когда накапливается уж очень много всякой грязи и
отбросов, тогда городом объявляется день чистки, и это всегда дѣлается с большой помпой и рекламой. В этот день школьники не
учатся, а отпускаются домой, чтобы помогать взрослым при чисткѣ
города. Лавки и банки закрываются, театры и увеселительныя
мѣста тоже. По всему городу образуются метельныя бригады,
выгребальныя дружины, поливательные кружки и пр. Изо всѣх
дворов эти волонтерскія дружины вычищают все скопившееся там
за долгій промежуток времени; улицы скребутся и чистятся, поливаются и моются весьма основательно и энергично. Весь сор и
отбросы вывозятся далеко за город и бросаются на произвол судьбы.
Чистый, вымытый, блестящій город с слѣдующаго же дня медленно
начнет погружаться снова в грязь и антигигіеническую обстановку.

Во всѣх других городах мы видим подрядчиков на той или иной
стадіи чистки города. Отношенія эти вообще чрезвычайно разнообразны между городами и подрядчиками. В Нью-Іоркѣ напр.
одна часть города всецѣло сдана подрядчикам для чистки. Как они
там дѣлают это дѣло, всецѣло зависит от них. Город лишь требует,
чтобы он был чистым. В Берлинѣ лошади и возницы для повозок
и машин доставляются подрядчиками, но машины метельныя, поли-
вальныя, повозки, орудія и инструменты для чистки улиц городскіе;
одни рабочіе, находятся на службѣ у города, другіе — работают от
подрядчика. Сбор отбросов из домов сдан всецѣло подрядчикам.
В Парижѣ возницы на повозках, на подметающих машинах, на
поливательных, а также лошади ко всѣм этим повозкам и машинам
поставляются подрядчиками, но сами повозки и машины принадлежат городу. Лошади, повозки и рабочіе по собиранію отбросов из
домов от подрядчиков. В Мюнхенѣ вся работа по чисткѣ улиц
сдается подрядчикам, город берет на себя лишь асфальтом вымощенныя улицы. В Гамбургѣ вся чистка улиц производится городом,
а вывоз отбросов подрядчиками. Но какія бы отношенія ни
существовали здѣсь, мы в то же время видим, что подрядчики и их
рабочіе по контракту обычно должны находиться под контролем
городских инженеров и отвѣтственных лиц. От подрядчиков требуется, чтобы повозки не перегружались, чтобы онѣ не мѣшали
уличному движенію, и чтобы повозки окрашивались соотвѣтствен-
ным образом, чтобы они дезинфицировались и пр. В Берлинѣ
строгія правила о штрафах и наказаніях городских рабочих одинаково примѣняются к рабочим от подрядчиков.

Но всѣ эти условія — временные паллиативы. Городская гигіена
слишком серьезное и отвѣтственное дѣло, чтобы ввѣрять даже часть

его людямъ, которые преслѣдуютъ исключительно наживу и которымъ до самой гигіены рѣшительно нѣтъ никакого дѣла. Второе положеніе Брюссельской Комиссіи о борьбѣ съ системой подрядовъ остается, такимъ образомъ, во всей своей силѣ, какъ необходимое условіе для благополучія города.

Третье положеніе Брюссельской Комиссіи требуетъ, чтобы избѣгалось поднимáніе пыли при чисткѣ улицъ, для чего рекомендуется ихъ поливка. Этотъ вопросъ является однимъ изъ наиболѣе важныхъ въ городской гигіенѣ.

Если бы улицы были всѣ гладко и ровно вымощены, — скажемъ, асфальтомъ, то, при извѣстной затратѣ сразу нѣкоторой суммы на машины, городъ могъ бы вести всю работу во очисткѣ улицъ исключительно машинами, что разрѣшало бы вопросъ о неподниманіи пыли. Но необходимую для такой машинной чистки совершенно гладкую поверхность всѣхъ улицъ мы встрѣчаемъ среди большихъ городовъ лишь въ Антверпенѣ. И тамъ мы видимъ, городскія машины, которыя одновременно поливаютъ улицу; потомъ, когда политое еще не успѣло высохнуть, метутъ; подметенное собираютъ въ прочные, непроницаемые резервуары и затѣмъ увозятъ изъ города. Но такъ какъ дѣйствительное состояніе мощеныхъ улицъ въ большихъ городахъ отличается, и часто значительно, отъ Антверпенскихъ, то мы видимъ довольно разнообразныя системы, всевозможные опыты и попытки разрѣшить вопросъ чистки улицъ гигіеническимъ способомъ, т. е. безъ подниманія пыли.

Чистка улицъ обычно разбивается на рядъ процессовъ, первый изъ которыхъ составляетъ *подметаніе улицъ*. Такое подметаніе въ настоящее время въ большинствѣ городовъ производится большею частью машинами. Машины эти очень разнообразнаго типа, и между ними какого-либо преобладающаго на рынкѣ указать нельзя. Эти машины обычно только сгребаютъ соръ со средины улицы къ боковымъ сторонамъ и стокамъ. Одна такая машина въ среднемъ выполняетъ работу 40 ручныхъ метельщиковъ, подметая въ часъ около 2100 квадр. саженей уличной поверхности. Щетки, которыми подметаютъ эти машины, работаютъ въ среднемъ около 180 часовъ, что впрочемъ много зависитъ отъ погоды, послѣ чего ихъ необходимо возобновлять. Дѣлаются эти щетки изъ разнаго матеріала, но преобладаютъ опредѣленные сорта тростника. По цѣнѣ и по носкѣ разные сорта щетокъ не отличаются много другъ отъ друга. Подниманіе пыли въ сухую погоду предупреждается предварительнымъ смачиваніемъ улицы водою. Правильное распредѣленіе между смачиваніемъ и подметаніемъ особенно трудно въ жаркую погоду. Часто случается, что, когда начинается подметаніе улицы, вода уже успѣла высохнуть. Само смачиваніе должно производиться лишь слегка: много воды при смачиваніи образуетъ грязь, которая прилипаетъ къ щеткѣ и мѣшаетъ мести улицу. Машины непримѣнимы для подметанія макадамовыхъ мостовыхъ. Послѣднія можно мести лишь ручными щетками и то, собственно, только тамъ, гдѣ есть сор. Иначе поверхность улицы очень легко изнашивается и требует частых ремонтов.

За метельными машинами должны слѣдовать метельщики с ручными щетками и метлами для подметенія боковых сторон улицы, собирая сор в кучки. Ручныя щетки и метла, употребляемыя метельщиками, очень различных типов. В среднем, онѣ изнашиваются чрез 3–5 недѣль, причем продолжительность носки значительно зависит от умѣнія самого рабочаго. Кромѣ щеток и метел, сдѣланных из тростника и ветлы, многими городами употреблялись нѣмецкія, сдѣланныя из китового уса, из желѣзной проволоки и др. матеріалов, но без успѣха. В 1908 году Лондонская фирма Арчер предложила щетки и метлы из спеціально химически обработаннаго тростника. Эти щетки и метлы были подвергнуты всестороннему испытанію многими англійскими городами, включая Сити Лондона. Сами фабриканты были настолько увѣрены в добротности своего товара, что заключили со многими городами контракты, в которых находился параграф: если щетки и метлы не будут носиться на 50% дольше, чѣм всѣ до сих пор употреблявшіяся, то фирма возьмет за них самую низшую цѣну, предложенную городом подрядчику. Щетки и метлы проносились намѣченный період времени, и фирма не только не получила самую низшую цѣну, но и пріобрѣла в лицѣ городов постоянных заказчиков. Этой же фирмой был сдѣлан другой тип щетки и метлы, в которых тростник был перемѣшан с 15% очень твердой стальной проволоки. Такая подмѣсь проволоки дѣлает метлу и щетку тверже и удлиняет их носку. В Лондонѣ эти метлы и щетки были испытаны и проносились больше 10 недѣль.

В скребках, которые употребляют метельщики, наиболѣе важную часть составляет резиновый конец. Композиція, содержащая 15% чистой резины, оказалась на практикѣ наиболѣе пригодной для уличных скребков. Обычно они дѣлаются ширины в 4, 3 и 2½ фута, у каждаго сорта толщина резиноваго конца разная; 4-х футовый напр. скребок должен имѣть толщину резиноваго конца ⅜ дюйма.

За метельщиками должны слѣдовать повозки, чтобы собирать кучки сора. Еще лучше, если за повозками опять слѣдует метельщик и подбирает случайные остатки сора. Повозки затѣм направляются в депо или прямо на мѣсто свалки.

Необходимо отмѣтить, что в такой организаціи работы чрезвычайно важно, чтобы отдѣльныя стадіи ея были хорошо распредѣлены и подчинены одна другой так, чтобы предшествующая стадія не задерживала работу послѣдующей, а наоборот ускоряла бы ее, будучи сама в таком же отношеніи подчинена предшествующей. Образцом такого распредѣленія, точнаго как в механизмѣ, можно наблюдать в Берлинѣ, а затѣм в значительной степени в Лондонѣ.

Мытье улиц. Это самая совершенная форма чистки улиц. Но

этот метод может быть примѣнен лишь к улицам, вымощенным асфальтом, деревом или камнем. Правильный метод, как это примѣняется напр. в Сити Лондона, состоит в том, что сначала сметают с улицы сор. Иначе без этого при мытьѣ улиц сор с нея попадет с водой в сточныя трубы. Полная команда при мытьѣ улицы должна состоять из поливальщика из пожарнаго рукава, трех или четырех рабочих со скреббами и повозки с водой. Во многих городах для этой цѣли устроены специальные гидранты или же просто приспособлены водопроводные краны пожарных бригад.

Послѣ того, как улица была выметена, по ней ѣдет повозка с водой, чтобы хорошо смочить поверхность улицы и, таким образом, отдѣлить от нея приставшіе и засохшіе навоз и грязь. Таким путем улица должна смачиваться, по крайней мѣрѣ, в теченіе часа. Такое смачиваніе дает возможность потом при мытьѣ улицы работать в три раза скорѣе и лучше, чѣм на сухой улицѣ.

Лѣтом это мытье производит охлаждающий эффект и имѣет большое гигіеническое значеніе. Зимой, когда температура ниже нуля, такого мытья производиться, конечно, не может.

Нужно отмѣтить, что очень важно, чтобы такое мытье дѣлалось правильно. Лишь тогда содержаніе улиц в чистотѣ будет стоить очень дешево, почти что стоимость только самого мытья, которое в среднем обходится напр. в Лондонѣ около 7 пенсов за квадратный ярд в год. Если же это мытье производить неправильно, то от него образуется лишь грязь и не получается ожидаемых результатов. Часто послѣ извѣстнаго опыта нѣкоторые города отказывались от такого мытья, а причина лежала в том, что недостаток воды, вызванный ложной экономіей, не давал возможности правильно и основательно промыть улицу.

Как уже сказано, мытье улиц особенно хорошо поставлено в Сити Лондона. Такое мытье совершается каждый день, кромѣ дней, когда температура падает ниже $0°$. Перед мытьем производится предварительно смачиваніе мостовых поливными повозками. И это-то предварительное смачиваніе составляет секрет успѣшной промывки улиц. Вода же при самом мытьѣ употребляется уже не для смачиванія, а лишь для удаленія грязи силой водяного тока. Мѣдный наконечник рукава, из котораго производится мытье, при отверстіи обычно круглой формы, около $\frac{3}{4}$ дюйма в діаметрѣ. Часто такой наконечник бывает снабжен дефлектором, который дает возможность измѣнять форму струи и регулировать силу водяного тока. Рукав дѣлается из резины или кожи, обычно $2\frac{1}{2}$ дюйма в діаметрѣ, и от 50 до 200 футов длины. Такой насос подает около 35 ведер воды в минуту. Давленіе воды в гидрантѣ 60—80 фунтов на квадратный дюйм. Гидранты находятся на разстояніи 120 футов друг от друга и скрыты под землей.

Требуется много ловкости и умѣнья, чтобы управлять и правильно работать этимъ рукавомъ, и рабочій на этой работѣ обычно получаетъ жалованья больше, чѣмъ другіе рабочіе той же категоріи.

Въ нѣкоторыхъ городахъ вмѣсто мытья практикуется поливка улицъ. Но поливка улицъ съ послѣдующимъ подметаніемъ достигаетъ результатовъ лишь наполовину. Поливка лишь размягчаетъ верхній слой грязи, и улица послѣ такой поливки все же выглядитъ грязноватой. Когда грязь смывается водой изъ повозки, то послѣ бываетъ необходимо пройти еще щетками и скребками, а послѣ мытья изъ насоса этого не нужно. Стоимость поливки и количество занятыхъ рабочихъ рукъ не меньше, чѣмъ при мытьѣ. Въ Нью-Іоркѣ по этому вопросу была образована спеціальная Коммиссія, которая сравнивала разные методы, съ точки зрѣнія стоимости, и нашла, что наиболѣе дѣйствительная и экономная чистка улицъ — это мытье изъ насоса.

Большія улицы съ огромнымъ движеніемъ, хотя были бы промыты весьма тщательно, днемъ все же быстро становятся грязными. Отсюда необходимость ставить на такихъ улицахъ спеціальныхъ чистильщиковъ, чтобы подбирать соръ, главнымъ образомъ, калъ лошадей. Работа эта нетрудная, но требуетъ особой сноровки и ловкости, особенно въ такихъ мѣстахъ, какъ Сити Лондона, гдѣ происходитъ безпрерывное движеніе экипажей, автомобилей, омнибусовъ и повозокъ всякаго рода. Большею частью такой работой заняты мальчики-подростки, каждому изъ которыхъ отводится вполнѣ опредѣленная площадь улицы.

Уличные отбросы собираются чистильщиками въ маленькія ручныя телѣжки и отвозятся въ здѣсь же недалеко помѣщающіеся сорные лари. Лари эти металлическіе и содержатся въ чистотѣ самими чистильщиками. Въ Лондонѣ эти сорные лари очень чисты снаружи и изящны. Сзади у этихъ ларей находится обычно ящикъ съ пескомъ для посыпанія улицъ во время морозовъ, слякоти и пр. Въ Лондонѣ такіе лари обычно трехъ фасоновъ и размѣровъ:

Высота.	Длина.	Ширина.
4 фут. 6 дюйм.	1 фут. 8 дюйм.	1 фут. 2 дюйм.
4 „ 6 „	2 „ 3 „	1 „ 6 „
4 „ 10 „	3 „ 0 „	1 „ 10 „

Ящики вмѣщаютъ въ себя обычно отъ $\frac{1}{4}$ до $\frac{2}{3}$ куб. аршина сору; соръ въ нихъ всыпается сверху, а вынимается снизу съ помощью особой дверки. Сбоку у этихъ ларей обычно придѣлывается проволочная корзиночка для фруктовой кожицы, бумаги и пр.

Иногда такіе лари помѣщаются подъ землей, въ нихъ находятся ведра съ продырявленными боками, чрезъ которые влага просачивается въ сточныя трубы; соръ въ эти лари сгребается чрезъ спеціально устроенныя дверки. Съ помощью рычага ведра поднимаются наверхъ, когда ихъ опрастываютъ въ повозки. Такіе подземные лари мы встрѣчаемъ главнымъ образомъ въ Берлинѣ, Гамбургѣ, Глазго, и въ Вестминстерскомъ округѣ Лондона.

Из городов, отличающихся какими-либо особенностями по чисткѣ улиц, кромѣ уже упоминавшагося Лондона, отмѣтим лишь слѣдующіе: В Вѣнѣ, гдѣ улицы большею частью гранитныя, но правильно, ровно и плотно вымощенныя, содержатся в большой чистотѣ. Тротуары ровны и всегда чисты. Их подметают два раза в день и, за исключеніем холодных мѣсяцев, тротуары обрызгиваются два раза в день разными домашними средствами или из большой бутыли, или из ведра, или из лейки. И это там вошло в такую же привычку, как подметаніе пола у себя в домѣ. В Вѣнѣ же, нужно отмѣтить, необыкновенно хороши разныя машины по очисткѣ улиц. В Будапештѣ, гдѣ улицы вообще хорошо вымощены и содержатся в чистотѣ, обращает на себя особое вниманіе уход за стоянками извозчиков. Послѣднія здѣсь устроены ниже уровня улицы с уклоном к сточным трубам и выложены асфальтом. Их чистят, основательно моют и скребут нѣсколько раз в день, так что запаха и обычной непригладности таких мѣст здѣсь нѣт и слѣда.

Берлин по праву может считаться весьма близко стоящим к идеальному городу по чистотѣ своих улиц. В Берлинѣ немедленно же вводятся всѣ усовершенствованія в методах чистки улиц; здѣсь все время испытывают новыя машины, новые инструменты. Сюда нужно было обращаться за послѣдним словом гигіены и санитарной техники. Любопытно отмѣтить машины, двигающіяся электричеством. Баттареи на них могут работат 15 часов без новаго заряда. Машина состоит из повозки для поливки улицы с круглой щеткой позади. Вода распредѣляется спереди и с боков, и вся эта операція регулируется одним человѣком. Иногда вмѣсто щетки употребляется скребок. Один из интересных скребков это-вращающееся колесо, в родѣ круглой щетки, снабженной резиновыми скребками, расположенными на цилиндрѣ спиралью.

Улицы никогда не подметаются, не будучи сперва смочены водой, а моются регулярно и очень основательно. Организація чистки улиц имѣет чисто военный характер, и подробности работы каждаго обозначены весьма детально и сведены к формѣ спеціальных отпечатанных инструкцій.

В Парижѣ, гдѣ содержаніе улиц в чистотѣ находится в вѣдѣніи Бюро Инженеров Департамента Общественных Работ, мы наблюдаем здѣсь новѣйших примѣненій с чисто архаическими пріемами.

Улицы обычно обрызгиваются водой из повозок перед метеніем. Метеніе улиц производится машинами, а тротуаров-ручными щетками; самое интересное в Парижѣ это промываніе боков улицы водой. Вода для этого берется из спеціальных гидрантов, скрытых под тротуарами, и когда гидрант открыт, то вода просто переливается из него через край на улицу и течет по уклону улицы. Ток воды идет медленно, со скоростью менѣе 100 футов в минуту. По мѣрѣ того, как поток этот разливается дальше от гидранта по сухим мѣстам, он захватываетъ и несетъ съ собой очень большое количество твердыхъ грязи и отбросовъ. Этотъ потокъ, широкій и грязный становится чрезъ нѣкоторое время весь чистымъ. Этому потоку помогаютъ чистильщики, сметая въ него видимую грязь длинными легкими взмахами метлы. Метлы обычно погружаются въ текучій потокъ, что промываетъ метлу и препятствуетъ подниманію пыли.

Грязь уносимая этимъ потокомъ самая трудная для удаленія ея другими способами и наиболѣе опасная для здоровья населенія.

Потокъ этотъ на улицахъ Парижа такъ обиленъ и постояненъ, что деревянныя мостовыя близъ боковъ улицы часто покрываются мелкими зелеными водорослями и плѣсенью.

Система сточныхъ трубъ въ Парижѣ — шедевръ инженернаго искуства и одно изъ интереснѣйшихъ въ мірѣ сооруженій. Главныя трубы часто превосходятъ въ діаметрѣ 15 футовъ, и въ нихъ, кромѣ того, подвѣшены водопроводныя трубы, телеграфныя и телефонныя проволоки и пневматическія трубы для скорой почты.

Въ Парижѣ въ наибольшемъ ходу машинныя ротаціонныя щетки на двухъ колесахъ для подметанія улицъ. Обычно щетки работаютъ сразу двѣ-три и сопровождаются чистильщиками, которые сметаютъ соръ въ кучу. Щетки эти обычно изъ расщепленнаго бамбука 7 футовъ 2 дюйма шириною. Ими можно подмести 7175 квад. ярдовъ въ часъ при ходѣ лошади 2½ мили въ часъ. Такихъ щетокъ у Парижа около 500, 300 — всегда въ работѣ, а 200 — въ резервѣ. Около 80 щетокъ сдѣланы спеціально для подметанія макадамовыхъ мостовыхъ.

Въ Парижѣ же мы видимъ машины, которыя одновременно метутъ улицу и скребутъ ее. Машины эти предназначены спеціально для ровныхъ мостовыхъ, какъ асфальтовыя или деревянныя. Въ такихъ машинахъ скребокъ назади подчищаетъ то, что не было захвачено щеткой. Здѣсь же были сдѣланы интересные опыты съ автомобилемъ для поливки и подметанія. Автомобили въ 15 лошадиныхъ силъ и приводились въ движеніе газолиномъ. Одного ведра газолина хватало на 4 мили. Щетки па такихъ автомобиляхъ около 7 футовъ ширины и подметаютъ въ день около 200.000 кв. аршинъ уличной поверхности.

На небольшихъ улицахъ и переулкахъ поливаніе производится изъ ручныхъ повозокъ емкостью въ 15—20 ведеръ. Повозки эти управляются однимъ человѣкомъ.

Поливныя повозки въ одну лошадь обычно емкости 100—150 ведеръ и поливаютъ въ часъ около 9.000 кв. аршинъ уличной поверхности. Поливаніе изъ рукава также примѣняется широко. Рукавъ обычно 2 дюйма діаметромъ, 35—50 футовъ длиною; состоитъ онъ изъ 5—6 частей, лежащихъ на особыхъ низкихъ подставкахъ на колесикахъ. Такихъ рукавовъ у Парижа свыше 2.000 штукъ. Употребляются они въ тѣхъ мѣстахъ, гдѣ требуется много воды для поливки т.е. гдѣ уличная грязь плотная и толстая, главнымъ образомъ на асфальтѣ, деревѣ и макадамѣ. Каждый рукавъ выпускаетъ воды 10—12 ведеръ въ минуту и имѣет радіус дѣйствія 65—80 футов. Один человѣк может полить из такого рукава около 4.500—6.000 квадр. аршин в час.

Одним из антисанитарных способов уборки улиц в Парижѣ является то, что чистильщики сгребают сор и грязь с главных улиц на боковыя и менѣе видныя улицы, гдѣ эта грязь лежит кучками, распространяя зловоніе, пока их не подберут повозки.

Четвертое требованіе Брюссельской Комиссіи об отдѣленіи уличных отбросов, могущих служить удобреніем, от других, само указывает лишь на желательность такого отдѣленія. Нужно отмѣтить, что лишь в весьма немногих мѣстах практикуется такое отдѣленіе и это по существу касается лишь лошадинаго навоза. Если принять во вниманіе большую цѣнность этого навоза, а также его количество в больших городах, то такое отдѣленіе станет понятным.

Отбросы с улиц в сухую и мокрую погоду состоят из осколков мостовой, осколков подков, измельченнаго лошадинаго навоза, клочков бумаги, фруктовых кожиц и сердцевин, растрясеннаго и упавшаго с возов сыпучаго матеріала, как песок, уголь и пр. Влаги он может содержать от 30% до 90%. Сухая часть состоит из 55%—60% лошадинаго навоза, 30—35% измельченнаго матеріала самой мостовой и 10—15% осколков желѣза в разных видах. (The Health Officer's Pocket Book, by G. F. Willoughby.)

Что касается количества удобренія, то было высчитано, что 1.000 лошадей в теченіи 8 часов рабочаго дня откладывают на улицѣ кала болѣе 600 пудов и около 250 ведер мочи. Навоз этот, напр. с Лондонских улиц, идет к пригородным огородникам по 60—80 тонн в год на акр. На этом навозѣ особенно великолѣпно произрастают лук, огурцы всѣх сортов и др. Многіе города Англіи напр. Глазго, Ливерпуль, Манчестер имѣют собственныя городскія фермы, которыя удобряются уличным навозом. С этих ферм собирается пища и подстилка для городских лошадей.

Сити Лондона тоже имѣет свои земли в устьях Темзы, куда уличный навоз свозится на баржах. Вывоз этот обычно сдается подрядчику приблизительно по 2 шиллинга за тонну, но так как мытье улицы в Сити очень хорошо поставлено, то уличнаго навозу вообще получается немного. В Германіи, в Шарлоттенбургѣ, уличный навоз хранят в депо в теченіи 6 мѣсяцев, а потом употребляют на удобреніе цвѣточных клумб в городских парках.

Что касается жидких уличных отбросов, то здѣсь прежде всего встает вопрос об отдѣленіи их от воды, иначе приходилось бы платить за перевозку воды, а ея может быть до 90%. Поэтому там, гдѣ практикуется использованіе этих отбросов, устраиваются особые чаны или временныя дренажныя плотины.

Пятое правило Брюссельской Комиссіи о времени чистки улиц можно сказать, исполняется повсюду, что понятно, иначе чистка улиц препятствовала бы нормальному дневному движенію. Так, в Парижѣ вся работа по чисткѣ улиц производится рано утром: лѣтом от 3 до 6 часов, а зимой от 4 до 7 ч. В Лондонѣ чистка улиц начинается с 10 ч. вечера. В Сити Лондона эта чистка начинается с 8 ч. вечера и до 6 ч. 30 м. утра. В Субботу и Воскресенье работа не производится. В Берлинѣ чистку улиц начинают с 11 ч. 30 м. веч., и до 6 или 7 ч. утра. Нужно отмѣтить, что в послѣднее время мнѣніе спеціалистов склоняется к поздней утренней чисткѣ, вмѣсто ночной. Соображеніе в пользу этого то, что утром лучше видно, чѣм ночью и слѣдовательно можно лучше вычистить или вымыть улицу.

Шестое правило Брюссельской Комиссіи о том, чтобы повозки для уличных отбросов были непроницаемы для воды и не пропускали бы воздуха, а также чтобы содержались в чистотѣ является чрезвычайно важным, но, к сожалѣнію, осуществлено в очень немногих мѣстах. Обычно, и особенно в Англіи, эти повозки открыты, грязны и из них вѣтром выдуваются отбросы и сочится вонючая жидкость.

Типов повозок для уличных отбросов существует много, но при покупкѣ новых город должен принять во вниманіе цѣлый ряд соображеній: дороги, по которым повозки будут двигаться; тип лошадей, которыя будут запрягаться в повозки и пр. В нѣкоторых городах дно таких повозок выстилается стальным листом, хотя на практикѣ это найдено не совсѣм удобным. Болѣе цѣлесообразно и гигіеничнѣе покрывать дно повозки различными битуминозными растворами, которые предохраняют от гніенія и сохраняют дерево.

Седьмое правило Комиссіи, чтобы уличные отбросы прямо отправлялись на мѣста своего окончательнаго назначенія, а не складывались бы в городѣ, хотя бы временно, очень важно и для цѣлей охраны здоровья городского населенія должно быть осуществлено по возможности скоро и повсюду.

Восьмое правило Комиссіи относительно сжиганія уличных отбросов заслуживает самаго серьезнаго вниманія. Хотя, по настоянію Комиссіи, такое сжиганіе должно производиться при соблюденіи гигіенических условій, послѣднія легко выполнимы при простой лишь внимательности. А если принять в соображеніе, что на рынкѣ мы находим цѣлый ряд очень хороших печей для сжиганія отбросов, так называемых дестракторов, то задача сжиганія еще больше упрощается. Конечно, при сжиганіи отбросов теряется много цѣннаго матеріала, который соотвѣтственно мог бы быть использован, но использованіе отбросов требует много вниманія и умѣнія, а при отсутствіи послѣдних использованіе слишком ничтожно по сравненію с риском, при неумѣлом использованіи, заразить воздух и рабочих. Англійское Министерство Мѣстнаго Самоуправленія (Local Government Board) весьма энергично и настойчиво проводит в Англіи систему сжиганія отбросов. И если мы замѣчаем в послѣдніе годы цѣлый рядъ послабленій и даже поощреній въ сторону использованія отбросовъ, то это вызвано лишь войной.

Десятое требованіе Комиссіи о томъ, чтобы избѣгать выливанія отбросовъ на открытыя мѣста, направлено противъ самаго архаическаго способа отдѣлываться отъ отбросовъ. Несмотря на всѣ мѣры, на всѣ усилія этотъ архаическій, антисанитарный и антиэтическій способъ продолжаетъ держаться довольно упорно. Характеренъ въ этомъ отношеніи слѣдующій фактъ: такъ, когда одинъ изъ богатыхъ и населенныхъ Іоркширскихъ городовъ просилъ Англійское Министерство Мѣстнаго Управленія о ссудѣ въ 1.150 фунтовъ стерлинговъ для покупки клочка земли подъ свалку городскихъ отбросовъ, то однимъ изъ аргументовъ необходимости такой ссуды было приведено компетентное мнѣніе мѣстнаго инженера, который вычислилъ, что имѣющееся въ виду для покупки свалочное мѣсто будетъ удовлетворять нуждамъ города въ этомъ отношеніи въ теченіи 115 лѣтъ.

Конечно, можно производить такую свалку гигіеническимъ способомъ и, напр. Лондонъ, часть своихъ отбросовъ вывозитъ за городъ и вываливаетъ на открытыя мѣста, но на сваленные, такимъ образомъ, отбросы немедленно же накладывается слой земли.

Одиннадцатое правило Комиссіи о сваливаніи отбросовъ въ море, какъ указываетъ сама Комиссія, относится лишь къ небольшому числу городовъ. И большинство этихъ городовъ, послѣ нѣсколькихъ лѣтъ практики сваливанія отбросовъ въ море, отказались отъ этой практики и перешли къ болѣе новымъ методамъ. Причина этого заключается въ томъ, что море выбрасываетъ отбросы обратно на берегъ. Такъ напр. Нью-Іоркскіе отбросы, выброшенные въ море, распространялись по берегу на разстояніи 75 миль.

Подъ литерой D Брюссельская Комиссія даетъ очень краткія указанія объ общественныхъ ретирадахъ и писсуарахъ и ихъ содержаніи въ чистотѣ, а во время эпидемій ихъ дезинфицированіи. Блестяще это дѣло поставлено въ Лондонѣ. Здѣсь Лондону по праву принадлежитъ не только первое мѣсто, но можно сказать, что лучшей системы общественныхъ ретирадъ и писсуаровъ представить нельзя. Всѣмъ этимъ мѣстамъ отведено мѣсто обычно подъ землей. Тамъ просторныя, свѣтлыя, открытыя съ обѣихъ сторонъ и слѣдовательно всегда провѣриваемыя мѣста отличаются своей чистотой и отсутствіемъ какого-либо зловонія. Потолокъ, который въ то же время составляетъ часть уличной поверхности, изъ толстаго матоваго стекла.

Писсуары изъ бѣлаго или цвѣтного мрамора; по нимъ безпрерывно или чрезъ очень короткіе промежутки времени стекаетъ вода. Полы каменные, очень часто мозаичные. При спускѣ подъ лѣстницей находится обычно комната служителя, который смотритъ за чистотой. На другомъ концѣ отъ этой комнаты или рядомъ съ ней помѣщаются мраморные умывальники, гдѣ за одно пенни посѣтитель можетъ пользоваться для мытья рукъ горячей и холодной водой, мыломъ, имѣть чистое полотенце (каждому посѣтителю отдѣльно) и щетку, чтобы почиститься от пыли.   В нѣкоторых же, кромѣ того, можно взять даже ванную, побриться, почистит сапоги.

Послѣ Лондона другіе города уже кажутся отсталыми в этом отношеніи.   Напр. в Парижѣ мы видим лишь ретирады для мужчин и очень рѣдко для женщин.   Кромѣ того писсуары устроены крайне негигіенично.

Любопытно, что в Лондонѣ при образцовой чистотѣ ретирадов все же время от времени в них производится дезинфекція и слѣдовательно Лондон пошел даже дальше требованія Брюссельской Комиссіи, которая установливает дезинфекцію лишь во время эпидемій.

Под литерой Е Брюссельская Комиссія излагает свои правила об удаленіи снѣга с улиц.   Много изобрѣтательности и труда было положено, чтобы найдти наиболѣе дѣйствительныя средства против снѣга, но до сих пор все еще дѣло далеко до своего совершеннаго завершенія.   Разнообразія в борьбѣ со снѣгом мы не наблюдаем. Отмѣчу нѣсколько примѣров.   В Сити Лондона снѣг посыпают солью, а потом его полурасталвшій смывают в сточныя трубы.

В Вестминстерском округѣ Лондона снѣг увозят всѣми возможными способами: на городских моторах, ручных тележках; грузят его на баржи или смывают в сточныя трубы.   В Ливерпулѣ снѣг сначала посыпают солью, а потом смывают, причем посыпают солью лишь ночью.   В Нью-Кэстлѣ снѣг собирают в кучи и свозят с главных улиц на второстепенныя, гдѣ он остается пока не растает. В Парижѣ употребляют очень много соли на снѣг около 4½ унціи соли на квадратный ярд снѣга толщиной в два дюйма, а затѣм его смывают в сточныя трубы.   Большія количества снѣга с центральных улиц увозятся подрядчиками и сваливаются в Сену.   В Берлинѣ снѣг сметается и сваливается в кучи, а отсюда увозится подрядчиками.   В Нью-Іоркѣ снѣг собирается в кучи, а послѣ на досугѣ по-немногу вывозится за город.   В Миланѣ снѣг вывозится в канал, а также смывается.   Приблизительно то же самое мы видим и в других городах.

III.

УБОРКА ОТБРОСОВ ИЗ ДОМОВ, С ФАБРИК, БОЕН, МАСТЕРСКИХ, РЫНКОВ И ПР.

В первом правилѣ, предрѣшающем всѣ мѣры по отношенію к домашним отбросам, Брюссельская Комиссія особо подчеркивает опасный для здоровья характер всѣх видов домашних отбросов.

И при всякой организаціи собиранія, удаленія, уничтоженія или использованія этих отбросов это первое правило Комиссіи необходимо всегда имѣть в виду.

Нѣкоторыя из перечисленных Комиссіей правил для соблюденія гигіенических условій при собираніи и удаленіи этих отбросов носят такой же характер, как и тѣ, которые рекомендуются при разборѣ уличных отбросов. Так указаніе на необходимость законодательных норм и избѣганіе пользоваться услугами подрядчиков в дѣлѣ общественной гигіены повторяются здѣсь в той же формѣ. Нужно лишь отмѣтить, что при уборкѣ домашних отбросов мы наблюдаем болѣе частое пользованіе услугами подрядчиков. В виду того, что домашніе отбросы болѣе разнообразны и болѣе цѣнны, то подрядчики обычно предлагают выгодныя условія, и это иногда побуждает сдавать собираніе, отвоз и эксплуатацію отбросов подрадчикам. Интересна перемѣна, произшедшая в Парижѣ, по отношенію стоимости вывоза отбросов. Прежде это давало доход городу, так как отбросы стоили гораздо больше, чѣм стоимость их вывоза. Подрядчик платил городу за право собиранія отбросов и за эксплуатацію их. Потом доход этот все уменьшался, и в настоящее время уже город платит подрядчику около 2.000.000 франков в год за отвоз отбросов. Объясняется это, с одной стороны, тѣм, что приходится вывозить отбросы все дальше и дальше от города, слѣдовательно стоимость провоза увеличивается; а во-вторых, парижскіе огородники, которые покупали у городского подрядчика отбросы для удобренія своих огородов, стали получать из других мѣст удобреніе лучшаго качества и за меньшую плату.

Третье правило Брюссельской Комиссіи о неподниманіи пыли при собираніи и удаленіи домашних отбросов составляет самую важную часть в этом дѣлѣ и должно соблюдаться еще строже, чѣм при уличных отбросах. Но, к сожалѣнію, и к большому вреду городского населенія, дѣло обстоит далеко не так. При системѣ рѣдкаго сбора отбросы лежат слишком долго в домах и вызывают гніеніе. Обычная беззаботность по невѣжеству жильцов дома по отношенію к отбросам усиливает и без того опасный характер отбросов. Неосторожное обращеніе сборщиков с отбросами может вызвать опасное зараженіе воздуха и при извѣстных обстоятельствах даже сильную эпидемію.

Классическим примѣром антигигіеническаго подниманія пыли от домашних отбросов и зараженія воздуха является, по нашему мнѣнію, Париж.

Здѣсь домашніе отбросы складываются в вмѣстилища разнообразнаго фасона и характера, что объясняется тѣм, что хозяева и жильцы домов должны сами озаботиться пріобрѣтеніем таких вмѣстилищ. Эти разношерстные ящики, корзины, кашолки, полные отбросов, выставляются к вечеру на краю тротуара и остаются там до утренняго сбора. Когда эти нагруженные отбросами вмѣстилища стоят в ожиданіи повозок сборщиков, они осаждаются арміей тряпичников. Эти тряпичники любопытное явленіе в Парижѣ. Они представляют собой солидную организацію, насчитывающую свыше 25.000 членов и настолько сильную, что правительство не в состояніи уничтожить до сих пор эту организацію.

Чтобы видѣть их за работой, нужно посѣтить Парижскіе бульвары рано утром до прибытія повозок сборщиков отбросов. Тряпичники, по большей части собственно тряпичницы, одѣтые в неописуемую рвань и пыли и грязи обычно разстилают грязный кусок полотна рядом с сорной кашолкой и высыпают на полотно все содержимое послѣдней. Быстро, с ловкостью профессіоналов, тряпичники выбирают из отбросов все нужное и быстро же все остальное обратно всыпают в кашолку, направляясь без всякаго замедленія к слѣдующей кашолкѣ. Трудно себѣ представить болѣе антигигіеническое обращеніе с сором, чѣм это высыпаніе и всыпаніе отбросов, разворачиваніе отбросов за поисками добычи тряпичника. О каком-либо неподниманіи пыли здѣсь не приходится и говорить. Полные мѣшки и узлы обычно складываются тряпичниками туть же недалеко в особых депо, которых по Парижу разсѣяно очень много.

Часто тряпичники не успѣвают разобрать какую-либо кашолку, гдѣ по их мнѣнію можно было бы поживиться, тогда они влѣзают на повозки сборщиков и продолжают разворачивать отбросы, уцѣпившись кое-как за повозку.

Но и в других городах, гдѣ такіе тряпичники отсутствуют, мы видим почти всюду самое безцеремонное нарушеніе одного из самых главных правил Брюссельской Коммиссіи. Нужно сказать, что это объясняется в большей своей части тѣм, что собираніе и увоз домашних отбросов ввѣряется подрядчикам.

Четвертое правило о запрещеніи рыться руками в домашних отбросах и сортировать их руками исполняется сравнительно не плохо, но хотя еще далеко до полнаго выполненія самого правила. Обычай сортировать отбросы и рыться руками однако все больше и больше выводится из употребленія.

В Лондонѣ такое сортированіе прежде широко практиковалось, и часто женщины приводили себѣ на помощь дѣтей, едва научившихся ходить. В настоящее время, благодаря цѣлому ряду правительственных мѣр, этому больше нѣт мѣста. Если же нѣкоторые подрядчики производят еще такую сортировку, то по закону они имѣют право нанимать на эту работу только мужчин.

Самый способ работы обычно такой : повозка с отбросами вываливается на землю и отбросы разворачиваются и перебираются большой желѣзной вилкой. Вынимаются крупныя вещи, как тряпье, кости, желѣзо, стекло, посуда, растительный и животный матеріал, жестянки и пр. Все это потом в свою очередь сортируется : тряпье идет на бумагу; кости — на выварку; железо — на железные заводы. Стекло тоже сортируется на белое и цветное и т. д.

В Вене напр. отбросы сортирует сам подрядчик с своей семьей и небольшим числом рабочих. Здесь главный интерес сосредоточен на выборке из отбросов горючаго матеріала, могущаго служить топливом, как куски дерева, угля и др. Рабочим вместо платы позволяют унесть домой все, что они добыли из отбросов в субботу.

Совершенно непродаваемые остатки от отбросов употребляют на заполненіе провалов и оврагов, образовавшихся в старом русле Дуная.

В Буда-Пеште все отбросы отвозятся за 3 мили от города. Здесь все сваливается в особые вагоны, которые по туннелю вывозят отбросы дальше на 3 мили к месту Kleinpest, удаленному от всякаго жилья, если не считать недалеко расположеннаго поселка, состоящаго приблизительно из 300 душ.

Все дело с домашними отбросами Буда-Пешта находится в руках подрядчика. Он очень богатый человек и крупный землевладелец, и отбросы в большей части идут на удобреніе его земель. Подрядчик получает от города, кроме отбросов, еще 115.000 гульденов в год.

Заведующій у этого подрядчика инженер-химик, и получает из отбросов амміак и другіе ценные продукты. Чего нельзя продать, идет как топливо для машин самого подрядчика.

Отбросы прежде всего сваливаются в огромное вертящееся решето, которое удерживает большіе куски кирпича, старыя корзины, разбитые арбузы, и другіе крупные предметы. Просеянное идет в другое решето с очень мелкими дырочками Это решето просеивает пыль и тонкій навоз; просеянное отправляется на склад удобреній; остальное идет для ручной сортировки.

При ручной сортировке отбросы вываливаются на длинные сортировочные столы, по которым движется безконечная толстая джутовая лента около двух футов ширины. Лента с отбросами на ней медленно движется по столу между рядами женщин и детей, которыя вытаскивают из отбросов каждый только вполне определенныя вещи. Мальчик, который выбирает белое стекло, пропускает без вниманія зеленыя бутылки; женщина, выбирающая крупныя кости, не обращает вниманія на мелкія кости. Одна группа детей выбирает только пробки, другая гвозди, третья веревочки и шнурки и т. д. Когда джутовая лента дойдет до конца стола, оставшееся на ней сваливается в пріемники для удобреній. Все, что можно продать из отбросов, продается.

Таким образом, мы видим, что все зло, которое может произойти от разбора руками домашних отбросов, может быть в корне истреблено, если строго придерживаться правила о несдаваніи отбросов подрядчикам. В действительности, в Бирмингеме, где домашніе отбросы утилизируются самим городом, вся сортировка домашних отбросов идет с помощю только машин.

Пятое правило Брюссельской Коммиссіи о складываніи домашних отбросов в домах до отправки этих отбросов городом является одним из трудных для выполненія. Контролировать, как само населеніе обращается у себя дома с отбросами, представляется дѣлом почти невозможным без активной и сознательной помощи самого населенія. Другим средством является облеченіе большой властью санитарнаго инспектора. В Англіи, санитарный инспектор без всякаго предписанія во всякое время имѣет право войти в любой частный дом и осмотрѣть двор, гдѣ собираются отбросы. Отказ впустить инспектора ведет за собой тяжкую отвѣтственность по суду.

В большинствѣ городов, однако, надзор за домашними отбросами всецѣло возлагается на попеченіе самих обитателей. Город часто берет на себя лишь снабженіе жителей различными вмѣстилищами для сбора, но часто и это предоставляется на усмотрѣніе самих жителей. Блестящее исключеніе составляет Бирмингэм. Здѣсь полный надзор города за соблюденіем всѣх правил, касающихся сбора отбросов в домѣ, сопровождается совершенно безплатным снабженіем подходящих вмѣстилищ для храненія отбросов. Город берет на себя также дезинфекцію этих вмѣстилищ, каковая производится основательно и весьма регулярно.

Шестое правило Брюссельской Коммиссіи о желательности частаго сбора отбросов из домов и, если можно, то даже каждый день, исполняется вездѣ в больших городах удовлетворительно. Что касается ежедневнаго сбора отбросов, то это возможно лишь там, гдѣ само населеніе помогает этому сбору. Помощь эта обычно выражается в том, что наполненные отбросами лари выносятся к опредѣленному времени на край тротуара, гдѣ их можно было быстро опростать. Такой хорошо организованный ежедневный сбор мы находим напр. в Вестминстерском округѣ, в нѣкоторых частях Сити Лондона и в Холборнѣ, в послѣднем отбросы собираются два раза в недѣлю от Апрѣля до Октября и раз в недѣлю — в остальное время года.

Обычный же сбор отбросов это еженедѣльный. Болѣе частые сборы производятся в бѣдных кварталах и гдѣ употребляют газовое освѣщеніе, так как здѣсь отбросы не сжигаются. Любопытно отмѣтить разницу в стоимости сбора отбросов в мѣстах, гдѣ само населеніе помогает сбору и гдѣ такой помощи не существует. В Лондонѣ напр. два округа West Ham и Hornsey очень схожи по условіям сбора и характеру работы, но в первом жители обязаны выносить сорные лари на улицу ко времени пріѣзда повозки за отбросами, а во втором округѣ рабочіе входят во двор и сами выносят отбросы к повозкам. В первом округѣ стоимость сбора въ годъ съ дома обходится въ 4 шиллинга, а во вторамъ округѣ 11 шиллинговъ.

Седьмое правило Брюссельской Комиссіи о дезинфекціи сорныхъ ларей и тщательной ихъ чисткѣ фактически гласъ вопіющаго въ пустынѣ. Гдѣ это выполняется, кромѣ Бирмингема и Киля, трудно указать.

Восьмое правило о характерѣ повозокъ для отбросовъ въ своемъ выполненіи представляетъ пеструю картину. Про Лондонъ, про Англію вообще, можно сказать, что дѣло здѣсь обстоитъ плохо. Повозки обычно емкостью 3½—5½ куб. ярдовъ могущихъ вмѣстить до 30 центнеровъ. Повозки обычно покрыты, но когда корзины съ отбросами опустошаются въ повозку, то отбросы разметаются обычно изъ повозки и поднимается нездоровая пыль. Еще хуже дѣло обстоитъ въ Парижѣ.

Изъ заслуживающаго особаго вниманія въ отношеніи образцовыхъ повозокъ можно отмѣтить слѣдующее: Въ Килѣ и Руанѣ сорные жестяные ящики прямо ставятся на каретки и везутся въ сорный дестракторъ, гдѣ ящики промываются паромъ и отвозятся опять въ домъ.

Въ Фуртѣ и Нанси сорные ящики жестяные съ плотно прикрывающейся выдвижной крышкой. Вершина повозки около 5½ футовъ отъ земли. Жестяные ящики опрокидываются вверхъ дномъ и въ такомъ видѣ помѣщаются на крышу повозки. На крышѣ повозки находятся по четыре отверстія съ каждой стороны. Жестяные ящики проталкиваются къ центру крыши повозки, что автоматически заставляетъ соскальзывать крышку съ жестянаго ящика назадъ, въ то же самое время открывая одно изъ отверстій въ крышѣ повозки, надъ которымъ помѣщенъ былъ жестяной ящикъ, и отбросы опоражниваются въ повозку не поднимая пыли, не производя запаха. Такая повозка можетъ взять до 7 куб. ярдовъ отбросовъ и движется моторомъ. Система сборовъ очень быстрая и дешевле Кильской.

Девятое правило Брюссельской Комиссіи о времени сбора домашнихъ отбросовъ въ большинствѣ случаевъ выполняется, что объясняется элементарными требованіями удобства.

Относительно десятаго правила Брюссельской Комиссіи, не устраивать склады домашнихъ отбросовъ въ городѣ, можно сказать то же, что было сказано по поводу уличныхъ отбросовъ. Здѣсь отсутствіе видимой опасности отъ сложенныхъ отбросовъ очень часто является причиной неглижированія десятымъ правиломъ Комиссіи. Между тѣмъ вопросомъ о развитіи и живучести разныхъ болѣзнетворныхъ бациллъ и микробовъ въ домашнихъ отбросахъ были заняты цѣлый рядъ ученыхъ и напр. изслѣдованія Hilgermann (Archiv für Hygiene, Jahrg. 1911) показали, что тифозныя бациллы остаются жизнеспособны въ отбросахъ при разныхъ температурахъ свыше 40 дней, паратифозная бацилла и псевдомалярійная даже свыше 80 дней. Отъ **сложенныхъ отбросовъ путемъ передачи чрезъ воздухъ легко получаются такія болѣзни, какъ каттарръ легкихъ и воспаленіе глазъ.**

Одиннадцатое правило Брюссельской Комиссіи о сжиганіи домашних отбросов в настоящее время начинает входить в широкое употребленіе. Что было сказано о сжиганіи уличных отбросов может быть повторено и для домашних отбросов.

Двѣнадцатым правилом Брюссельской Комиссіи утилизація домашних отбросов обставлена требованіем соблюденія гигіенических условій. То использованіе домашних отбросов, которое, как мы видѣли, имѣет мѣсто в Буда-Пештѣ, конечно, не отвѣчает двѣнадцатому правилу Комиссіи. Вполнѣ гигіеничное использованіе домашних отбросов производится в Бирмингемѣ и Манчестерѣ.

В Бирмингемѣ напр. лишь половина жителей имѣют в своих домах ватер-клозеты. В остальных же домах отхожія мѣста во дворах снабжены ведрами, которыя регулярно опоражниваются. Всего их в городѣ около 40.000. Они цилиндрической формы, 18 дюймов в діаметрѣ и 15 дюймов высоты. Никакіе домашніе отбросы и помои в них не бросают. Ведра эти мѣняют раз в недѣлю. Выносят их ночью от 10 ч. вечера до 8 ч. утра. Ведра имѣют плотно прилегающую крышку и ставятся на повозки по 18 штук на каждую. Задняя часть повозки приспособлена для собиранія пепла. Близ каналов выстроены хорошо оборудованные три двора, куда доставляются полныя ведра. С этих же дворов другія повозки уже с чистыми промытыми ведрами направляются в город для размѣщенія их по домам. В упомянутых дворах ведра опоражниваются в спеціальные чаны, а затѣм направляются к промывалкам.

Домашніе отбросы обычно используются на удобреніе. Сухіе отбросы проходят чрез вращающіяся рѣшета, которыми отдѣляется тонкій пепел, жестянки, черепки и пр. Часть пепла смѣшивается, как поглотитель, с содержимым ведер из отхожих мѣст и продается как удобреніе.

Горючій матеріал сжигается в дестракторах, которых у города имѣется около 50 штук. Тепло от этих дестракторов дает пар, который идет на испареніе влаги из содержимаго ведер, производя таким образом концентрированное удобреніе. Пар утилизуется также для приведенія в движеніе мѣшалок. Отбросы, прошедшіе чрез печь, составляют около 30% первоначальнаго вѣса. Шлак употребляется строителями на цемент, на заполненіе дорог и пр. В каждом дестракторѣ сжигается в недѣлю около 36 тонн отбросов.

Содержимое ведер послѣ испаренія влаги обработывается сѣрной кислотой, чтобы связать амміак. Потом все это проходит в другіе чаны над сушильными машинами. Запах сушильных машин задерживается Либиховскими холодильниками. Вода из машин проходит в сточныя воды уже почти без запаха, а газы проходят чрез огонь. Послѣ сушки сухой матеріал перемалывается на мельницѣ. В год выработывается такого удобренія до 1.000 тонн, которое продается по 6 фунтов стерлингов за тонну. В Манчестерѣ к сухому удобренію, которое производится так же, как в Бирмингемѣ, прибавляют еще значительное количество размолотых костей и сухих рыбных отбросов. Когда продают это удобреніе, то город гарантирует, что удобреніе содержит от 3½ до 4% аммонія, 8% фосфатов, 0,75% калійных солей и 38½% органическаго вещества.

Все такое производство дѣлается машинами и, не смотря на зловонный характер матеріала, все производство ведется чисто и гигіенично.

Тринадцатое и четырнадцатое правила Брюссельской Комиссіи о вываливаніи домашних отбросов на открытыя мѣста и в море повторяют таковыя же правила об уличных отбросах.

Правила под литерами G, H, и I, касающіяся отбросов с мельниц, фабрик, боен и пр. тѣ же что и правила по отношенію к домашним отбросам.

В дополненіе к правилам Брюссельской Комиссіи на Вашингтон-ском Международном Съѣздѣ Гигіены и Демографіи был поднят вопрос о гигіенѣ уличных трамваев и вагонов конок. Отмѣтим наиболѣе интересныя данныя из доклада по этому вопросу.

Существовавшая раньше система вентиляціи в вагонах, гдѣ свѣжій воздух входил с полу, а выходил наверху, начинает выходить из употребленія. Под угрозой кар и запрещеній разных американ-ских штатов владѣльцы трамваев и конок стараются найдти наиболѣе удобные и дѣйствительные методы содержанія вагонов гигіенич-ными и чистыми. Цѣлый ряд опытов в этом направленіи был произведен именно в Америкѣ. Так в Нью-Іоркѣ вмѣсто тол-стаго половика на полу вагонов, служившаго разсадником разных бацилл и микробов, полы в вагонах дѣлаются из линеек твердаго клена. Каждую ночь такой пол обрызгивается 5%-ным раствором карболовой кислоты; затѣм пол подметается и, послѣ того как пыль осѣла, весь вагон тщательно обтирается суконной тряпкой. Раз в недѣлю полы моются со скребком и мылом и большим количеством щелочи. Раз в мѣсяц внутренность вагона чистится маслявой эмульсіей, которая собирает всѣ тончайшія пылинки; и наконец, раз в год красится, лакируется и смазывается маслом.

Нѣкоторыя трамвайныя компаніи замѣнили деревянные полы вагонов непроницаемым для воды цементом; а ремни, за которые держатся стоящіе в вагонѣ, замѣнены эмалированными желѣзными ручками. Другая компанія замѣнила их стальными трубками, по-крытыми глазурью, так что этим предупреждается поглощеніе ими пыли и испареній выдыханій. Кромѣ того, всѣ эти ручки каждую ночь омываются в растворѣ карболовой кислоты.

Другой компаніей употребляется чисто механическія средства чистки. Так напр. один вагон играет роль вакуум-щетки. Этот вагон-щетка прицѣпляется к другому вагону и вытягивает из послѣдняго воздух, а с воздухом также всю пыль с сидѣній и пола.

Но, конечно, самая совершенная система чистки, хотя и требующая значительной затраты времени и денег, это система, практикующаяся на прусских государственных желѣзных дорогах. Система состоит в том, что весь вагон цѣликом помѣщают в герметически закрытый чан, уменьшают внутри давленіе до вакуума, повышают температуру и затѣм впускают туда дезинфицирующее средство в видѣ пара. Процесс требует около пяти часов для полной очистки таким путем каждаго вагона.

Для облегченія чистки вагонов они должны быть построены так, чтобы в них не было острых углов и недоступных для чистки мѣст.

*   *

*

В заключеніе обзора способов содержанія улиц в чистотѣ не лишним будет сказать нѣсколько слов о тѣх, от кого в конечном счетѣ зависит вся работа. Обычно на чистильщиков улиц и других рабочих, занятых в работѣ по гигіенѣ города, установился очень неправильный взгляд: города во многих случаях нанимают на эту серьезную и отвѣтственную работу неподходящих рабочих, оплачивая их труд довольно низко. Так в Парижѣ этой работой заняты главным образом кабилы, в Нью-Іоркѣ негры, итальянцы, ирландцы, очень часто преступники и пр.

В Вѣнѣ этим заняты старики. В Мюнхенѣ — женщины. И этим неподходящим составом рабочих во многих случаях объясняется неудовлетворительное состояніе города в гигіеническом отношеніи, не смотря на большую освѣдомленность инженеров и желаніе послѣдних примѣнять всѣ послѣднія усовершенствованія. По нашему мнѣнію, дѣло относительно рабочих этой категоріи лучше всего поставлено в Берлинѣ.

Всѣ рабочіе здѣсь носят форму и обычно бывшіе солдаты. Рабочіе, идущіе за метельной машиной, работают от полуночи до 8 ч. утра, имѣя полчаса на завтрак; дѣйствительная работа их слѣдовательно 7½ часов. Дневная смѣна начинает работу в 7 ч. утра и до 7 ч. вечера лѣтом, а зимой от 8 ч. утра до 8 ч. вечера. Из этого времени они имѣют 3 часа на завтрак, обѣд и ужин, дѣйствительная их работа 9 часов. Смѣны мѣняются так, что рабочій бывает и в той и в другой смѣнѣ поочередно. По воскресеньям и праздникам дневная смѣна работает от 6 ч. утра до 9 ч. утра, получая плату за полный день.

Рабочіе считаются на службѣ всѣ дни и часы, и в случаѣ надобности, как в случаѣ наводненія, бури, обильнаго снѣга, их могут вызвать на работу в любое время. По закону за эту сверх-урочную работу им не полагается никакой платы, но у города есть специальный фонд, из котораго выдаются наградныя за сверх-урочную работу. Если взять в среднем год с праздниками, воскресеньями и сверх-урочными работами, то рабочіе в Берлинѣ работают 8 ч. в день.

В случаѣ болѣзни рабочему платят полное жалованье 6 недѣль, после чего выдача жалованья прекращается, но рабочій тогда получает вспомоществованіе из больничной кассы. Если рабочій пробыл на службѣ 4 года и навсегда потерял работоспособность, то город в добавок к вспомоществованію из больничной кассы выдает ему пожизненную пенсію в размѣрѣ 400—600 марок в год.

Получки из этих двух источников часто бывают больше, чѣм получал бы рабочій, находясь на работѣ.

Прослужившіе 25 лѣт получают еще спеціальную пенсію; пенсія эта идет потом их вдовам и дѣтям. Жалованье рабочих сравнительно малое. В Лондонѣ эти рабочіе относятся в разряд неквалифицированных и их трэд-юніон недавняго происхожденія. Он находится под руководством извѣстнаго дѣятеля рабочаго движенія члена парламента Виль Торн, но до сих пор еще очень далек от той организаціи, которой поражают юніоны транспортных рабочих, углекопов, почтовых служащих и др.

В Америкѣ эти рабочіе матеріально устроены хорошо.

В 1896 году Нью-Іоркскій комиссар по очисткѣ улиц George E. Waring ввел среди рабочих по очисткѣ улиц чисто военную дисциплину с системой ряда суровых наказаній и штрафов. Отмѣтим несколько пунктов о проступках, за которые слѣдует немедленное увольненіе. Пункт 1: отсутствіе на работѣ без уважительной причины свыше 5 дней. Пункт 10: небрежное или жестокое отношеніе к лошади, битье кнутом или другим каким способом битье; пользованіе больной лошадью на работѣ или незаявленіе о заболѣвшей лошади старшему. Пункт 14: неправильное кормленіе лошади. Пункт 23: сортированіе или разворачиваніе отбросов или позволеніе дѣлать это другим. Пункт 32: требованіе или принимание чаевых за сдѣланную работу. Пункт 39: подметаніе улицы прежде чѣм она была обрызгана. Всѣ недоразумѣнія разбираются совѣтом, на котором присутствуют представители от метельщиков и вощиков.

Всѣ рабочіе одѣты прилично и чисто и получают хорошее жалованье, во многих случаях превосходящее таковое клерков в конторах, а завѣдующій чисткой улиц в Нью-Іоркѣ получает не меньше министра.

Заканчивая свой очерк мы считаем нужным отмѣтить, что какія мѣры по гигіенѣ городов ни примѣнялись бы, но пока у граждан не разовьется болѣе высокое чувство отвѣтственности к своему сосѣду, до тѣх пор работа лиц и учрежденій, занятых по гигіенѣ городов будет тяжелой и не достигнет той высоты, на какой стоит личная гигіена.

А. РОЖДЕСТВЕНСКІЙ.

ЛИТЕРАТУРА.

BERGEY (D. H.). *The Principles of Hygiene.* 1918 г. стр. 543. ц. 16*s.*

DÖRR (C.). *Hausmüll und Strassenkericht.* 1912 г. стр. viii + 495. Изд. Leipzig.

GHOSH (B. N.) and DAS (T. A.). *A Treatise on Hygiene and Public Health.* 3-е изд. 1918 г. ц. 6*s.*

GARDNER (F.) and SIMONDS (T. P.). *Practical Sanitation.* 1914 г. ц. 18*s.*

MACNUTT (J. S.). *Public Health: Manual for Health Officers.* 1915 г. ц. 12*s. 6d.*

MATTHEWS (Prof. E. R.). *Refuse Disposal.* стр. xiii + 160. Изд. London: C. Griffin & Co. 1915 г.

PARKES (L. C.) and KENWOOD (H. R.). *Hygiene and Public Health.* Изд. London: H. K. Lewis. 1917 г. 6-ое изд. ц. 14*s.*

PORTER (C.). *Elements of Hygiene and Public Health.* ц. 12*s. 6d.* 1917 г.

SHAW (ALBERT). *Municipal Government in Continental Europe.*

SOMMERVILLE (D.). *Sanitary Science.* 1914 г. ц. 10*s. 6d.*

STRITZL (H.). *Über Strassenreinigung der Städte.* Wien. 1893.

WANKLYN (W.). *London Public Health Administration.* 1913 г. ц. 2*s. 6d.*

WARING (GEORGE E.). *Street cleaning.* 1898 г. стр. 230. Изд. London: Gay & Bird.

WEYL (TH.). *Strassenhygiene in europaischen Städten.* Berlin. 1898.

WEYL (TH.). *Die Assanierung von Paris.* 1900 г.

WEYL (TH.). *Studien zur Strassenhygiene mit besonderer Berücksichtigung der Mülverbrennung.* 1893 г. стр. viii + 142. Изд. Jena: G. Fischer.

WOOD (F.). *Sanitary Engineering.* 1914 г. ц. 8*s. 6d.*

WOOD (H. B.). *Sanitation Practically Applied.* 1917 г. ц. 13*s. 6d.*

БИБЛIОГРАФIЯ.

См. DÖRR (C.), *Hausmüll, Strassenkericht*; SOMMERVILLE (D.); и WEYL (TH.).

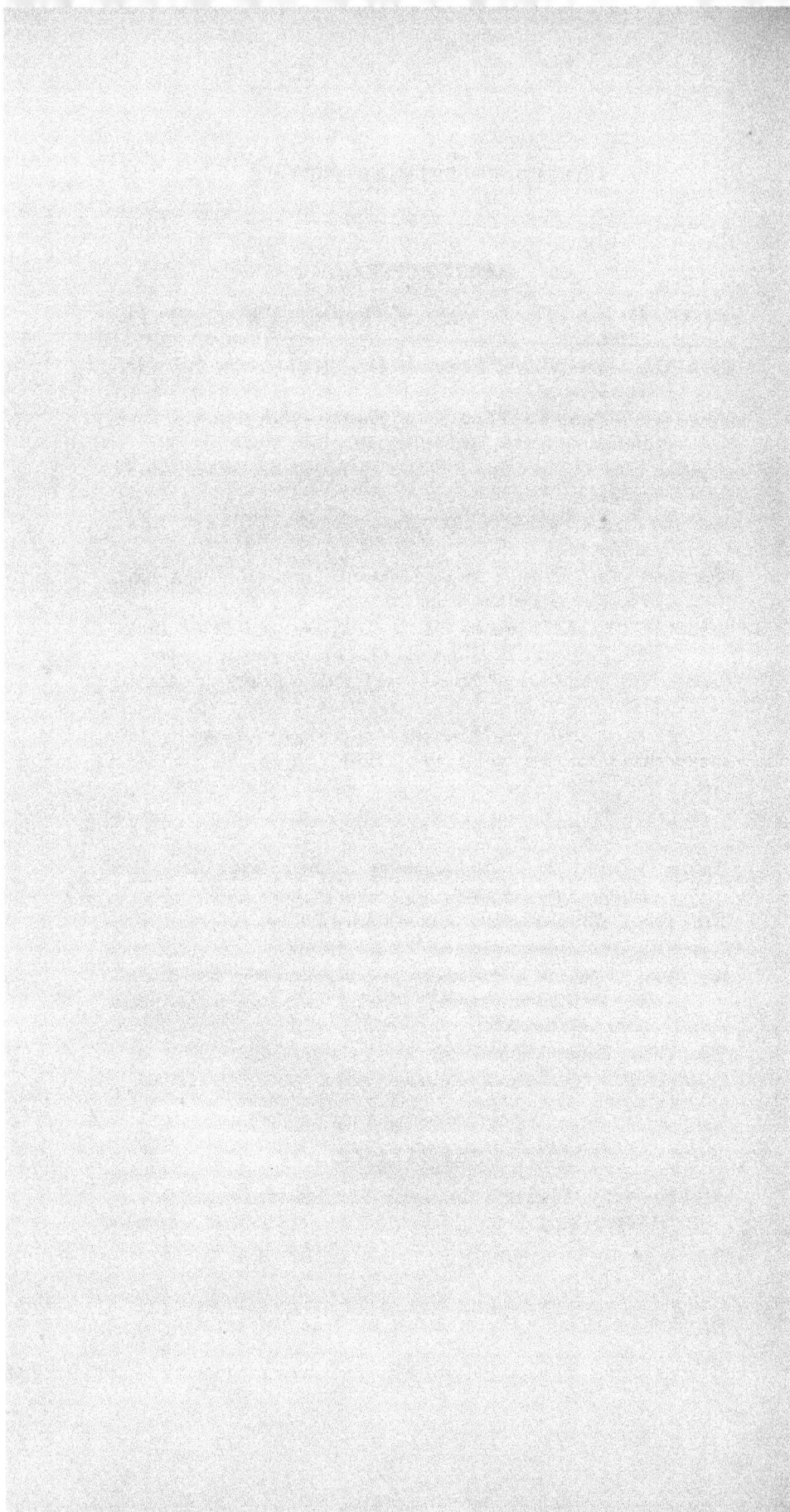

ГРУНТОВЫЯ И ШОССЕЙНЫЯ ДОРОГИ В СОЕДИНЕННЫХ ШТАТАХ СѢВЕРНОЙ АМЕРИКИ И В АНГЛІИ.

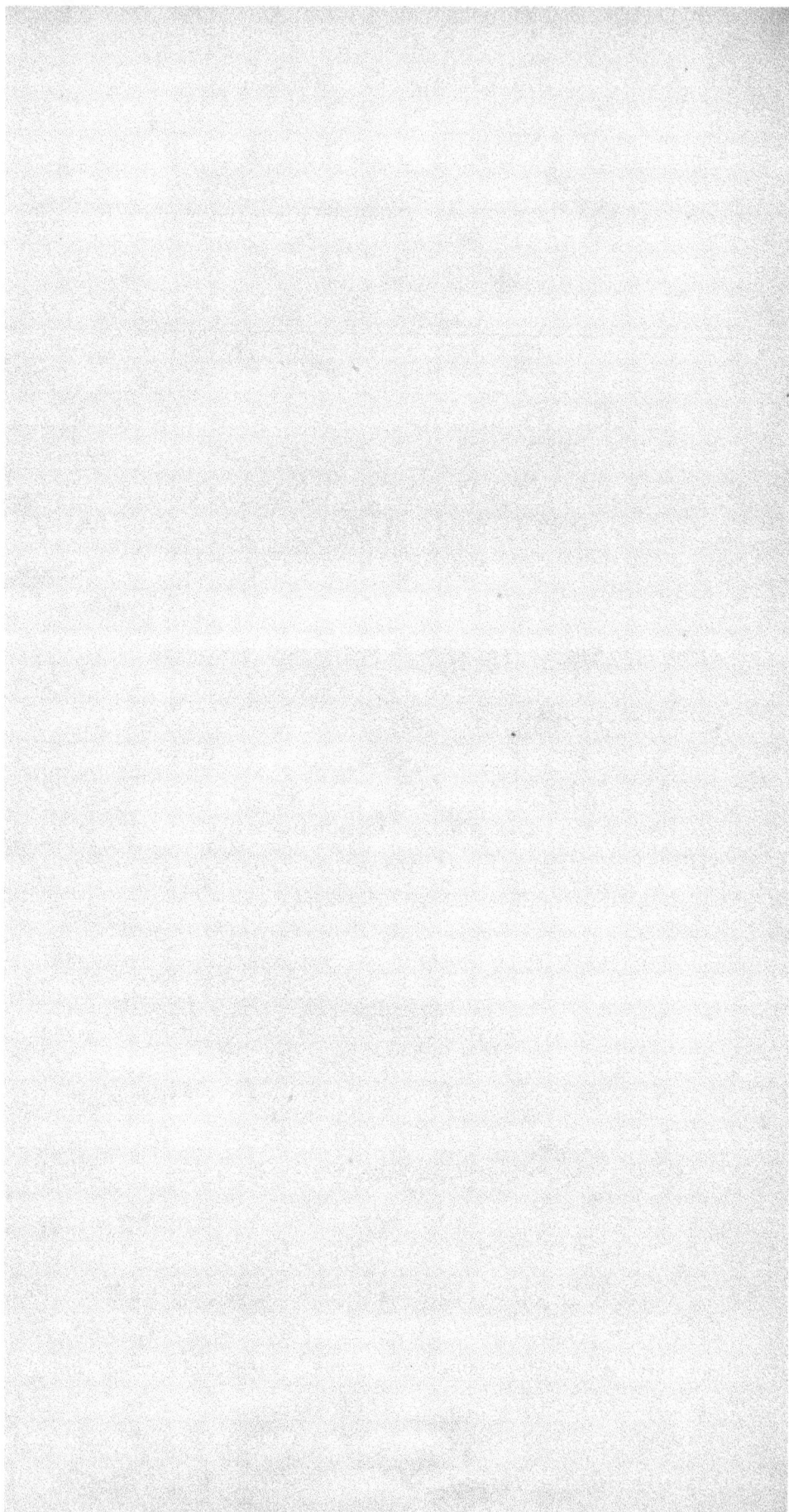

Грунтовыя и шоссейныя дороги в Соединенных Штатах Сѣверной Америки и в Англіи.

I.

Соединенные Штаты Сѣверной Америки представляют в отношеніи грунтовых и шоссейных дорог исключительный интерес. Нѣт другой страны, которая может соперничать с Соединенными Штатами в быстротѣ роста общаго протяженія дорог, в организаціи строительства и управленія, в величинѣ ежегодных затрат на постройку новых и содержаніе существующих дорог и в изобиліи остроумных машин и технических приспособленій, примѣняемых в дорожном дѣлѣ. Для русскаго техника в особенности изученіе американских дорог полезно потому, что как ни велика разница между Россіей и Соединенными Штатами в политическом и экономическом отношеніях, сходство в других отношеніях несомнѣнно. Климатическія условія, изобиліе и характер распредѣленія естественных богатств, род занятій жителей, плотность населенія, наконец, сами размѣры Россіи — всѣ они болѣе схожи с американскими, чѣм с англійскими, французскими или нѣмецкими.

В представленіи русскаго рядового обывателя Сѣверо-американскіе Соединенные Штаты являются страной неограниченных возможностей, гдѣ грандіозность и широта замысла сочетаются со сказочной быстротой исполненія, и в отношеніи дорог это не лишено извѣстнаго основанія. Еще двадцать лѣт тому назад проѣзжія дороги Соединенных Штатов не представляли ничего выдающагося. Онѣ были хорошо построены, содержались в порядкѣ и русскому глазу казались почти идеальными, но в дѣйствительности дорожное дѣло там было поставлено хуже, чѣм в болѣе знакомой нам Западной Европѣ. В настоящее время положеніе измѣнилось, и Европа начинает отставать от Сѣверной Америки. Это объясняется главным образом твердо усвоенным среди населенія понятіем о важности хороших дорог, разумной экономической политикой правительства отдѣльных штатов и всего союза, экономической мощью страны и характернымъ у американцевъ отсутствіемъ рутинности и шаблона. Не малое значеніе для Сѣверной Америки имѣетъ также болѣе широкое, чѣмъ гдѣ либо, распространеніе тамъ самодвижущихся экипажей какъ для коммерческихъ цѣлей, такъ для удовольствія и спорта. Если автомобиль не былъ причиной расширенія дорожной сѣти, во всякомъ случаѣ онъ вызвалъ необходимость измѣненія верхняго строенія пути и былъ причиной возникновенія новыхъ типовъ дорогъ.

§1. До недавняго времени *завѣдываніе дорогами в Соединенныхъ Штатахъ* находилось исключительно въ рукахъ мѣстныхъ органовъ управленія, городскихъ и сельскихъ совѣтовъ и совѣтовъ графствъ (counties). Такая форма управленія дорожнымъ дѣломъ не была и не могла быть вполнѣ удовлетворительной. Мѣстныя власти часто завѣдывали дорогами только формально и фактическое веденіе дѣла поручали тому или другому изъ своихъ мелкихъ чиновниковъ. Выборъ завѣдующихъ производился большею частью по политическимъ соображеніямъ, и хорошее знаніе кандидатомъ дорожнаго дѣла не всегда имѣло рѣшающее значеніе. Нерѣдко управленіе дорогами совмѣщалось съ другой работой, и завѣдующій не могъ должнымъ образомъ сосредоточить свое вниманіе на одномъ дѣлѣ. Періодическіе перевыборы должностныхъ лицъ въ органахъ мѣстнаго управленія имѣли частымъ слѣдствіемъ смѣны завѣдующихъ дорогами. Поэтому въ ихъ работѣ не могло быть устойчивости и систематичности, и программы улучшенія дорогъ и расширенія сѣти, которыя должны составляться на нѣсколько лѣтъ впередъ, измѣнялись съ перемѣной лицъ и въ лучшемъ случаѣ приводились въ исполненіе только частью.

Аналогичныя нашимъ волостямъ и уѣздамъ мелкія административныя единицы дѣйствовали независимо другъ отъ друга, и въ постройкѣ сѣти дорогъ штата не было необходимой строгой планомѣрности и послѣдовательности. Не было согласованности въ раздѣленіи дорогъ по степени ихъ важности, и хорошая шоссированная дорога одного графства въ границахъ сосѣдняго графства нерѣдко переходила въ грунтовую проселочную дорогу. Мѣстные и личные интересы могли также имѣть слишкомъ большое значеніе и получать перевѣсъ надъ интересами всего штата или округа.

Такимъ образомъ постановка дорожнаго дѣла, пока оно было дѣломъ исключительно мѣстныхъ самоуправленій, въ административномъ отношеніи была неудовлетворительна. Она не могла быть удовлетворительной также и въ другихъ отношеніяхъ. Средства мелкихъ административныхъ единицъ не достаточно велики, чтобы было возможно содержать штатъ дорожныхъ техниковъ-спеціалистовъ. Въ слабо заселенныхъ графствахъ нѣкоторыхъ штатовъ денежные налоги давали слишкомъ мало, и дорожное дѣло могло вестись съ большими затрудненіями и только путемъ наложенія на населеніе натуральной дорожной повинности. Примѣненіе удешевляющихъ и ускоряющихъ постройку спеціальныхъ дорожныхъ машинъ въ такихъ условіяхъ было невыгодно и нецѣлесообразно. О научной постановкѣ дѣла конечно нельзя было думать; лабораторіи для испытанія матеріалов и опыты над новыми типами дорог были недоступной роскошью.

§ 2. В 1891 году один из богатых промышленных штатов, штат Нью-Джерсей, принял закон, по которому штат, как крупная административная единица, должен оказывать мѣстным органам управленія регулярную помощь в постройкѣ и содержаніи дорог. Его примѣру мало по малу послѣдовали другіе штаты, и в 1917 году во всем Союзѣ оставалось только два штата, которые еще не ввели у себя этой важной реформы. Основной принцип ея повсюду одинаков и заключается в том, что нѣкоторыя дороги строются штатом совмѣстно с той административной единицей, по территоріи которой эти дороги проходят. Детали примѣненія закона различны; различны размѣр участія штата в расходах на постройку дорог и разверстка остальной части расходов между графством, общиной и владѣльцами прилегающих к дорогам земель. Нѣт также однообразія в опредѣленіи формы техническаго надзора и контроля штата над расходом сумм; различны и власти, которыя завѣдуют эксплоатаціей и содержаніем построенных дорог. Необходимо отмѣтить, что помощь штата не распространяется на всю сѣть дорог и ограничивается дорогами с большим пассажирским и товарным движеніем или такими дорогами, которыя по тѣм или иным соображеніям представляются важными для всего штата.

Положительныя стороны этой реформы заключаются в слѣдующем. Этим путем устраняются недостатки чрезмѣрной децентрализаціи, которые существовали ранѣе, и создается возможность большей устойчивости программы и планомѣрности работы. Наблюденіе за дорогами дѣлается болѣе однородным и успѣшным, так как штат, располагая большими средствами, имѣет возможность содержать необходимый для этого кадр спеціалистов дорожнаго дѣла. Далѣе, дѣлается возможным переложить на города часть расходов на постройку и содержаніе уѣздных дорог, а также привлечь к участію в этих расходах желѣзныя дороги и другія большія промышленныя организаціи, находящіяся в предѣлах штата.

§ 3. Несмотря на значительныя внесенныя ею улучшенія, эта реформа не могла однако устранить полностью всѣ недостатки прежняго времени, когда дороги находились в исключительном завѣдываніи мѣстных властей. Нѣкоторые штаты еще и теперь мало населены и бѣдны и располагаемыя ими средства совершенно недостаточны для постройки дорожной сѣти даже по скромной программѣ. Ясно, что в таких случаях на помощь должно прійти государство, т.е. Союз Штатов, и это было осуществлено *законом, принятым Конгрессом в 1916 году.* Согласно новаго закона Союз оказывает штатам матеріальную помощь на постройку новых и улучшеніе существующих дорог путем ежегодных ассигнованій для этой цѣли изъ средствъ Союза.   На 1917 годъ для начала была отпущена сумма 5 милл. долларовъ.   Ассигнованія увеличиваются на 5 милл. долл. ежегодно до 1921 года, въ которомъ годичное ассигнованіе достигнетъ такимъ образомъ суммы 25 милл. долларовъ.   Общее наблюденіе надъ распредѣленіемъ и расходомъ суммъ возлагается на Департаментъ Земледѣлія, который имѣетъ право расходовать на свои административныя нужды 3% ассигнованной суммы.   Остальная часть ассигнованія распредѣляется между отдѣльными штатами слѣдующимъ образомъ.   Одна треть дѣлится между штатами пропорціонально площадямъ штатовъ, вторая треть пропорціонально протяженію государственныхъ и главныхъ дорогъ въ каждомъ штатѣ и наконецъ послѣдняя треть пропорціонально количеству населенія штата по послѣдней федеративной переписи.   Направленіе новой дороги и смѣта постройки должны быть одобрены Дорожнымъ Отдѣломъ Министерства Земледѣлія.   Изъ средствъ Союза оплачивается не болѣе половины всей суммы расхода на одну дорогу или всю сѣть дорогъ, остальная часть расхода должна быть покрыта штатомъ.   Принятіе закона 1916 года придаетъ схемѣ организаціи дорожнаго дѣла почти идеальную стройность и законченность и безъ сомнѣнія приведетъ къ блестящимъ результатамъ.

Если можно говорить о популярности закона, о степени его пріемлемости для гражданъ всѣхъ классовъ, то надо сказать, что законъ 1916 года былъ встрѣченъ общимъ одобреніемъ.   Въ 1918 году въ дополненіе къ нему былъ внесенъ новый законопроектъ, такъ называемый Page Bill, по которому федеральная помощь дорожному строительству увеличивается на 50 милліоновъ долларовъ немедленно по вступленіи закона въ силу, на 75 милл. долл. на 1-е Іюля 1919 года и на 100 милл. долл. ежегодно на послѣдующіе три года.

§ 4.   Въ Соединенныхъ Штатахъ, какъ въ Европѣ, существуютъ *три способа для полученія средствъ на содержаніе и постройку дорогъ:* сборъ съ проѣзжихъ или заставный сборъ, далѣе подушный дорожный налогъ и наконецъ налогъ на недвижимую собственность.   По почину штата Нью-Іоркъ съ 1901 года многіе штаты ввели у себя еще одинъ видъ налога, именно автомобильный дорожный налогъ.

Заставный сборъ имѣетъ настолько серьезныя неудобства, что считается устарѣвшимъ, и почти оставленъ какъ въ Соединенныхъ Штатахъ, такъ и въ Европѣ.   Причины этого заключаются главнымъ образомъ въ томъ, что полученіе сбора обходится очень дорого, такъ какъ для этого необходимо содержать большое число заставъ и служащихъ.   Заставный сборъ является единственно возможной формой налога на дорогахъ, построенныхъ и эксплоатируемыхъ частными предпринимателями, и примѣняется вообще только въ мало населенныхъ и бѣдныхъ мѣстностяхъ, гдѣ трудно собрать достаточный для постройки дорогъ капиталъ въ короткій срокъ, и гдѣ поэтому постройка дорогъ неизбѣжно должна быть предоставлена частной иниціативѣ.

Подушный дорожный налог, несмотря на отрицательное отношеніе к нему со стороны нѣкоторых экономистов, примѣняется в Соединенных Штатах почти повсюду. Большая часть штатов предоставляет населенію на выбор уплату его деньгами или путем натуральной дорожной повинности, и гдѣ это допускается, населеніе обыкновенно предпочитает его в послѣдней формѣ. В слабо заселенных и бѣдных штатах натуральная повинность является почти единственным средством для устройства и поддержанія дорог. В многих штатах нѣкоторыя категоріи лиц от этого налога освобождены, во всѣх штатах сбор его затруднителен, и потому подушный налог в той и другой формѣ не имѣет важнаго значенія.

Дорожный налог на недвижимую собственность в Соединенных Штатах существует трех родов: спеціальный или единовременный, прямой и наконец общій налог. Спеціальный налог устанавливается в тѣх случаях, когда предполагается требующая значительных расходов постройка новой длинной дороги, и им облагается вся находящаяся в районѣ проектируемой дороги недвижимая собственность. Понятіе о районѣ в различных штатах различное: в штатѣ Индіана, напр., в район включается собственность, находящаяся в разстояніи двух миль от дороги, в штатѣ Висконсин—в разстояніи трех миль. Обыкновенно этот налог распредѣляется по району не равномѣрно, а в зависимости от степени полезности новой дороги для владѣльцев той или другой собственности; по большей части он уплачивается деньгами.

В большинствѣ штатов вся территорія разбита на небольшія единицы, так называемые дорожные участки, в которых недвижимая собственность облагается однообразным для всего участка прямым налогом. Прямой налог уплачивается как деньгами, так и путем натуральной повинности.

Большая часть штатов ввела у себя также третій род налога—общій имущественный налог для постройки и содержанія дорог и мостов, которым облагается все имущество. В бѣдных общинах дороги содержатся преимущественно посредством прямого дорожнаго налога на недвижимую собственность, отбываемаго в видѣ натуральной дорожной повинности. В болѣе богатых общинах большее значеніе имѣет общій дорожный но-имущественный налог, уплачиваемый деньгами.

§ 5. В предыдущем неоднократно упоминалось о дорожной повинности в формѣ денежнаго налога и в формѣ *натуральной повинности*. Дороги и улицы городов повсюду находятся в вѣдѣніи муниципальных властей, и дорожная повинность взимается исключительно деньгами. Поэтому там, гдѣ существует натуральная дорожная повинность, она примѣняется только по отношенію к сельским общинам. Это допустимо с технической точки зрѣнія, так как деревенскія дороги большей частью грунтовыя, и их

постройка и содержаніе не требуют ни сложных технических приспособленій, ни спеціальных знаній и опыта со стороны рабочих.
Натуральная дорожная повинность еще в настоящее время примѣняется в Соединенных Штатах в широких размѣрах, хотя имѣет
много противников. Доводами против нея выставляются безраз-
личное и малодѣятельное отношеніе к дѣлу со стороны отбывающаго
повинность населенія, невозможность производства работ в наиболѣе
подходящее для этого время и трудность подбора рабочих желательных качеств. Сторонники натуральной дорожной повинности
приводят в ея защиту слѣдующее. Фермеры предпочитают натуральную повинность денежному налогу, и это замѣчается не только в
Соединенных Штатах, но и в Европѣ. Во Франціи, несмотря на
значительную скидку в случаѣ уплаты налога деньгами, 60% фермеров отбывают дорожную повинность натурой. Фермеры нерѣдко
дѣлают больше, чѣм от них требуется, так как они непосредственно
заинтересованы в хорошем состояніи дорог. Далѣе, во многих
мѣстах невозможно найти рабочих за умѣренную плату в наиболѣе подходящее для дорожных работ время. Наконец, работа
рабочих-спеціалистов далеко не всегда продуктивнѣе, дешевле и
лучше, чѣм рабочих по повинности. Примѣры улучшенія дѣла
послѣ перехода от натуральной повинности к денежному налогу
объясняются главным образом лучшим составом административнаго
персонала.

§ 6. Как уже указывалось ранѣе, *автомобильный дорожный
налог* был введен впервые в 1901 году штатом Нью-Іорк и постепенно был принят другими штатами. В 1916 году этот налог дал в
общей сложности около 26 милл. долл., что составляет почти 9% всѣх
годичных расходов на проѣзжія дороги в Соединенных Штатах.
Около 70% суммы, полученной путем взиманія автомобильнаго налога,
расходуется под наблюденіем департаментов дорог штатов. При
чрезвычайно быстром ростѣ числа автомобилей в Соединенных
Штатах и замѣтной тенденціи к повышенію обложенія, этот налог без
сомнѣнія будет имѣть большое значеніе, как источник средств для
расширенія и улучшенія дорожной сѣти. В 1916 году в Соединенных
Штатах насчитывалось около 3.000.000 одних пассажирских автомобилей, т. е. в среднем один автомобиль на каждые 30 человѣк
населенія. Считая средній пробѣг автомобиля в год в 4.000 миль,
можно оцѣнивать общій пробѣг в 1916 году в 12 милліардов
автомобиль-миль. К концу 1918 года число автомобилей возросло
до 5.500.000 штук, из которых грузовых легкаго и тяжелаго типа
было около 500.000 и пассажирских около 5.000.000.

§ 7. В книгѣ проф. Айра Осборн Бэкер „ A Treatise on Roads
and Pavements " приводятся слѣдующія данныя относительно *роста
расходов на дороги и мосты* в Соединенных Штатах. С 1904 до
1915 года ежегодные расходы из всѣх источников возросли с

80.000.000 долл. до 282.000.000 долл., т.е. увеличились болѣе, чѣм в три с половиною раза. За этот же період времени годичные расходы штатов (исключая расходы органов мѣстнаго самоуправленія) на помощь в дорожном строительствѣ с 2.550.000 долл. поднялись до 53.492.000 долл. В 1904 году для постройки и содержанія дорог и мостов мѣстными властями самостоятельно было выпущено бонов на сумму 3.530.000 долл., в 1915 году на сумму около 40.000.000 долл. В 1904 году расходы на дороги, находящіяся под наблюденіем штата, составляли 6% всей суммы расходов на дороги, а в 1915 году уже 30%. Общая сумма расходов на дороги и мосты, исключая расходы мѣстных самоуправленій, произведенных за все время от принятія каждым штатом закона о помощи штата по 1-е Января 1917 года, составляет 307.938.000 долларов.

§ 8. Для русскаго читателя будут небезинтересны слѣдующія краткія данныя относительно *дорожнаго строительства в Соединенных Штатах в 1916 году,* взятыя мною из „Engineering News-Record," 1917 г., том 2-й, стр. 681. Общая длина всѣх дорог общественнаго пользованія в 1916 году равнялась 2.455.761 милям. Из этого количества 11,6%, т.е. около 287.000 миль, было дорог „улучшеннаго" типа, т.е. шоссированных, мощеных камнем, асфальтовых и проч.; остальные 88,4% были грунтовыя дороги. За період с 1910 по 1916 год ежегодно строилось в среднем около 12.000 миль улучшенных, с искусственной поверхностью, дорог. В отчетном 1916 году было построено штатами или с помощью штатов 16.160 миль дорог и 4.490 мостов и содержалось 75.311 миль дорог. Израсходовано Дорожными Отдѣлами штатов непосредственно или под их наблюденіем из сумм штата в 1916 г. 40.969.001 долл. против 24.220.850 долл. в 1914 году. Всего израсходовано из всѣх источников на постройку и содержаніе дорог в 1916 году 272.634.424 долл., в 1914 году 240.263.784 долл. К сожалѣнію у меня не имѣется отчетов за 1917 и 1918 год, но и приведенных выше цифр достаточно, чтобы составить себѣ представленіе о гигантском масштабѣ дорожнаго дѣла в Соединенных Штатах.

§ 9. Дороги Соединенных Штатов могут быть классифицированы по слѣдующим категоріям:

1. *Обыкновенныя грунтовыя дороги.*

2. *Песочно-глинныя дороги,* у которых проѣзжая часть покрыта слоем смѣси из песку и глины, непосредственно положенным на приготовленное земляное основаніе.

3. *Гравійныя дороги,* проѣзжая часть которых покрыта слоем гравія.

4. *Макадамовыя дороги* с верхним строеніем, корой, из слоя мелкаго щебня и нижним строеніем либо из крупнаго насыпного щебня (собственно „макадам"), либо из уложеннаго в ручную крупнаго камня (собственно „тельфорд"). Отдѣльные камешки

ТАБЛИЦА 1-я.

Штат.	Длина всѣхъ дорогъ штата въ миляхъ.			Длина улучшенныхъ (шоссейныхъ и проч.) дорогъ въ миляхъ.									% улучш. дорогъ к общей длинѣ дорог въ штатѣ.		
				Камень.		Гравій.		Проч. матер.		Всего миль.					
	1904	1909	1916	1904	1909	1904	1909	1904	1909	1904	1909	1916	1904	1909	1916
Алабама	50.089	49.639	55.446	392	683	1.262	1.398	66	1.182	1.720	3.264	6.000	3,43	6,58	10,8
Аризона	5.987	5.087	12.075	1	0	216	243	0	25	217	273	375	3,62	4,56	8,10
Арканзас	36.445	36.445	50.743	55	170	181	537	0	378	236	1.055	1.500	0,64	2,97	3,00
Калифорнія	46.653	48.069	61.039	418	579	5.943	6.054	2.541	1.954	8.902	8.588	12.300	18,9	17,9	20,2
Колорадо	30.214	29.693	39.693	57	14	121	306	0	0	178	320	1.800	0,59	1,08	4,60
Коннектикут	14.088	12.583	14.061	463	666	1.896	774	0	1.590	2.360	3.030	3.100	16,8	24,1	22,0
Делавэр	3.000	3.000	3.674	14	96	2	49	50	41	66	196	275	2,20	6,22	9,00
Флорида	17.374	17.579	17.995	345	278	17	260	523	1.214	885	1.752	3.500	5,10	9,97	19,4
Джорджія	57.263	82.290	80.669	438	522	659	580	537	4.575	1.634	5.978	13.000	2,86	7,27	15,3
Айдаго	18.163	18.403	24.896	17	17	195	95	0	398	212	510	800	1,16	2,77	3,80
Иллинойс	94.141	94.141	95.647	1.106	8.914	6.800	0	17	0	7.924	8.914	12.400	8,42	9,47	18,0
Индіана	68.905	67.996	73.347	8.295	4.398	20.582	20.509	0	49	23.877	24.955	31.600	35,0	36,7	42,5
Айова	102.448	102.427	104.074	241	857	1.403	1.572	20	575	1.664	2.505	1.000	1,62	2,45	1,00
Канзас	101.196	98.302	111.052	112	137	158	28	3	210	273	375	1.400	0,27	0,38	1,30
Кентуки	57.137	53.744	57.916	8.078	8.709	1.408	1.404	250	2	9.846	10.115	13.400	16,6	18,8	23,2
Луизіана	24.897	24.962	24.563	0	0	86	82	8	247	94	329	2.400	0,14	1,32	9,80
Мэйн	25.528	25.528	23.537	87	99	2.236	2.434	0	111	2.323	2.703	3.250	9,10	10,6	13,8
Мэриланд	16.773	16.778	16.459	840	1.323	480	488	250	431	1.570	2.142	2.900	9,40	12,8	17,6
Массачусетс	17.092	17.272	18.681	1.213	2.297	6.621	6.166	10	0	7.844	8.463	8.900	45,9	49,0	47,6
Мичиган	69.296	68.906	74.190	248	748	6.777	3.771	0	2.382	7.025	6.900	9.600	10,1	10,0	13,0
Миннесота	79.324	79.323	98.517	67	197	6.179	4.228	1	1.051	6.247	5.417	6.500	7,87	6,83	7,00

Миссисипи	38.698	39.619	45.779	0	52	109	166	40	124	149	342	2.600	0,31	0,96	5,70
Миссури	108.138	107.923	96.041	861	1.241	1.871	3.512	0	2	2.733	4.755	7.220	2,53	4,40	7,60
Монтана	22.419	23.319	39.204	0	0	65	94	0	0	65	95	900	0,28	0,41	2,00
Небраска	79.462	80.338	80.272	17	52	0	0	6	195	23	248	1.350	0,03	0,31	1,70
Невада	12.580	12.751	12.182	4	1	60	45	0	0	64	46	320	0,51	0,36	2,60
Нью-Хэмпшир	15.116	15.116	14.020	118	202	1.175	1.247	0	0	1.293	1.449	1.900	8,63	9,58	13,5
Нью-Джерсей	14.842	14.842	14.817	1.901	2.594	481	572	40	211	2.422	3.378	6.000	16,8	22,8	40,5
Нью-Мексико	15.396	16.920	11.873	0	25	2	8	0	71	2	104	550	0,01	0,61	4,60
Нью-Iоркъ	73.798	79.279	79.398	2.184	4.614	3.692	8.173	0	0	5.576	12.787	18.000	7,96	16,1	22,7
Сѣв. Каролина	49.763	48.295	50.758	399	1.088	422	545	438	729	1.259	2.313	6.750	2,53	4,79	13,3
Сѣв. Дакота	59.932	61.593	68.796	7	0	205	140	0	0	212	140	1.100	0,36	0,23	1,60
Огайо	69.439	88.861	86.364	7.160	9.687	16.159	14.188	140	231	23.460	24.106	31.500	33,8	27,1	36,5
Оклагома	43.554	71.325	107.916	0	23	0	141	0	196	0	361	300	0	0,50	0,30
Орегонъ	34.268	29.475	36.819	209	451	2.385	1.871	145	477	2.580	2.799	4.875	7,56	9,49	13,2
Пенсильванія	99.777	87.387	91.556	2.161	2.764	0	436	0	169	2.161	3.365	10.500	2,17	3,84	11,4
Родъ Айлендъ	2.961	2.121	2.170	247	409	774	605	28	28	1.021	1.042	750	43,8	49,1	34,5
Южн. Каролина	41.330	32.075	42.226	69	184	179	131	1.630	3.250	1.578	3.535	3.700	4,50	11,0	8,80
Южн. Дакота	59.295	56.351	96.306	4	10	147	147	0	129	151	286	750	0,25	0,50	0,80
Теннесси	46.989	45.913	46.050	1.774	2.684	2.511	2.542	127	127	4.285	5.353	8.750	8,75	11,7	18,9
Тексасъ	121.409	128.971	128.960	167	365	1.909	2.136	52	2.405	2.128	4.896	12.000	1,75	3,80	9,30
Ютахъ	7.090	8.320	8.810	11	42	597	332	0	644	608	1.018	1.500	8,57	12,2	17,1
Вермонтъ	14.521	14.406	14.249	281	467	1.672	2.184	0	0	1.953	2.651	2.100	13,4	18,4	14,9
Виргинія	51.812	43.399	53.388	755	1.011	720	611	125	280	1.600	1.803	5.500	3,10	4,38	10,3
Вашингтонъ	31.998	34.284	42.428	48	100	1.938	3.179	0	1.241	1.976	4.521	5.900	6,20	13,2	13,9
Зап. Виргинія	26.178	32.109	32.024	217	544	26	93	11	14	254	591	1.532	0,97	1,84	4,70
Висконсинъ	63.593	61.090	75.707	733	659	9.300	8.494	0	1.014	10.633	10.167	14.850	16,7	16,6	19,6
Уайомингъ	10.447	10.569	14.797	0	0	0	0	153	416	153	416	520	1,46	3,94	3,50
Итого	2.151.379	2.199.645	2.455.761	36.818	59.287	109.905	102.870	6.807	28.372	153.630	190.479	287.047	7,14	8,66	11,5

щебня коры дороги не связаны между собой никаким искусственным цементирующим веществом.

5. *Бетонныя дороги*, проѣзжая часть которых сдѣлана из слоя бетона. Существенным отличіем от предыдущих типов является примѣненіе гидравлическаго цемента, связывающаго щебень и песок в сплошной монолит.

6. *Битумен-макадамовыя и битумен-бетонныя дороги.* Битумен-макадамовыя дороги отличаются от своего прототипа — макадамовых дорог — тѣм, что щебень коры связан битуминозным цементом, т.е. асфальтом, каменноугольным дегтем, нефтяными остатками и проч. Цементирующее вещество наливается на поверхность дороги и проникает на нѣкоторое разстояніе в толщу верхняго слоя щебня, связывая отдѣльные камешки между собой и дѣлая кору водонепроницаемой. Битумен-бетонныя дороги по способу их постройки имѣют нѣкоторое сходство с чисто бетонными дорогами, но вмѣсто гидравлическаго портландскаго цемента в этом случаѣ примѣняется какое либо битуминозное связывающее вещество. Битуминозный бетон аналогично гидравлическому смѣшивается отдѣльно и накладывается на подготовленное основаніе дороги.

§ 10. Таблица 1-я дает свѣдѣнія о *протяженіи дорог в отдѣльных штатах* за годы 1904, 1909 и 1916. В столбцах 2, 3 и 4 указаны общія длины всѣх дорог в штатѣ. Столбцы 5–13 характеризуют рост „улучшенных" дорог; сюда включены всѣ дороги за исключеніем грунтовых, т.е. песочно-глиняныя, гравійныя, макадамовыя и проч. Цифры столбца „гравій" относятся к гравійным и столбца „камень" к макадамовым дорогам. Длины дорог всѣх остальных типов (песочно-глиняных, битумен-макадамовых, битумен-бетонных) даны вмѣстѣ в столбцах 9–10 под заголовком „проч. матеріалы." Послѣдніе три столбца указывают процентное отношеніе длины улучшенных дорог к общей длинѣ всѣх дорог штата. Данныя за 1904 и 1909 годы взяты из оффиціальнаго отчета Дорожнаго Отдѣла Министерства Земледѣлія (Department of Agriculture, Office of Public Roads. Bulletin No. 41: „Mileage and cost of public roads in the U.S.A. in 1909"). Свѣдѣнія, относящіяся к 1916 году, почерпнуты из цитированной ранѣе статьи в „Engineering News-Record." Длины улучшенных дорог в 1916 году указаны лишь приблизительно и в круглых цифрах.

При просмотрѣ цифр столбцов 2–4 читатель может прійти к ложному заключенію, что протяженіе дорог в 1909 году в нѣкоторых штатах по сравненію с 1904 годом не увеличилось, а уменьшилось. Это объясняется тѣм, что первая болѣе или менѣе обстоятельная перепись дорог в Соединенных Штатах была сдѣлана лишь в 1909 году и притом при очень трудных обстоятельствах. К этому времени закон о помощи штата в дорожном строительствѣ был принят только в 22 штатах из 48, а до 1904 года только в десяти. Поэтому Министерству Земледѣлія за необходимыми свѣдѣніями приходилось обращаться не к Дорожным Отдѣлам штатов, а к мѣстным органам самоуправленія и опрашивать колоссальное количество лиц. Нѣт сомнѣнія, что в нѣкоторых случаях отвѣты не были тщательно приготовлены, и извѣстная доля путаницы была неизбѣжна. Этим же объясняется кажущееся уменьшеніе длины макадамовых и гравійных дорог в столбцах 5–8. Строгой классификаціи дорог во время переписи 1904 года еще не было установлено, и дороги, числившіяся в 1904 году в одной категоріи, в 1909 году были перенесены в другую и в нѣкоторых случаях даже совсѣм выпущены из разряда „улучшенных," если находились в очень плохом состояніи. Так, напр., в штатѣ Калифорнія часть улучшенных дорог 1904 года была перечислена в 1909 году в грунтовыя. В штатѣ Коннектикут часть гравійных дорог была переведена в категорію грунтовых и часть в категорію песочно-глиняных. Гравійныя дороги штата Иллинойс в 1909 году были полностью перечислены в макадамовыя; то же можно сказать относительно штатов Массачузетс и Огайо. В нѣкоторых других штатах, как Мичиган, Миннесота и Висконсин, гравійныя дороги по классификаціи 1904 года должны были быть переведены в 1909 году в рубрику „проч. матеріалы."

Как ни досадно это обстоятельство, оно однако не имѣет особенно большого значенія, и Таблица 1-я дает достаточно матеріала для общаго сужденія о характерѣ и направленіи дорожнаго строительства в Соединенных Штатах.

§ 11. За період 1904–1916 год общая сѣть дорог в Соединенных Штатах увеличилась на 14%. В то время как протяженіе дорог в восточных и центральных штатах возросло очень немного, чрезвычайно много новых дорог было проложено и построено в окраинных штатах. В Аризонѣ, напр., общая длина дорог увеличилась на 100%, что объясняется быстрым ростом металлургической промышленности, в особенности мѣдноплавильных заводов, и устройством на средства Союза Штатов орошенія, которое способствовало колонизаціи и развитію земледѣлія в до тѣх пор пустынном штатѣ. В штатѣ Арканзас протяженіе дорог увеличилось на 42%; этот штат принадлежит к числу земледѣльческих по преимуществу и кромѣ зернового хлѣба производит много высокоцѣннаго хлопка. Монтана принадлежит к числу молодных, только начинающих развиваться штатов с большим будущим; она имѣет огромныя минеральныя богатства, разработка которых началась сравнительно недавно, и плодородную удобную для земледѣлія и скотоводства почву. За період 1904–1916 год прирост общей длины дорог этого штата составлял 75%. В земледѣльческой Южной Дакотѣ сѣть дорог за это время увеличилась на 62%. Наиболѣе значительное развитіе дорог (на 147%) произошло в штатѣ Оклагома. Лѣт пятнадцать тому назад там были открыты богатые источники нефти, и быстрый рост нефтяной и металлургической промышленности, земледѣлія и хлопководства сдѣлал необходимым и возможным рекордный рост сѣти дорог. Во всѣх вышеуказанных штатах закон о помощи штата в дорожном строительствѣ был принят лишь послѣ 1909 года. Суммы, отпускаемыя этими штатами, были невелики, и дороги строились мѣстными органами самоуправленія. Новыя дороги были по преимуществу грунтовыя; в штатах Аризона, Арканзас, Монтана, Южная Дакота и Оклагома общій прирост дорог за період 1904–1916 год равнялся 138.500 милям, из которых только 3.175 миль, т.е. менѣе 2,3%, были дороги улучшеннаго типа. Эти штаты были присоединены к Союзу только недавно и еще слабо заселены. Плотность населенія в 1910 году в среднем составляла менѣе десяти человѣк на квадратную милю при средней плотности населенія Соединенных Штатов в то время 30,9 чел. на кв. милю. Быстрый рост населенія, который за період 1900–1910 год равнялся 53%, вызвал необходимость расширенія сѣти дорог, с другой стороны еще низкій уровень благосостоянія жителей не позволял строить дороги улучшенных и болѣе дорогих типов. При слабом движеніи по дорогам, в относительно сухом климатѣ этих штатов, обыкновенныя грунтовыя дороги, если онѣ хорошо построены и содержатся в порядкѣ, могут являться вполнѣ удовлетворительными и экономически наиболѣе раціональными. Как показывает примѣр других штатов, с дальнѣйшим увеличеніем плотности населенія и повышеніем степени культурности и зажиточности дорожная сѣть будет развиваться не так быстро, зато начнет увеличиваться процентное отношеніе улучшенных дорог. В штатѣ Джорджія, напр., за період 1904–1916 г. общее протяженіе дорог увеличилось на 41%, но отношеніе длины улучшенных дорог к общей длинѣ дорог штата с 2,86% поднялось до 15,3%. Джорджія имѣет хорошо развитыя земледѣліе, хлопководство и металлургическую промышленность. Плотность населенія в 1910 году была 44,4 человѣка на кв. милю, и прирост населенія за промежуток 1900–1910 год был 18%. Таков же приблизительно характер развитія дорог в штатах Флорида, Тексас, Вирджинія, Уошингтон, Ютах и других.

В старых восточных штатах с умѣренным ростом населенія, уже достигших, так сказать, полной зрѣлости, общее протяженіе дорог увеличивается мало, но многія грунтовыя дороги перестраиваются на дороги улучшеннаго типа. Хорошей иллюстраціей этого являются штаты Нью-Джерсей, Массачузетс, Коннектикут, Нью-Іорк и Мэриленд. Плотность населенія в этих штатах очень велика, в особенности в трех первых. Большая ѣзда и влажный климат требуют дорог с твердой поверхностью, а высокій уровень благосостоянія штатов дѣлают постройку таких дорог возможной. В то время, как общій прирост длины всѣх дорог этих штатов за період 1904–1916 год был около 5%, длина дорог улучшеннаго типа увеличилась на 90%. Отношеніе протяженія улучшенных дорог к общему протяженію всѣх дорог в 1904 году было около 14,5%, в 1916 г. около 27%.

В каком направленіи происходил рост улучшенных дорог различных типов, можно видѣть из нижеприведенной таблицы, в которой длины дорог отдѣльных типов указаны как в абсолютных цифрах, так и в % от общей длины улучшенных дорог в данном году.

	1904		1909		1914	
	%	Миль	%	Миль	%	Миль
Гравійныя дороги . .	71,5	109.905	54,0	102.870	45,1	116.058
Макадамовыя дороги .	24,0	36.818	31,0	59.237	25,2	64.898
Дороги из проч. матер.	4,5	6.807	15,0	28.372	29,7	76.335
Всего . .	100	153.530	100	190.479	100	257.291

Из сравненія цифр таблицы, если вѣрить данным 1904 года, видно, что общая длина гравійных дорог, увеличившись абсолютно с 109.905 миль в 1904 году до 116.058 миль в 1914 году, процентуально уменьшилась; иначе говоря, гравійныя дороги не были тѣм типом, который в то время считался экономически наиболѣе выгодным. За этот же промежуток времени общее протяженіе макадамовых дорог возросло почти вдвое, но процентное отношеніе их к полной длинѣ всѣх улучшенных дорог вмѣстѣ осталось почти без измѣненія. Чрезвычайно увеличилось как в абсолютных цифрах, так и процентуально протяженіе дорог „из прочих матеріалов." Как будет болѣе подробно указано в дальнѣйшем, наибольшій рост замѣтен у двух родов дорог, именно у песочно-глиняных и у дорог с битуминозным верхним слоем. Эти два рода дорог у строителей были наиболѣе популярны, первый, — как самый дешевый и вмѣстѣ с тѣм довольно выносливый тип улучшенной грунтовой дороги, а второй, как единственный удовлетворительный тип дороги для большого автомобильнаго движенія.

Я не считаю нужным останавливаться на нѣкоторых сторонах предмета, важных для спеціалиста и мало интересных для широкаго круга читателей, и перехожу к тому, что является главным предметом настоящей статьи, именно к описанію дорог различных типов, способов постройки и содержанія и оцѣнкѣ их с экономической стороны.

ГРУНТОВЫЯ ДОРОГИ.

§ 12. Как уже упоминалось ранѣе, общая длина грунтовых дорог в Соединенных Штатах в 1916 году составляла 88,4% всей длины дорог, и как ни велик прирост дорог улучшеннаго типа, как ни огромны сами по себѣ расходуемыя на дорожное строительство суммы, грунтовыя дороги надолго останутся преобладающими. В 1912 году 95% русских дорог были грунтовыя, 4% с небольшим составляли шоссейныя дороги, а мощеных дорог было менѣе одного процента. Безпримѣрный, граничащій с полным обнищаніем развал экономической жизни Россіи и послѣдствія внѣшней и внутренней войны не дают мѣста оптимистическим надеждам на быстрое возстановленіе благосостоянія населенія. Несмотря на крайнюю нужду в хороших путях сообщенія, Россія по всей вѣроятности еще долгое время не будет в состояніи строить в большом масштабѣ дороги улучшенных типов. Поэтому для нас русских изученіе способов постройки и повышенія способности грунтовых дорог противустоять разрушительному вліянію ѣзды и климата является особенно важным.

§ 13. Начиная говорить о грунтовых дорогах, необходимо сказать прежде всего нѣсколько слов о *ширинѣ дорог и полосы отчужденія.* Ширина полосы отчужденія в Соединенных Штатах варьирует в очень широких предѣлах, и общая для всѣх штатов норма пока не установлена. Там, гдѣ земля дешева, и гдѣ преобладают грунтовыя дороги, ширина полосы отчужденія еще до сих пор доходит до 100 и болѣе фут. В прилегающих к Миссиссипи штатах она обычно бывает 66 фут; в штатах, расположенных по побережью Атлантическаго океана, она болѣе или менѣе одинакова и по большей части равняется 49,5 футам. Там, гдѣ существует дѣленіе дорог на классы, как, напр., в штатѣ Тексас, ширина полосы отчужденія дорог перваго класса равна 60 футам, второго класса — 30 футам и третьяго класса — 20 футам. При ширинѣ полосы отчужденія 66 фут., с каждой стороны ея обыкновенно оставляют по 6 фут. для пѣшеходных дорожек, остальные 54 фута отводят под канавы и проѣзжую часть. Ширина проѣзжей части, как и ширина полосы отчужденія, зависит от мѣстных и климатических условій и также не нормирована. В мѣстностях, гдѣ атмосферные осадки велики, и гдѣ почва легко допускает образованіе грязи, дороги большого движенія очевидно должны строиться с возможно широкой проѣзжей частью; обратно, если движеніе невелико и климат сух, грунтовыя дороги с относительно узкой проѣзжей частью служат вполнѣ удовлетворительно.

§ 14. Величины *предѣльных подъемов* грунтовых дорог также сильно колеблются в зависимости от мѣстных условій. В равнинных мѣстностях нерѣдко можно встрѣтить короткіе подъемы в 12%, а в гористых мѣстах в 25% и болѣе. В этом нѣт ничего удивительнаго: в постройкѣ грунтовых дорог дешевизна играет доминирующую роль, а устройство насыпей, выемок или длинных объѣздов может стоить дороже, чѣм дренаж и профилированіе проѣзжей части, и, не представляя существенных выгод, удорожить постройку.

§ 15. На устройство хорошаго *дренажа для отвода дождевых, снѣговых и почвенных вод* в Соединенных Штатах обращается самое

серьезное вниманіе, гораздо большее, чѣм у нас в Россіи. Значеніе
его для дорог всякаго рода, как улучшенных, так и грунтовых,
не может быть преувеличено, и поэтому на нем слѣдует остановиться
болѣе подробно. Общеизвѣстно, что основным условіем для
поддержанія грунтовой дороги в хорошем состояніи является
сухость ея поверхности и ниже лежащих слоев. Скопляясь в
колесных колеях и выбоинах от копыт животных, дождевая или
снѣговая вода вцитывается в почву и размягчает ее. От ѣзды
по мокрой дорогѣ глубина колей быстро увеличивается; в слѣдующую
дождливую погоду поверхность дороги может представлять уже
ряд глубоких луж, а дальнѣйшая ѣзда обращает дорогу в море
грязи и совершенно ее разрушает. Скопляющаяся в выбоинах
шоссейных и мощеных дорог вода просачивается сквозь кору проѣзжей части; сдѣлавшаяся мягкой почва становится уже не в
состояніи выносить давленія от колес и неравномѣрно осѣдает,
отчего дорога покрывается колеями и ямами и приходит в негодность. Из этого ясно, что хорошій отвод дождевых и снѣговых вод
с поверхности дорог и предупрежденіе образованія луж являются
самой существенной необходимостью. Присутствіе почвенных вод
вблизи от поверхности дороги, или, как говорят, высокій их уровень
нежелателен по слѣдующим причинам. Вслѣдствіе замерзанія зимою
воды почва разбухает и послѣ оттаиванія весною дѣлается в замѣтной
степени пористой, теряет свою плотность, и способность ея сопротивленія сжатію уменьшается. В теплое время года вслѣдствіе
капиллярности почвенная вода поднимается вверх, и потому про-
сыханіе поверхностных слоев грунта послѣ дождя и стаиванія
снѣга сильно задерживается.

§ 16. *Отвод почвенных вод* производится почти исключительно с
помощью трубопровода из круглых пористых гончарных или бетонных труб, уложеннаго по одной или обѣим сторонам дороги на
глубинѣ от трех до четырех фут. Діаметр трубопроводов колеблется
обыкновенно между 3 и 30 дюймами и выбирается в зависимости
от размѣра осушаемой площади, уклона трубопровода и количества
грунтовой воды. Из практических соображеній, принимая во вниманіе погрѣшности в укладкѣ труб, которыя могут имѣть значеніе
в особенности при малых уклонах, а также во избѣжаніе засо-
ренія, рекомендуется дѣлать трубопроводы с внутренним діаметром не менѣе 4–5 дюймов. Трубопроводам дается уклон около 2
дюймов на 100 фут. длины, хотя встрѣчаются устройства с уклоном 0,5
дюйма и менѣе, которыя работают вполнѣ удовлетворительно, и трубы
не забиваются грязью, хотя этого казалось бы можно было ожидать.
В зависимости от діаметра отдѣльныя звенья трубопровода имѣют
длину от одного до двух с половиною фут. и укладываются в притык
друг к другу. Как показывает опыт, покрытіе стыков снаружи
просмоленной бумагой не обязательно, и даже при небольших уклонах

попадающія через стыки во внутрь труб частицы почвы легко уносятся водою прочь.

Одного уложеннаго на какой либо сторонѣ дороги трубопровода обыкновенно бывает достаточно, но конечно, если потребуется, всегда возможно добавить второй трубопровод по другой сторонѣ дороги. Иногда трубопровод укладывается под срединой проѣзжей части, но в этом случаѣ трубы легче подвержены поломкам, а ремонт дороги обходится дороже — в особенности, если она шоссейная или макадамовая.

До войны гончарныя трубы в Соединенных Штатах были дешевы, и стоимость одной мили пятидюймоваго трубопровода, включая сюда стоимость самих труб, земляных работ и работ по укладкѣ, равнялась 200–250 долл., причем стоимость труб составляла 50–60% всей стоимости трубопровода.

§ 17. *Отвод снѣговых и дождевых вод* производится путем устройства боковых канав, обязательно по каждой сторонѣ дороги, и путем приданія поверхности проѣзжей части дороги в ея поперечном разрѣзѣ выпуклаго профиля („профилированія" проѣзжей части). Как видно из фиг. 1–3, канава в разрѣзѣ имѣет не привычную нашему глазу трапецоидальную, а треугольную форму. Чтобы не происходило осыпанія земли, обращенная к пѣшеходной дорожкѣ сторона канавы должна быть достаточно полога и обыкновенно имѣет уклон 2:1 и ни в каком случаѣ не менѣе 1,5:1. Прилегающая к проѣзжей части внутренняя сторона канавы дѣлается очень пологой, и ея очертаніе без перелома переходит в контур проѣзжей части. Этим путем устраняется возможность опрокидыванія экипажа или телѣги, если колеса случайно попадут в канаву, и предотвращаются опасные несчастные случаи с автомобилями. Глубина канав не должна быть слишком велика и по большей части заключается в предѣлах между одним и двумя футами. Во всѣх случаях, когда канава не очень глубока, предпочтеніе отдается треугольной формѣ сѣченія, так как при ней канавы можно дѣлать с помощью обыкновенных дорожных машин, что значительно удешевляет постройку дороги.

Глубокія канавы трапецоидальнаго сѣченія стоят дороже, и кромѣ того их содержаніе и очистка менѣе удобны и требуют постояннаго вниманія. Во избѣжаніе увеличенія стоимости постройки, дно канав выкладывается камнем только в исключительных случаях, когда дорога идет круто под-гору, и когда слѣдовательно текущая в канавѣ вода пріобрѣтает такую скорость, при которой размываніе грунта неизбѣжно.

Вода из канав должна отводиться в естественные водостоки мѣстности. В длинных выемках вмѣсто того, чтобы позволять водѣ течь в канавѣ вдоль всей выемки, предпочитают прокладывать на извѣстной глубинѣ под дном канавы трубопровод из гончарных, бетонных или гофрированных желѣзных труб. Вода из канав

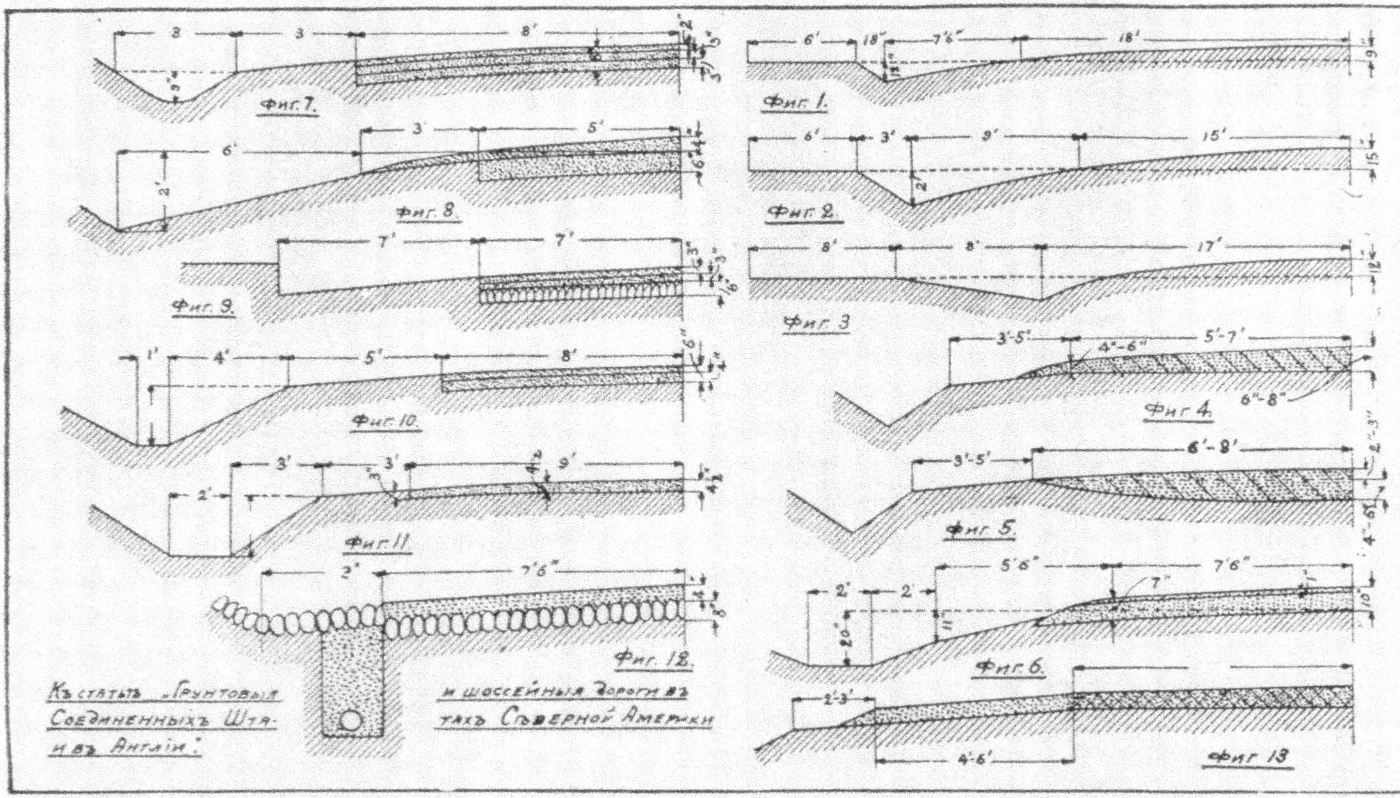

Фиг 1.

Фиг 2.

Фиг 3.

Фиг 4.

Фиг 5.

Фиг 6.

Фиг 13.

Фиг 7.

Фиг 8.

Фиг 9.

Фиг 10.

Фиг 11.

Фиг 12.

Къ статьѣ «Грунтовыя и шоссейныя дороги въ Соединенныхъ Штатахъ Северной Америки и въ Англіи».

отводится в этот трубопровод через вертикальныя колѣна, располо-
женныя на небольших разстояніях друг от друга вдоль дна канавы.
Этим устраняется необходимость дѣлать канавы глубокими и предот-
вращается быстрое размываніе канав с большим продольным уклоном.

§ 18. *Поверхность проѣзжей части в поперечном сѣченіи*
дороги большей частью очерчивается по дугѣ окружности; средній
уклон, т.е. отношеніе высоты подъема в срединѣ дороги к половинѣ
ширины проѣзжей части, дѣлается в предѣлах между 1 : 24 и 1 : 12.
Очевидно, что при слишком малых поперечных уклонах даже
небольшія впадины и выбоины на поверхности дороги способствуют
образованію луж, что всегда недопустимо и особенно вредно на
горизонтальных или с малым продольным уклоном участках дороги.
Слишком большіе поперечные уклоны имѣют также свои существен-
ныя невыгоды, и потому их избѣгают. Фиг. 1 представляет половину
поперечнаго разрѣза дороги шириною 66 фут с профилем проѣзжей
части, очерченным по дугѣ окружности, с средним уклоном 1 : 24
и глубиной канавы 12 дюймов. Проѣзжая часть дороги на фиг. 2
имѣет также круговой профиль, но средній уклон равен 1 : 12, и
канава имѣет глубину 2 фута. Как видно из чертежа, при большой
глубинѣ канавы треугольнаго сѣченія ширина проѣзжей части
значительно уменьшается, что конечно нежелательно. Фиг. 3 дает
поперечный разрѣз деревенской улицы шириною 66 фут. Наружная
сторона канавы здѣсь сдѣлана очень пологой, и дно канавы
перенесено ближе к срединѣ дороги, чтобы останавливающіеся у
домов экипажи и лошади не стояли в водѣ и грязи. Проѣзжая
часть очерчена дугами двух окружностей различных радіусов.
Вообще форма профиля, будь он очерчен дугою окружности или
двумя прямыми наклонными линіями, сходящимися к срединѣ
дороги, не считается имѣющей особо существенное значеніе; важно,
чтобы проѣзжая часть имѣла достаточный поперечный уклон и
могла быть построена с помощью простых дорожных машин.

§ 19. Размѣры и цѣль этой статьи не позволяют останавливаться
на деталях устройства грунтовых дорог, и интересующіеся предметом могут найти описанія и данныя относительно устройства
насыпей и выемок, труб, мостов и проч. в книгах и брошюрах,
указанных в концѣ статьи. Полагая, что для большинства читателей
главное значеніе имѣет экономическая сторона вопроса, я перехожу
к описанію употребляемых в дорожном строительствѣ приспособленій
и машин и способов обращенія с ними.

В представленіи рядового читателя всякаго рода земляныя работы,
работы по сооруженію проѣзжих и желѣзных дорог в том числѣ,
производятся арміей землекопов путем затраты огромнаго количества
человѣческой мускульной энергіи, с помощью примитивных орудій,
как кирка, лопата, тачка и т. п., с очень ограниченным примѣненіем
животной силы (лошадей для отвозки земли) и без всякаго при-

мѣненія механической силы и машин. Так оно было у нас двадцать лѣт тому назад и почти так осталось до послѣдняго времени. Очень немногіе не только из русской обывательской среды, но даже из образованных русских инженеров знают о существованіи спеціальных дорожных машин, которыя дѣлают возможной постройку дорог при минимальной затратѣ человѣческой мускульной работы при такой низкой стоимости и с такой быстротой, которыя в прежних условіях были невозможны. Кирка, лопата и тачка существуют в Америкѣ и до сих пор, но употребляются только для очень малых работ или для работы в исключительных условіях, гдѣ примѣненіе машин невыгодно или невозможно. Вначалѣ при устройствѣ насыпей и выемок кирка, лопата и тачка были вытѣснены спеціальным плугом и скользящим ковшом. Старый способ насыпанія земли в телѣжки с помощью лопаты и отвозки в телѣжках уступил мѣсто новому способу стребанія и перевозки земли с помощью двухколесных и четырехколесных ковшей. Плуг и скользящій ковш в свою очередь были замѣщены дорожной машиной-стругом и дорожной машиной с элеватором. С развитіем строительства дорог улучшенных типов появилось множество новых приспособленій и машин, и вслѣдствіе этого между прежними и современными способами постройки дорог возникло почти такое различіе, какое существует между кустарным и высоко спеціализированным заводским массовым производством.

§ 20. Если примѣненіе дорожных машин невозможно или неудобно, для первоначальнаго разрыхленія земли при устройствѣ насыпей и выемок пользуются *спеціальными плугами*, которых соотвѣтственно характеру почвы и работы существует нѣсколько типов. Наиболѣе употребительным является так называемый „дорожный" плуг (road-plough), который по виду похож на безпередковый земледѣльческій плуг, с той разницей, что он не имѣет ножа, и что его отвал не переворачивает слоя. Плуг дѣлает борозду шириною около 10 дюймов и в зависимости от установки глубиною до 11 дюймов. При легкой почвѣ в плуг вирятаются 2 или 4 лошади; для работы в твердом грунтѣ требуется до 8 лошадей. Плуг, как этого требует обязательная солидность конструкціи, очень массивен и вѣсом обыкновенно дѣлается между 3 и 9 пудами. Стоимость вспахиванія одного кубическаго ярда* этими плугами колеблется между 2 и 5 центами, смотря по твердости почвы. Производительность больших плугов, т. е. объем вспаханной или взрыхленной земли, оцѣнивается в 30—40 кубических ярдов в час.

§ 21. Поднятая плугом земля сгребается и отвозится прочь с помощью *ковшей*, которые дѣлаются скользящими, двухколесными и четырехколесными. Скользящій ковш (drag scoop scraper или

---

* Один кубич. ярд равен 27 кубич. футам или приблизительно 0,0788 кубич. сажени.

slip scraper) не имѣетъ колесъ и по формѣ напоминаетъ ящикъ безъ крышки и передней стѣнки. Къ боковымъ стѣнкамъ въ ихъ передней части придѣлана дуга съ кольцомъ для впряжки лошадей; сзади имѣются длинныя ручки для направленія ковша при наполненіи и опрокидыванія при разгрузкѣ. Скользящіе ковши строются трехъ размѣровъ; самый малый изъ нихъ имѣетъ вмѣстимость 3 кубич. фута и для работы требуетъ одну лошадь. Вмѣстимость ковшей средняго и большого размѣровъ 5 и 7 куб. фут., и для обоихъ требуется по двѣ лошади. Ковши дѣлаются изъ листовой стали и для прочности обыкновенно имѣютъ дно двойной толщины. Скользящіе ковши примѣняются для отвозки земли на короткія разстоянія, до 200 фут.

Когда землю надо отвозить на большія разстоянія, до 700—800 фут, употребляются двухколесные ковши (two-wheel scraper), которые дѣлаются также трехъ размѣровъ, вмѣстимостью 9, 12 и 16 куб. фут. Они состоятъ изъ стальнаго клепанаго ящика, открытаго сверху и съ передней стороны и подвѣшеннаго на системѣ рычаговъ къ двухколесному дышловому ходу. Съ помощью этихъ рычаговъ ящикъ можетъ быть опущенъ и тогда при движеніи ковша впередъ забираетъ землю. Когда онъ наполненъ, тѣми же рычагами его поднимаютъ настолько, что онъ не касается почвы, и отвозятъ къ мѣсту выгрузки, гдѣ особымъ рычагомъ ящикъ можетъ быть опрокинутъ и опорожненъ. Всѣ операціи можно дѣлать, не останавливая лошадей. Вѣсъ двухколесныхъ ковшей въ зависимости отъ размѣровъ и конструкціи колеблется между 9 и 18 пудами.

Дальнѣйшимъ усовершенствованіемъ является четырехколесный ковшъ (four-wheel scraper или Maney scraper), построенный впервые лѣтъ 10 тому назадъ и получившій широкое примѣненіе въ постройкѣ желѣзныхъ дорогъ. Онъ состоитъ изъ большого стальнаго ящика вроде описанныхъ ранѣе, который подвѣшенъ внутри стальной клепаной рамы, снабженной четырьмя колесами. Вмѣстимость ковшей малаго размѣра около 14 кубич. фут. и большого размѣра около 27 куб. фут. Большой ковшъ при наполненіи его требуетъ нѣсколькихъ паръ лошадей, но для отвозки въ немъ земли достаточно одной пары. Нагрузка ковша можетъ дѣлаться также съ помощью 20-сильнаго парового или 30/60-сильнаго бензиноваго трактора. Опусканіе, подъемъ и разгрузка ящика производится не рабочими въ ручную, а тяговой силой, т.е. лошадьми или тракторомъ, почему четырехколесный ковшъ называется самонагружающимся и саморазгружающимся.

§ 22. Особенно важной и дѣйствительно незамѣнимой для постройки грунтовыхъ дорогъ является простая *дорожная машина* (scraping grader), которую въ дальнѣйшемъ за неимѣніемъ установившагося русскаго термина ради краткости и буду называть „*дорожнымъ стругомъ.*" Конструкцій струговъ существуетъ множество, но онѣ отличаются другъ отъ друга только второстепенными деталями;

основной принципъ ихъ устройства повсюду одинаковъ и заключается въ слѣдующемъ. Рабочимъ органомъ машины является скребокъ, изогнутый по цилиндрической поверхности и имѣющій прямолинейное рѣжущее лезвіе.

Скребокъ дѣлается длиною нѣсколько футъ и своей вогнутой стороной обращенъ подобно плужному отвалу впередъ. Онъ укрѣпленъ къ рамѣ, поддерживаемой четырьмя колесами, между ея передней и задней осями и можетъ быть установленъ подъ любымъ угломъ съ направленіемъ тяги и на любой высотѣ. Оба конца скребка могутъ быть подняты или опущены независимо одинъ отъ другого, и самъ скребокъ наклоненъ впередъ или откинутъ назадъ. Установка его производится съ помощью нѣсколькихъ рычаговъ и маховичковъ, расположенныхъ надъ рамой машины и управляемыхъ однимъ человѣкомъ. При работѣ машины скребокъ устанавливается такъ, что съ направленіемъ движенія машины составляетъ острый уголъ. Передній конецъ его вспахиваетъ землю, которая, продвигаясь по скребку, перемѣщается въ поперечномъ направленіи, къ срединѣ проѣзжей части. Задній конецъ скребка не рѣжетъ землю и иногда даже не касается ея поверхности; его назначеніе главнымъ образомъ заключается въ томъ, чтобы сдвигать землю къ срединѣ дороги и разсыпать ее ровнымъ слоемъ. Какъ видно изъ послѣдующаго описанія, въ зависимости отъ положенія скребка точка приложенія равнодѣйствующей сопротивленія земли передвигается то вправо, то влѣво, и вслѣдствіе этого каждая машина должна имѣть приспособленіе для устраненія перекашиванія ея при работѣ. Это дѣлается различными способами: нѣкоторыя машины устраиваются такъ, что вся задняя часть ихъ можетъ быть повернута вправо или влѣво; въ нѣкоторыхъ конструкціяхъ задняя ось съ колесами можетъ сдвигаться въ ту или другую сторону. Иногда задняя ось остается неподвижной, но сами колеса могутъ быть передвинуты вдоль ея независимо другъ отъ друга. У другихъ типовъ машинъ колеса имѣютъ выступающіе наружу фланцы, которые врѣзаются въ почву и такимъ образомъ противодѣйствуютъ поперечному сдвигу отъ боковаго сопротивленія земли.

При постройкѣ этой машиной грунтовой дороги сначала пропахиваютъ неглубокую борозду въ томъ мѣстѣ, гдѣ должна быть наружная сторона правой канавы. Борозда прорѣзается переднимъ концомъ скребка; задній конецъ значительно приподнимается, такъ что не касается земли. Борозда получаетъ треугольную форму, и ея глубина зависитъ отъ твердости грунта и тѣмъ меньше, чѣмъ тверже грунтъ. При второмъ проходѣ задній конецъ скребка долженъ быть нѣсколько опущенъ; скребокъ рѣжетъ почти всѣмъ лезвіемъ и не углубляя борозды, расширяетъ ее по направленію къ срединѣ дороги. Машина при этомъ проходитъ по тому же мѣсту, какъ въ первомъ проходѣ; наружныя переднее и заднее колеса идутъ по дну сдѣланной ранѣе борозды. При третьемъ проходѣ вспаханная при предыдущихъ двухъ проходахъ земля передвигается скребком ближе к срединѣ дороги ; если при этом машина начнет скользить в сторону, нужно, смотря по конструкціи машины, либо повернуть заднюю часть ся к срединѣ дороги, либо сдвинуть всю ось или наружное заднее колесо так, чтобы оно упиралось в наружный откос борозды, либо наклонить заднія колеса. При слѣдующем проходѣ углубляют канаву, сдвигая вновь поднятую землю к срединѣ дороги настолько, насколько позволяет производительность машины. Проходы повторяются до тѣх пор, пока канава не получит надлежащую глубину, а проѣзжая часть надлежащій профиль и уклон.

Таким образом, постройку дороги ведут от боковых канав к срединѣ, постоянно переходя с одной стороны дороги на другую. Если в срединѣ проѣзжей части образуется гребень, он должен быть снят, для чего пользуются такими пріемами. Устанавливают скребок на нужной высотѣ под прямым углом к направленію движенія ; тогда при ходѣ машины он снимает гребень, распредѣляя землю направо и налѣво. Можно также повернуть скребок задней выпуклой стороной вперед и разравнивать им землю, как требуется.

Как это всегда дѣлается, перед началом работы трава и кустарники на мѣстѣ дороги должны быть удалены, сожжены или скошены и срублены. Присутствіе органических веществ в тѣлѣ дороги всегда нежелательно, так как послѣ их разложенія остаются пустоты. Равным образом крупные камни должны быть удалены, и оставшіяся ямы засыпаны землей. При работѣ машиной, если возможно, слѣдует насыпать слой земли не толще 4—6 дюймов, чтобы при послѣдующей ѣздѣ он мог быть хорошо уплотнен колесами телѣг. Если по обстоятельствам проѣзжая часть должна быть сдѣлана сразу, и общая толщина насыпанной земли должна быть болѣе 6 дюймов, необходимо сначала насыпать слой толщиной около 4 дюймов, немедленно хорошо укатать его возможно тяжелым катком, насыпать второй слой, укатать и т. д.

Машина может приводиться в движеніе лошадьми или трактором и работать в самых трудных условіях, почти при всякой почвѣ, и даже там, гдѣ работа плугом невозможна. Дорожный струг требует двух или трех пар лошадей, одного рабочаго для управленія машиной и одного или двух рабочих для управленія лошадьми.

§ 23. Еще болѣе усовершенствованной является *сложная дорожная машина с элеватором* (elevating grader). Она строится многими заводами, но отличія одного типа от другого чисто конструктивнаго характера и по большей части несущественны. Машина состоит из плуга с отвалом особой формы, лемехом и круглым ножем и элеватора, сходнаго с транспортером, имѣющимся в сноповязалках — жнеях и подающим сжатые стебли к вязальному аппарату. Элеватор состоит из безконечной ленты шириною около 3 фут, расположенной поперек машины, но не горизонтально, как у сноповязалок, а наклонно.   Нижній конец элеватора находится у плуга, а верхній выступает далеко наружу и по желанію может быть поднят настолько высоко, что под ним свободно рядом с машиной ѣдет телѣга.   При работѣ машины плуг поднимает землю и передает ее на элеваторную ленту.   Послѣдняя, двигаясь от плуга в направленіи перпендикулярном к направленію хода машины, выносит землю из под машины наружу и вслѣдствіе наклоннаго положенія ленты поднимает ее.   С элеватора земля падает на насыпь или, если ее надо отвезти прочь, в телѣжки.   Элеватор и плуг прикрѣплены к жесткой склепанной из стальных балок рамѣ на четырех колесах. Заднія колеса посажены на ось наглухо или на муфтах, и вслѣдствіе этого во время хода машины задняя ось при помощи конической и цѣпной передачи сообщает движеніе механизму элеватора и самой лентѣ.   Машины этого рода переносят землю в горизонтальном направленіи от плуга на разстояніе от 15 до 30 фут и поднимают ее на высоту до 8 фут.   Величина переноса в горизонтальном направленіи может быть измѣнена с помощью различных приспособленій; высота подъема регулируется особым рычагом. Машины большого размѣра примѣняются при устройствѣ насыпей и выемок; машины малаго размѣра с высотой подъема до 7 фут и переносом в горизонтальном направленіи 14–17 фут очень удобны и продуктивны при устройствѣ канав и проѣзжей части грунтовых дорог.   Малыя машины требуют 8, а большія 12 лошадей, но в извѣстных случаях бывает выгоднѣе тянуть машину вмѣсто лошадей трактором.   Для управленія ею достаточно одного рабочаго и для управленія лошадьми двух или трех человѣк.

Постройка грунтовой дороги с помощью этой машины производится слѣдующим образом.   Для примѣра возьмем дорогу с профилем, как на фиг. 1–2, и машину с горизонтальным переносом 17 фут. По каждой сторонѣ средней линіи дороги и на разстояніи 10 фут от нея забивается по ряду колышков.   При первом проходѣ машина идет вдоль и снаружи лѣваго ряда колышков, и поднятая плугом земля относится элеватором к срединѣ дороги.   Пройдя извѣстное разстояніе, машина поворачивает и возвращается обратно вдоль и снаружи другого ряда колышков.   При втором проходѣ или кругѣ правое переднее колесо идет в бороздѣ, сдѣланной при предыдущем проходѣ; это повторяется при третьем и слѣдующих проходах до тѣх пор, пока канава не получит желаемой ширины.   Затѣм машина переходит опять к срединѣ дороги и направляется так, что лѣвое переднее колесо идет вдоль лѣваго края первой сдѣланной вначалѣ работы борозды; вслѣдствіе этого плуг отходит от средины дороги влѣво против своего положенія в самом началѣ работы на ширину борозды.   При слѣдующем проходѣ лѣвое переднее колесо идет в сдѣланной перед этим бороздѣ, и работа продолжается до тѣх пор, пока машина опять не дойдет до наружнаго края канавы.   Послѣ этого горизонтальный перенос элеватора уменьшают до 14 фут и начинают работу от средины канавы, продвигаясь послѣдовательно, как при предыдущих операціях, к краю дороги. Затѣм дѣлают еще нѣсколько проходов для углубленія канавы, и дорога получает нужный профиль. Начиная со второго прохода при снятіи перваго слоя, за машиной пускается борона, которая разрыхляет поднятую землю и дерн, а за бороной — самый тяжелый имѣющійся в распоряженіи каток, который уплотняет насыпанный слой и дѣлает дорогу вполнѣ годной для ѣзды по ней.

Когда этой машиной пользуются для устройства выемок, наружный конец элеватора поднимают на такую высоту, чтобы под ним могла пройти телѣга. При работѣ телѣга ѣдет рядом с машиной и постепенно наполняется падающей с элеватора землей. Когда телѣга полна, на ея мѣсто ставится вторая, а первая отвозит землю к мѣсту, гдѣ устраивается насыпь.

§ 24. Описывать приспособленія для отвозки земли, катки и другія приспособленія второстепеннаго значенія нѣт необходимости; полезно сказать нѣсколько слов о стоимости и производительности работы вышеуказанными машинами.

В ровной степной мѣстности, гдѣ не нужно дѣлать насыпей и выемок, *постройка дорожным стругом* одной мили дороги шириною 30—35 фут между внутренними сторонами канав при высотѣ подъема средины проѣзжей части (послѣ уплотненія земли) над уровнем почвы 6 дюймов обходится в 30—40 долларов, что составляет 1,67—2,25 цента за кубич. ярд поднятой земли. При высотѣ подъема 12 дюймов стоимость одной мили дороги увеличивается до 70 долл. и стоимость земляных работ до 1,75 цента за кубич. ярд. Предполагается, что машина обслуживается двумя парами лошадей, одним погонщиком и одним рабочим, что плата рабочему 1 долл. 50 цент. и стоимость пары лошадей и их погонщика 3 долл. 50 центов в 10-часовой рабочій день. Если почва очень тверда, требуются добавочная пара лошадей и погонщик, и стоимость работы увеличивается на 50%. Амортизація и ремонт в эти цифры не включены и ложатся дополнительно приблизительно одной пятой цента на кубич. ярд.

Малая дорожная машина с элеватором при легкой почвѣ в 10-часовой рабочій день может поднять и насыпать на дорогу 1000 куб. ярдов земли или насыпать в телѣги 500 куб. ярдов. Для ея обслуживанія требуются 7 пар лошадей, машинист и его помощник и два погонщика. Считая поденную плату людям всего 8 долл. 50 центов и наемную плату за пару лошадей в день 2 долл. 50 цент., получим стоимость работы машины, отнесенную к одному куб. ярду, при насыпкѣ земли на поверхность дороги 2,9 цента и при насыпкѣ в телѣги 5,8 цента, не включая сюда погашенія, стоимости администраціи и ремонта.

Средняя стоимость постройки одной мили грунтовой дороги,

включая сюда устройство насыпей, выемок, труб, мостов и проч., всецѣло зависит от мѣстных условій. Она колеблется в зависимости от количества земляных работ, разстоянія отвозки вынутой земли и привозки строительных матеріалов, твердости грунта, платы рабочим, стоимости лошадиной тяги и других факторов. Поэтому оффиціальные отчеты дают очень пестрыя, непригодныя для общаго сужденія цифры. Так, по относящимся к 1908 году данным средняя стоимость постройки одной мили дорог в штатѣ Миссисипи была 97 долл., в Тексас 168 долл., в штатах Алабама и Арканзас по 225 долл. В Колорадо стоимость достигла 600 долл., в Джорджіи 700 долл. и в штатѣ Флорида даже до 786 долл.

§ 25. Лучшим образом построенная грунтовая дорога чрезвычайно быстро портится и приходит в негодность, если на ея содержаніе не обращается самаго серьезнаго вниманія, и извѣстная англійская поговорка „ A stitch in time saves nine “ едвали гдѣ либо болѣе умѣстна, чѣм здѣсь. Уход за грунтовой дорогой сводится главным образом к тому, чтобы поверхность дороги всегда оставалась совершенно гладкой, без колей, выбоин и ям, в которых могла бы скопляться вода; чтобы проѣзжая часть сохраняла надлежащій уклон от средины к краям, и дождевая вода могла свободно стекать в канавы и из послѣдних отводиться прочь в естественные водостоки мѣстности.

§ 26. Для поддержанія поверхности дорог в гладком состояніи, засыпанія колей и выбоин и удаленія неровностей в Соединенных Штатах примѣняются дорожныя драги, уже описанный ранѣе дорожный струг и спеціальная машина „ V road leveller.“ Типов дорожных *драг* существует множество, от простой деревянной, которая может быть сдѣлана любым плотником, до сложной стальной драги с установкой пластинок под желаемым углом с поверхностью земли. Деревянная бревенчатая драга (split-log road drag) дѣлается из распиленнаго вдоль бревна длиною около сажени и толщиною около фута и состоит из двух полубревен, помѣщенных один сзади другого на разстояніи около аршина и соединенных между собою с помощью трех перекладин. Плоскія стороны полубревен обращены вперед, и одна половина передняго полубревна снабжена стальной пластинкой для предохраненія от быстраго износа при волоченіи драги по дорогѣ. К перекладинам прикрѣплена цѣпь для впряжки лошадей. Деревянныя драги дѣлаются также из досок толщиною 2,5–3 дюйма, поставленных на ребро и соединенных между собою перекладинами.

Другой тип драги, так называемый „ road slicker,“ дѣлается из трех деревянных досок длиною около 8 фут, наложенных плашмя друг на друга так, что одна перекрывает другую на треть своей ширины, и сколоченных вмѣстѣ гвоздями. К верхней доскѣ укрѣплена цѣпь для тяги.

Лучшим временем для работы драгой считается весна, послѣ оттепели, когда дорога подсыхает, и почва мягка, но уже не настолько, что прилипает к рѣжущим кромкам драги. В мѣстностях, гдѣ уход за дорогами хорошо поставлен, дорогу проглаживают драгой регулярно послѣ каждаго дождя, не откладывая работы до того времени, когда земля совершенно высохнет, и образовавшіяся от ѣзды по мокрой дорогѣ кочки и колеи затвердѣют. Драга требует пару лошадей и одного рабочаго, и работа ею производится слѣдующим образом. Драгу тянут сначала по одной сторонѣ проѣзжей части; при этом рѣжущее ребро ея не находится под прямым углом к направленію движенія, т. е. поперек дороги, а нѣсколько наискось, так что ближайшій к канавѣ конец драги идет впереди. Вслѣдствіе этого нѣкоторое количество земли сдвигается от краев дороги к срединѣ; однако надо наблюдать, чтобы перенос земли не был слишком велик. Когда одна сторона дороги проглажена, переходят на другую.

Как ни просто это приспособленіе, обращеніе с ним требует извѣстнаго навыка, так как характер работы драги мѣняется от того, на каком мѣстѣ ея стоит рабочій, ближе ли к переднему или заднему полубревну, а также от того, длинны или коротки постромки. Стоимость работы 8-футовой драгой, смотря по мѣстным условіям, колеблется обыкновенно между 50 и 70 центами за милю дороги.

§ 27. Если проглаживаніе драгой производится своевременно и часто, никакой другой машины для ухода за дорогой не требуется, но если дорога запущена, и на ней образовались глубокія колеи, привести ее в порядок одной драгой нельзя и необходимо прибѣгнуть к извѣстному из предыдущаго *дорожному стругу*. Для этого скребок струга устанавливается почти поперек дороги, и работу начинают от канавы. Скребок рѣжет почти всей длиной лезвія, но вслѣдствіе своей установки сдвигает к срединѣ дороги только небольшое количество земли, а большую часть ея толкает впереди себя, засыпая при этом колеи и ямы. Избыток земли равномѣрно распредѣляется по поверхности дороги, для чего задній конец скребка, ближайшій к срединѣ дороги, слегка приподнимают. Как и при работѣ драгой, исправленіе дороги стругом надо дѣлать тогда, когда земля еще не совсѣм высохла, иначе от послѣдующей ѣзды насыпанный вновь слой будет не уплотнен, а размельчен и обращен в пыль. Для работы стругом нужно имѣть 3 пары лошадей и 3 рабочих, и в среднем можно исправить 3—4 мили дороги в день при стоимости от 3 долл. до 3 долл. 50 центов за милю. Обычно для этого струг должен сдѣлать три прохода, но если дорога очень запущена, то 4 и болѣе; при этом стоимость работы соотвѣтственно увеличивается.

§ 28. Причину того, что содержаніе дорог в нѣкоторых мѣстностях Соединенных Штатов может быть не стоит на должной высотѣ, надо искать не в технической сторонѣ дѣла, а в том, что для содержанія и ремонта дорог вообще очень трудно создать такую организацію, которая могла бы успѣшно справляться с задачей и вмѣстѣ с тѣм быть повсюду одинаково пригодной и экономически выгодной.   Несмотря на огромный прогресс в строительствѣ проѣзжих дорог, Соединенные Штаты еще до сих пор не выработали вполнѣ раціональной и универсальной системы ухода за дорогами, и спеціальные техническіе журналы по настоящее время ведут безконечные споры о преимуществах того или другого способа.

Наиболѣе распространенный и самый худшій из способов состоит в том, что наблюденіе за дорогами поручается назначенным мѣстным самоуправленіем дорожным мастерам, из которых каждый имѣет в своем вѣдѣніи 8–10 миль дороги. Этот способ является почти единственно возможным в мѣстах, гдѣ дорожный налог имѣет форму натуральной дорожной повинности, и отсюда вытекают его главнѣйшіе недостатки.   При нем регулярнаго ухода за дорогами фактически не существует, а происходит только ремонт, часто запоздалый, даже не по винѣ мастера, и не всегда с технической стороны удовлетворительный.   Понятно, что при такой организаціи поддерживать грунтовыя дороги в хорошем состояніи затруднительно.

Другой способ заключается в том, что административная единица или дорожный участок имѣют постоянный небольшой отряд дорожных рабочих, который снабжен всѣми необходимыми инструментами, машинами и матеріалами и переходит с одной дороги на другую, производя необходимый ремонт.   Этот способ является болѣе совершенным, чѣм предыдущій, но также имѣет серьезные недостатки. Работа на той или другой дорогѣ производится не тогда, когда она настоятельно требуется, или когда условія погоды и работы особенно благопріятны, а когда до нея дойдет очередь.   Этот способ слѣдовательно, как и предыдущій, имѣет цѣлью не уход, а періодическій ремонт.

Наиболѣе совершенной из всѣх повидимому оказывается так называемая *патрульная система*, схема которой такова.   Дороги разбиваются на небольшія секціи длиною нѣсколько миль, и производство работ по содержанію каждой секціи поручается живущему вблизи нея патрульному. Патрульные находятся в подчиненіи у дорожнаго мастера, которому они регулярно, еженедѣльно и иногда даже ежедневно, сообщают по телефону о состояніи дорог, и который дает им указанія и распоряженія относительно работ. Дорожные мастера находятся под контролем дорожнаго инженера графства. Уход за дорогами далеко не всегда является единственным дѣлом патрульных; занимаясь земледѣльческим или иным трудом, они однако обязаны производить работы по содержанію дорог немедленно, когда это потребуется.   Их работа заключается главным образом в проглаживаніи дорог драгами, очисткѣ канав и проч.; они должны имѣть достаточное количество лошадей и имѣют право нанимать себѣ в случаѣ нужды помощников.   По отзывам патрульная система дѣлает возможным при небольших расходах содержать дороги в совершенно удовлетворительном состояніи.

При патрульной системѣ работы производятся хозяйственным способом; иногда всѣ работы по уходу за дорогами и ремонту их сдаются на извѣстный срок подрядчику.   Однако позволительно усумниться в том, что подрядный способ веденія дѣла выгоднѣе и лучше хозяйственнаго, в особенности, когда предусмотрѣть объем будущих работ представляется совершенно невозможным; многіе американскіе авторитеты отдают рѣшительное предпочтеніе патрульной системѣ.

§ 29.   Стоимость содержанія грунтовых дорог неопредѣленна, и оффиціальныя данныя по этому вопросу скудны.   В штатѣ Арканзас годичная стоимость проглаживанія драгами была около 11 долл. за милю; в штатѣ Теннесси дороги содержались в удовлетворительном состояніи при годичном расходѣ 5 долл. на милю.   В штатѣ Мичиган в 1909–1910 году стоимость содержанія и ремонта одной мили составляла в среднем около 31 долл., что объясняется большой ѣздой по дорогам; в нѣкоторых других штатах содержаніе дорог обходилось еще дороже.   Столь значительное расхожденіе в цифрах объясняется различіем климатических условій и количеств атмосферных осадков, различіем почвы, ширины дороги и интенсивности движенія по ней и другими причинами; кромѣ того само понятіе о том, что такое „удовлетворительное“ или „хорошее“ состояніе дороги, крайне растяжимо.

§ 30.   На рубежѣ между дорогами улучшеннаго типа и грунтовыми находятся *дороги с пропитанной нефтяными остатками поверхностью проѣзжей части*, так называемыя „oiled roads.“ Пропитываніе дѣлается с двумя цѣлями, с одной стороны для уменьшенія пыли, с другой стороны для сообщенія дорогѣ водонепроницаемости.   Как та, так и другая цѣль достигаются довольно успѣшно, но высокая стоимость устройства и содержанія препятствуют широкому распространенію дорог этого рода.   Этим же, вѣроятно, объясняется и то обстоятельство, что, не встрѣчая рѣшительных противников, пропитанныя грунтовыя дороги не имѣют также и особенно горячих защитников.   Нѣт сомнѣнія однако, что в извѣстных условіях онѣ могут быть полезными и с экономической точки зрѣнія пріемлемыми как в Соединенных Штатах, так и в Россіи.

Если поднимаемая обыкновенными экипажами пыль является большой непріятностью, то в мѣстностях со сколько нибудь развитым автомобильным движеніем она дѣлается настоящим бѣдствіем для живущаго вблизи дороги населенія.   Из всѣх способов для уменьшенія образованія пыли поливка грунтовой дороги нефтяными остатками является наиболѣе успѣшным.   Поэтому пропитываніе

верхняго слоя проѣзжей части оказывается в этом случаѣ спаситель-
ным средством, если только в данной мѣстности нефтяные остатки
достаточно дешевы, и устройство улучшенных, т. е. макадамовых,
гравійных и проч., дорог экономически менѣе выгодно.

Пропитываніе дорог дѣлает их также болѣе стойкими в осеннее
и весеннее время, увеличивая их водонепроницаемость и способствуя
быстрому стоку воды в канавы. По словам одного из сторонников
пропитыванія дорог профессора R. T. Agg, в то время, как в
дождливый осенній період обыкновенныя грунтовыя дороги про-
мокают на нѣсколько дюймов, у пропитанных дорог только размяг-
чается поверхность и то лишь на полдюйма глубины, — лежащіе же
ниже слои почвы остаются сухими и твердыми.

§ 31. Перед пропитываніем грунтовыя дороги тщательно проглаживают драгой и в случаѣ необходимости исправляют дорожным
стругом. Поверхность их должна быть совершенно гладкой, твердой
и достаточно сухой; пыль с неи должна быть удалена. Проф. Agg
рекомендует производить пропитываніе слѣдующим образом.

Если дорога давно или совсѣм еще не пропитывалась, проѣзжую
часть ея поливают два раза, второй раз через двое суток послѣ перваго.
Количество нефтяных остатков должно составлять каждый раз около
одной четверти галлона на квадратный ярд поверхности.* Послѣ
этого дорогу слѣдует поливать два раза в год, в Іюнѣ и в началѣ
Сентября, расходуя по 0,25 галлона на квадр. ярд каждый раз, но
для дорог с большой ѣздой это количество полезно увеличить от
одной трети до 0,5 галлона. Послѣ двух поливок по полгаллона
нефть проникает в почву на глубину около дюйма, так что образуется плотная почти водонепроницаемая кора.

§ 32. По принятым почти всѣми штатами спесификаціям употребляемые для поливки *нефтяные остатки* должны удовлетворять
слѣдующим техническим условіям :—

1. Нефтяные остатки для пропитыванія грунтовых дорог в
первый раз.

Удѣльный вѣс при 25° С.	не менѣе 0,890
Растворимых в сѣрнистом углеродѣ биту-	
менов	не менѣе 99,5%
Остаток проникновенія 100	40 до 60%
Удѣльн. вязкость при 40° С.	10,0 до 25,0

2. Нефтяные остатки для пропитыванія грунтовых дорог второй
раз, а также для песчаных, гравійных или макадамовых дорог.

Удѣльный вѣс при 25° С.	не менѣе 0,910
Удѣльная вязкость при 40° С.	10,0 до 25,0

---

* Американскій галлон равен 231 кубич. дюймам или приблизительно 0,308 русскаго
ведра. Один галлон на квадр. ярд отвѣчает приблизительно 1,68 ведра на квадр. сажень.

Потеря при 163° С. втеченіе 5 часов ..	не свыше 25%
Растворимых в сѣрнистом углеродѣ биту-	
менов	не менѣе 99,5%
Нерастворимых в нефти 86 Б. битуменов	не менѣе 5%
Связаннаго углерода	не менѣе 4%

Нефтяные остатки должны быть однородны и не содержать воды. Для поливки в первый раз употребляются болѣе легкіе остатки No. 1, так как они впитываются легче и проникают глубже; но всѣ послѣдующіе разы пользуются остатками No. 2. Оба рода остатков примѣняются в холодном состояніи, без предварительнаго подогрѣва.

Проф. Agg („ Engineering News Record,“ том 78, от 3 мая 1917 г.) совѣтует употреблять болѣе тяжелые нефтяные остатки (50%-asphalt road oil), у которых

Удѣльный вѣс	1,0–1,01.
Удѣльная вязкость при 50° С.	около 30,4
Температура вспышки	около 400° F.

Перед употребленіем эти тяжелые остатки обязательно подогрѣваются, иначе они плохо впитываются, причем их температура должна быть не ниже 150° F. (65° С.) и не выше 200° F. (93° С.).

§ 33. *Поливку дороги* можно дѣлать из леек в ручную или из обыкновенных бочек, но лучше пользоваться спеціальными цистернами на колесах, которыя снабжены насосами, подающими остатки под давленіем. Насос помѣщается сзади бака и приводится в дѣйствіе от задних колес с помощью цѣпной передачи. Нефтяные остатки из насоса поступают в горизонтальную трубу с мелкими отверстіями, которая расположена за задними колесами на небольшом разстояніи от земли, как распредѣлительная труба в бочках для поливки водою городских улиц. При выходѣ из трубы остатки с силой разбрызгиваются мелкими струйками. Выгоды такого способа поливки заключаются в том, что распредѣленіе происходит очень равномѣрно, и расходуемое количество остатков регулируется вполнѣ точно; при поливкѣ из простых бочек ни того, ни другого достигнуть нельзя. Примѣняемыя для тяжелых нефтяных остатков цистерны имѣют приспособленіе для подогрѣва.

§ 34. Пропитыванію подвергается обыкновенно только средина проѣзжей части шириною около 15 фут, но и при этом процесс обходится довольно дорого. В вышеуказанной статьѣ проф. Агг считает, что при цѣнѣ остатков 3,5 центов за галлон, включая в нее доставку в вагонах-цистернах до ближайшей к мѣсту работ станціи желѣзной дороги, *стоимость пропитыванія* одной мили дороги в зависимости от ширины дороги, количества остатков на квадр. ярд и разстоянія от станціи колеблется между 100 и 250 долл. Другіе авторитеты считают, что при цѣнѣ остатков от 4 до 8 центов за галлон, при ширинѣ пропитываемой части дороги 15 фут и расходѣ от 0,25 до 0,5 галл. на квадр. ярд стоимость пропитыванія обходится въ 150—500 долл. каждый разъ, въ зависимости отъ цѣны нефти, разстоянія мѣста работъ отъ желѣзнодорожной станціи и способа поливки. Стоимость подготовки поверхности дороги, погашенія, ремонта и административные расходы въ вышеприведенныя цифры не включены.

ПЕСОЧНОГЛИНЯНЫЯ ДОРОГИ.

§ 35. Песочноглиняныя дороги появились въ Соединенныхъ Штатахъ сравнительно недавно и въ короткое время получили широкое распространеніе. Въ 1904 году ихъ общее протяженіе равнялось всего 2.979 милямъ, и онѣ встрѣчались главнымъ образомъ въ штатахъ Южная Каролина (1.575 миль), Джорджія (513 м.), Сѣверная Каролина (438 м.) и Флорида (435 м.). Въ 1909 году ихъ общая длина увеличилась противъ 1904 г. въ 8,25 раза и составляла 24.600 миль. Въ 1914 г. общее протяженіе ихъ равнялось уже 44.155 миль. Наибольшій ростъ ихъ наблюдается въ штатѣ Джорджія, въ которомъ протяженіе песочноглиняныхъ дорогъ въ 1914 г. было равно 10.778 милямъ; въ штатахъ Южная Каролина (3.101 миль), Мичиганъ (1.375 м.), Тексасъ (3.490 м.), Сѣверная Каролина (4.313 м.), Флорида (1.163 м.), Иллинойсъ (2.468 м.), Алабама (1.916 м.), Лунзіана (1.448 м.) и Висконсинъ (2.054 м.). Процентное отношеніе общей длины песочноглиняныхъ дорогъ къ общей длинѣ улучшенныхъ дорогъ въ 1904 году было всего 1,9%, въ 1909 г. 13% и въ 1914 г. свыше 17%. Столь быстрое распространеніе этихъ дорогъ является слѣдствіемъ съ одной стороны способности ихъ довольно хорошо сопротивляться дѣйствію климата и ѣзды и съ другой стороны сравнительно невысокой стоимостью ихъ устройства и содержанія, такъ какъ главнѣйшіе употребляемые въ ихъ постройкѣ матеріалы — песокъ и глина — встрѣчаются почти повсюду.

§ 36. Для песочноглиняныхъ дорогъ годится почти всякій *песокъ*, если только онъ болѣе или менѣе чистъ, и его зерна не слишкомъ мелки. Въ отношеніи *глины* необходимо быть болѣе разборчивымъ, такъ какъ не всѣ сорта ея одинаково пригодны для этой цѣли. Быстро поглощающая воду глина для дорогъ негодна, такъ какъ она обыкновенно распадается въ водѣ и не обладаетъ связывающими свойствами. Если вблизи мѣстоположенія предполагаемой дороги находятся залежи глины различныхъ сортовъ, то для опредѣленія, какой изъ нихъ является наиболѣе подходящимъ, пользуются слѣдующимъ простымъ способомъ. Изъ взятыхъ изъ разныхъ мѣстъ образцовъ глины дѣлаютъ шарики приблизительно одинаковаго діаметра, тщательно высушиваютъ ихъ въ печи или на солнцѣ и затѣмъ кладутъ въ воду. Глина шарика, который дольше другихъ сохраняетъ свою форму и слѣдовательно лучше сопротивляется дѣйствію воды, очевидно обладаетъ желательными для постройки качествами в большей мѣрѣ, чѣм другіе сорта ея. Так как глина всегда содержит в себѣ песок, необходимо опредѣлить процентное содержаніе его по вѣсу в каждом сортѣ глины путем отмучиванія и перед тѣм, как дѣлать шарики, уравнять содержаніе песку во всѣх сортах, добавляя его к глинѣ. Процесс отмучиванія аналогичен примѣняемому при опредѣленіи состава почвы, и поэтому описывать его здѣсь нѣт необходимости.

Как чистый песок, так и чистая глина для постройки дорог непригодны, но будучи смѣшаны в извѣстной пропорціи друг с другом, представляют цѣнный по своим качествам матеріал. Обыкновенно для полученія удовлетворительных результатов смѣсь должна содержать по вѣсу одну часть чистой глины на двѣ части песку, но *опредѣленіе настоящаго соотношенія составных частей* лучше всего производить путем опыта, пользуясь, напр., слѣдующим способом. Сначала путем отмучиванія находят содержаніе песку в глинѣ, которую предполагают употреблять для постройки дороги, и затѣм, добавляя соотвѣтствующее количество песку, составляют ряд смѣсей с содержаніем песку от 50 до 70%. Из каждой смѣси дѣлают по два шарика діаметром около 1,25 дюйма и высушивают их на солнцѣ. Берут по одному шарику каждой смѣси и трут их между пальцами; если матеріал шарика быстро разсыпается, в смѣси слишком много песку, а если образуется мелкая пыль, то слишком много глины. Если соотношеніе песку и глины правильно, то шарик хорошо сопротивляется тренію и лишь получает матовый блеск. Для испытанія в мокром состояніи оставшіеся шарики кладут в таз и осторожно наливают в него воды настолько, чтобы она их совершенно покрыла. Содержащіе в избыткѣ песок шарики размокают и разсыпаются первыми, за ними слѣдуют шарики с слишком большим количеством глины; образцы с надлежащей пропорціей песку и глины противустоят размоканію дольше остальных. Лучшія смѣси подвергаются такому же испытанію второй раз; из выбранной окончательно смѣси строится короткая опытная дорога, которая испытывается уже в естественных условіях климата и ѣзды.

§ 37. *Постройка песочноглиняной дороги* производится совершенно так, как грунтовой: сначала устраняется отвод почвенных вод, затѣм с помощью описанных ранѣе приспособленій и машин выкапываются канавы и профилируется проѣзжая часть. Как показано на фиг. 4, средина проѣзжей части дѣлается плоской или только с очень небольшим уклоном. На подготовленное таким образом основаніе насыпается слой смѣси песку и глины и разравнивается драгой или дорожным стругом, и послѣ этого дорога открывается для ѣзды. Послѣ перваго сильнаго дождя, когда слой хорошо пропитается насквозь, дорогу проходят бороной и опять выравнивают ея поверхность стругом или драгой.   По истечении некотораго времени на проѣзжую часть дополнительно насыпают тонкій слой песку или глины, смотря по надобности; проходят дорогу бороной и проглаживают драгой.

Проѣзжая часть дѣлается шириной от 10 до 14 фут; толщина песочноглиняной коры в срединѣ ея бывает от 6 до 8 дюймов и по краям от 4 до 6 дюймов.   Обочины между проѣзжей частью и канавами имѣют ширину от 5 до 3 фут.

Если почва мѣстности состоит из глины, то способ постройки может быть нѣсколько упрощен и удешевлен.   В этом случаѣ послѣ устройства дренажа и профилированія проѣзжая часть вспахивается плугом на глубину 6–8 дюймов, и на вспаханную поверхность насыпается слой песку такой толщины, чтобы получить смѣсь песку и глины желательных качеств.   Послѣ этого песок равномѣрно распредѣляется с помощью струга или драги; проѣзжую часть вспахивают второй раз настолько глубоко, насколько возможно, и проходят дисковой бороной, чтобы возможно лучше перемѣшать глину и песок.   Бороньбу надо дѣлать, когда дорога мокра, иначе получить смѣсь удовлетворительной однородности нельзя.   Послѣ боронѣнія дорога профилируется и проглаживается стругом или драгой и затѣм может быть открыта для движенія.   Первое время дорога требует заботливаго надзора, пока смѣсь не будет достаточно уплотнена и перемѣшана колесами экипажей, и образующіяся колеи и выбоины должны быть немедленно засыпаемы с помощью драги и струга.   Вѣроятно первое время в разных мѣстах дороги придется добавлять песку или глины, смотря по тому, чего недостает в составѣ смѣси, но через год — два проѣзжая часть сдѣлается совершенно плотной и уже не будет требовать сколько нибудь значительнаго ухода и ремонта.

Постройка дороги в мѣстности с песчаной почвой производится почти таким же способом, но вмѣсто песку конечно приходится добавлять глину.   Слой смѣси имѣет чечевицеобразную форму, как видно из фиг. 5.

§ 38. *Стоимость постройки песочноглиняных дорог*, как и грунтовых, зависит от многих факторов и потому колеблется в очень широких предѣлах.   По оффиціальным отчетам Министерства Земледѣлія стоимость постройки одной мили дороги в 1909 году в зависимости от мѣстных условій мѣнялась от 400 до 1.000 долл.   По свѣдѣніям, относящимся к 1916 году, стоимость постройки одной мили дороги в южных штатах при ширинѣ песочноглинянаго слоя 16 фут, исключая стоимость устройства насыпей и выемок, колебалась между 500 и 1.500 долл.

Стоимость содержанія этих дорог незначительна и обходится обыкновенно между 5 и 10 долл. за милю в год; уход заключается преимущественно в проглаживаніи дороги драгой.

ГРАВІЙНЫЯ ДОРОГИ.

§ 39. **Из всѣх** типов дорог с искусственной поверхностью гравійныя дороги были и остаются до настоящаго времени наиболѣе распространенными. В 1914 году общее протяженіе их в Соединенных Штатах равнялось 116.000 миль и составляло около 45% всей длины улучшенных дорог. В нѣкоторых штатах, как Индіана, Луизіана, Массачузетс, Мичиган, Орегон, Вермонт, Уошингтон, Висконсин и др., их протяженіе превышало ⅔ всей длины улучшенных дорог. Онѣ вполнѣ пригодны для всяких климатических условій, если только движеніе не слишком велико; могут быть построены и содержимы с помощью простых приспособленій и машин, и матеріал для их постройки — гравій — встрѣчается в Сѣверной Америкѣ почти повсюду, в особенности в сѣверной и средней полосѣ. Гравій образовался главным образом во время ледниковаго періода, и так как зона ледников охватывала всю теперешнюю Канаду и сѣверные штаты Союза, то гравійныя залежи покрывают очень большую площадь и достигают огромной толщины. Часть гравія была унесена потоками, и слои его встрѣчаются въ бассейнах больших рѣк даже в южных штатах.

В преобладающем числѣ случаев *гравій* состоит из округленных камешков различной величины. Как слишком мелкій, так и слишком крупный гравій для постройки дороги мало пригодны : первый по своим свойствам приближается к песку, второй к булыжнику. Основная масса идущаго для постройки дорог гравія должна состоять из камешков различной величины с наибольшими размѣрами между 0,75 и 1,5 дюйма. Однако, еслибы гравійная настилка дороги состояла только из одних камешков этих размѣров, она легко пропускала бы воду и была бы рыхла и неудобна для ѣзды. Поэтому для заполненія промежутков между камешками основной массы необходимо допустить примѣсь болѣе мелкаго гравія с размѣрами зерен между 0,75 и 0,125 дюйма. Это однако еще не достаточно, и настилка была бы все еще пориста и рыхла. Поэтому для заполненія пустот между зернами мелкаго гравія к смѣси нужно прибавить извѣстное количество песку и наконец, чтобы соединить все в сплошной конгломерат, необходимо добавить какое либо связывающее вещество. Таким веществом могут быть глина, кремнезем, очень мелкіе осколки камня, окись желѣза и проч. По техническим условіям American Society for Municipal Improvements *смѣси гравія песку и глины* для дорог классифицируются слѣдующим образом. Смѣсь No. 1 содержит от 60 до 75% гравія, камешки котораго не проходят через сито с ячейками 0,25 дюйма и проходят через сито с ячейками 1,5 дюйма. Из этого количества в свою очередь от 25 до 75% должны задерживаться на ситѣ с ячейками 0,75 дюйма.

Остальная проходящая сквозь сито с ячейками 0,25 дюйма часть смѣси должна содержать от 65 до 85% зерен, не проходящих сквозь сито No. 200. Смѣсь No. 2 содержит от 60 до 75% крупных камешков, задерживающихся на ситѣ с ячейками 0,25 дюйма и проходящих через сито с ячейками 2,5 дюйма; из этого количества от 25 до 75% не должны проходить через сито с ячейками 1 дюйм. Мелкій щебень, песок и глина, составляющіе остальную часть смѣси, должны удовлетворять тѣм же условіям, как для смѣси No. 1. No. 2 употребляется для нижних и No. 1 для верхних слоев гравійной настилки.

Связывающія вещества находят часто примѣшанными к гравію, но далеко не всегда в желательной пропорціи; избыток их может быть удален грохоченіем гравія, а недостаток пополнен добавленіем до нужнаго количества. Из них самым распространенным и потому наиболѣе дешевым, чаще других употребляемым, но худшим по свойствам является глина. В дождливую погоду она поглощает воду и дѣлается слишком мягкой, а при наступленіи морозов вслѣдствіе замерзанія воды и в сухую погоду вслѣдствіе высыханія трескается, отчего связь между камешками нарушается. Почти таковы же качества черной земли, мергеля, ракушек и проч. Гораздо лучшими качествами обладают осколки камня (каменная пыль), кремнезем и окись желѣза, в особенности послѣдняя, которая нерѣдко сплошным слоем покрывает отдѣльныя зерна гравія. Очень хороши, как связывающія вещества, болотная окись желѣза и бѣдная желѣзом руда, которыя неудовлетворительны для металлургических цѣлей, но в смѣси с гравіем представляют для дорог превосходный строительный матеріал. Каменныя породы, из которых образовался гравій, часто заключают в себѣ обладающія цементирующими свойствами вещества; этот гравій наиболѣе пригоден, но встрѣчается не всюду.

§ 40. Как это видно из фиг. 6–8, покрытая гравіем проѣзжая часть дороги обыкновенно имѣет ширину около 16 фут. Способы подготовки земляного основанія для гравійной коры совершенно аналогичны примѣняемым в постройкѣ грунтовых и песчано-глиняных дорог. Особенно важное значеніе имѣет хорошій отвод почвенных вод, и в большей части случаев быстрое разрушеніе гравійных дорог происходит главным образом вслѣдствіе неудовлетворительнаго устройства дренажа. Так как стоимость гравійной коры составляет наиболѣе значительную часть всей стоимости постройки, то неразумная экономія в прокладкѣ трубопровода достаточных діаметра и длины является непростительной ошибкой. Далѣе, по вполнѣ понятным причинам толщина слоя гравія может быть меньше при хорошем осушеніи почвы, чѣм в том случаѣ, если отвод почвенных вод производится неудовлетворительным образом или совершенно отсутствует: чѣм суше земля, тѣм она тверже и тѣм большее давленіе она может выдерживать. Как это будет болѣе подробно объяснено в послѣдующем, давленіе от колес распространяется в толщу гравія по конусу с опредѣленным углом в вершинѣ, и чѣм тверже земля, тѣм меньше может быть основаніе конуса, иначе говоря, тѣм тоньше может быть слой гравія. Таким образом устройство удовлетворительнаго дренажа, дѣлая возможным уменьшеніе толщины гравійной коры и слѣдовательно способствуя удешевленію стоимости проѣзжей части, не может особенно повысить полной стоимости постройки дороги.

Способы постройки проѣзжей части различны, и простѣйшій из них заключается в том, что слой гравія насыпается на подготовленное земляное основаніе, грубо разравнивается, и дорога открывается для движенія без предварительнаго укатыванія катком. Уплотненіе слоя дѣлается колесами экипажей и потому совершается долго и неравномѣрно; образующіяся колеи и ямы должны быть засыпаны свѣжим гравіем, пока по истеченіи извѣстнаго времени весь слой не пріобрѣтет болѣе или менѣе однородную плотность. При болѣе совершенном способѣ постройки, до насыпки щебня проѣзжая часть профилируется стругом и, если нужно, укатывается тяжелым катком. Затѣм на нее насыпают слой гравія толщиною от 4 до 6 дюймов и разравнивают либо в ручную с помощью лопаты и грабель, либо бороной или дорожным стругом. Послѣ этого насыпанный слой укатывается катком или уплотняется ѣздой развозящих гравій телег, и образующіяся колеи засыпаются гравіем. Когда первый слой будет хорошо уплотнен, на него насыпают второй такой же толщины и поступают по предыдущему, пока гравійная кора не получит нужной толщины. В срединѣ проѣзжей части слой гравія имѣет толщину 8–10 дюймов и в разстояніи 4–5 фут от средины к краям около 6 дюймов. Поперечный уклон должен быть не менѣе 0,25 и не болѣе 0,75 дюйма на фут, т.е. должен находиться между 1 : 48 и 1 : 16. Для безопасности ѣзды продольные уклоны гравійных дорог не должны превышать 12%.

Другой, так называемый „траншейный" способ постройки отличается от предыдущаго тѣм, что вдоль и во всю ширину проѣзжей части выкапывается мелкая канава или траншея с глубиной равной толщинѣ гравійнаго слоя. Дно канавы имѣет очертаніе параллельное профилю гравійной коры и дѣлается большей частью по дугѣ окружности с уклоном 0,75 дюйма на фут, т.е. с общим подъемом в срединѣ 6 дюймов при ширинѣ траншеи 16 фут. В канаву насыпается слой щебня толщиной от 3 до 5 дюймов, разравнивается и хорошо укатывается, затѣм насыпается второй слой такой же толщины и уплотняется катком, и подобныя операціи повторяются до тѣх пор, пока общая толщина слоя не достигнет необходимой величины. Нижніе слои дѣлаются из болѣе крупнаго и верхніе из болѣе мелкаго гравія. Во всѣх случаях надо наблюдать, чтобы при уплотненіи слоев катком или ѣздой в гравій не попадала обыкновенная земля, которая не обладает ни связывающими свойствами, ни твердостью и потому, как примѣсь к гравію, вредна. Уплотненіе происходит лучше всего, если гравій нѣсколько влажен, и потому перед укатываніем, если это возможно, насыпанный слой слѣдует слегка смочить водою из бочек типа употребляемых для поливки городских улиц. Как показывает фиг. 7, толщина коры во всѣх мѣстах одинакова; ширина проѣзжей части мѣняется в предѣлах от 12 до 16 фут. Послѣдній слой укатывают, начиная от канавы; поэтому дорога получает ровную поверхность без ложбин и ям, задерживающих сток дождевой воды.

Фиг. 8 дает поперечный разрѣз гравійных дорог в штатѣ Тексас; конструкція дороги является промежуточной между двумя, описанными выше, и повидимому не представляет существенных выгод перед траншейной, за исключеніем того, что распредѣленіе матеріала болѣе раціонально: слой гравія имѣет наибольшую толщину в тѣх мѣстах, по которым движеніе особенно интенсивно. Наиболѣе распространенной является конструкція, указанная на фиг. 6.

§ 41. Стоимость постройки гравійной дороги, равно как грунтовой и несочноглинаной, зависит от характера мѣстности, объема подготовительных земляных работ, цѣны гравія, разстоянія залежей гравія до мѣста постройки, цѣн на рабочія руки и проч. По данным Министерства Земледѣлія полная стоимость постройки одной мили дороги с шириной гравійной части около 15 фут в штатах Миссури и Каролина в 1909 году равнялась приблизительно 1.000–1.100 долл.; в других штатах она была значительно выше. Так в Калифорніи средняя стоимость была 1.375 долл.; в Колорадо 1.475 долл.; в Индіанѣ 1.887 долл. и в Флоридѣ доходила до 3.900 долл. По относящимся к 1915–1916 годам свѣдѣніям средняя стоимость постройки в центральных штатах колебалась между 1.000 и 2.000 долл. за милю, но в нѣкоторых случаях была много выше.

§ 42. В мѣстностях с сильно развитым автомобильным движеніем гравійныя дороги очень пылят. Средств для уменьшенія пыли существует довольно много, но они или имѣют только мѣстное значеніе, или слишком дороги. Проходящія вблизи моря дороги смачивают соленой водой, которая связывает мелкія частицы пыли; в мѣстах, расположенных далеко от морского берега, пользуются искусственными соляными растворами, напр., раствором хлористаго кальція. Наиболѣе дѣйствительным средством является пропитываніе дороги нефтяными остатками, которое производится аналогично описанному раньше в главѣ о грунтовых дорогах. Этот способ предупрежденія образованія пыли однако слишком дорог и потому может примѣняться преимущественно для улиц деревень, дорог в парках и в других подобных случаях. Полная стоимость пропитыванія остатками одного квадр. ярда, включая сюда стоимость матеріала и работы, обыкновенно оцѣнивается в 4–7 центов.

§ 43. О содержаніи дорог с организаціонной и административной

Н

стороны говорилось раньше, и поэтому здесь будет достаточно сказать несколько слов лишь о технической стороне дела.

Первое время после постройки дороги слой гравия еще довольно рыхл, и даже после укатывания дороги катком колеса экипажей легко пробивают колеи и сдвигают гравий к канавам. Поэтому новая дорога требует постоянного ухода, который заключается в засыпании колей и выбоин свежим гравием или гравием с самой дороги. Иногда оказывается, что смесь гравия составлена не совсем удовлетворительно, и дорога либо грязна в дождливое время, либо хрупка и недостаточно тверда в сухую погоду. В первом случае смесь содержит избыток глины, и для исправления ее состава на поверхность дороги насыпается тонкий слой крупного песку или, что еще лучше, мелкого гравия. Во втором случае в смеси недостаточно связывающего вещества, и потому на дорогу насыпают слой глины и чтобы хорошо перемешать глину с гравием, проходят бороной.

Когда слой гравия от езды уплотнится, дорога уже не будет требовать особенно внимательного ухода; нужно лишь очищать канавы и трубы и при таянии снега не позволять воде задерживаться на поверхности дороги. По истечении нескольких лет, когда средина дороги износится и сделается плоской, с помощью струга гравий сдвигают к средине дороги; это делается немедленно после дождя, когда верхний слой дороги мягок. По временам на поверхность дороги, если она сильно изношена, насыпается тонкий слой свежего гравия.

Годичная стоимость содержания гравийных дорог колеблется в широких пределах в зависимости от климатических условий, количества езды и качеств гравия; в среднем она составляет от 30 до 100 долл. за милю, исключая ремонт. В случае ремонта, т. е. если вдоль всей дороги необходимо насыпать слой свежего гравия, стоимость содержания и ремонта поднимается до 150—800 долл. за милю в год.

МАКАДАМОВЫЯ ДОРОГИ.

§ 44. В ряду улучшенных дорог Соединенных Штатов макадамовыя дороги занимают второе место, и в 1914 году их протяжение составляло 25,2% общей длины улучшенных дорог. Оне появились задолго до изобретения железных дорог и в условиях прошлаго столетия вполне отвечали требованиям быстроты и комфорта сообщения в настоящее время оне являются еще распространенным, но уже отживающим типом. Макадамовыя дороги значительно дороже дорог более позднего происхождения, как напр. песочноглиняных, но в некоторых отношениях не имеют перед последними существенных преимуществ и потому теперь часто оказываются экономически невыгодными. Главным врагом их является автомобиль, и чем больше распространяется примѣненіе самодвижущихся экипажей, тѣмъ болѣе сокращается постройка макадамовыхъ дорогъ. Подковы лошадей и желѣзныя шины колесъ экипажей прошлаго вѣка не причиняли большого износа макадамовой дороги, и дорога въ свою очередь не могла чрезмѣрно вредить имъ. Заднія ведущія колеса теперешняго автомобиля при быстромъ ходѣ разбрасываютъ мелкій щебень верхняго слоя, а низкій кузовъ вызываетъ сильный токъ воздуха надъ самой поверхностью дороги. Каждый проходящій автомобиль, подымая тучи пыли, сметаетъ мелкія частицы съ поверхности дороги, а обнажающіеся острые края камешковъ щебня рвутъ резиновую покрышку шинъ. Такимъ образомъ макадамовая дорога и автомобиль вредно дѣйствуютъ другъ на друга, и потому дорожнымъ техникамъ приходится отказываться отъ старыхъ типовъ и строить дороги новаго рода, быть можетъ болѣе дорогія, но за то болѣе отвѣчающія условіямъ автомобильнаго движенія, именно дороги съ битуминозной покрышкой. Макадамовыя дороги наиболѣе распространены въ старыхъ штатахъ, какъ напр., въ Теннесси, гдѣ въ 1914 году онѣ составляли 56% дорогъ улучшеннаго типа, въ Кентуки (86%), Огайо (42%), Нью-Іоркъ (37%) и нѣкоторыхъ другихъ. Хотя макадамовыя дороги повидимому не могутъ имѣть важнаго значенія въ будущемъ, я считаю необходимымъ остановиться на нихъ отчасти въ силу ихъ историческихъ заслугъ и отчасти въ силу того, что онѣ являются промежуточнымъ типомъ между грунтовыми и гравійными дорогами съ одной стороны и наиболѣе совершенными битумен-макадамовыми и битумен-бетонными съ другой.

§ 45. Общія техническія условія, предъявляемыя камню для дороги, аналогичны извѣстнымъ русскимъ спесификаціямъ. Камень долженъ быть твердъ, чтобы не происходило быстрое изнашиваніе дороги, но не хрупокъ, чтобы онъ не крошился подъ колесами экипажей и копытами животныхъ. Далѣе, онъ долженъ хорошо сопротивляться вывѣтриванію, т. е. дѣйствію воздуха, воды и перемѣнъ температуръ, и что чрезвычайно важно, долженъ обладать связывающими свойствами, чтобы поверхность дороги съ теченіемъ времени могла сдѣлаться твердой и водонепроницаемой. Качества камня опредѣляются путемъ лабораторныхъ испытаній, говорить о которыхъ здѣсь не представляется возможнымъ.

Наиболѣе удовлетворительными сортами камня для дорогъ считаются трапы и за ними граниты и известняки, но въ цѣляхъ удешевленія постройки конечно пользуются камнемъ изъ близъ лежащихъ карьеровъ. Въ восточныхъ штатахъ дороги строятся чаще всего изъ траповъ и въ центральныхъ изъ известняковъ. Употребляемыя для приготовленія щебня камнедробильныя машины хорошо извѣстны въ Россіи, и описывать ихъ нѣтъ нужды. Наибольшимъ распространеніемъ пользуются машины Блэка (Blake's stone-crusher), въ которыхъ камень ломается рычагомъ съ качательнымъ движеніемъ, и машины Гэйтса (Gates's stone-crusher), которыя состоятъ изъ двухъ рифленыхъ конусовъ, одного неподвижнаго наружнаго и другого вращающагося внутренняго. Обыкновенное оборудованіе камнедробилокъ состоитъ изъ машины Блэка или Гэйтса, элеватора, цилиндрическаго сита и закромовъ. Щебень изъ машины попадаетъ въ элеваторъ, поднимается послѣднимъ въ сито, въ которомъ онъ дѣлится по величинѣ на три сорта: мелкій съ наибольшими размѣрами камешковъ до 0,5 дюйма, средній — до 1,25 дюйма и крупный — до 2,5 дюйма. Изъ сита щебень попадаетъ въ закрома, каждый сортъ щебня въ свой закромъ; выпускное очко закрома расположено на такой высотѣ, что щебень можетъ ссыпаться изъ закрома непосредственно въ телѣгу.

§ 46. Способы подготовки земляного основанія извѣстны изъ предшествующаго и не требуютъ описанія. Профиль основанія проѣзжей части зависитъ отъ конструкціи щебеночной коры и какъ будетъ указано въ дальнѣйшемъ, можетъ быть плоскимъ и выпуклымъ.

Какъ извѣстно, въ зависимости отъ способа постройки каменной настилки щебеночныя дороги дѣлятся на два класса: макадамовыя дороги, у которыхъ нижній слой состоитъ изъ крупнаго насыпного щебня, и тельфордовыя дороги, нижній слой которыхъ сдѣланъ изъ уложеннаго въ ручную камня совершенно такъ, какъ строятся каменныя мостовыя. Очень часто въ просторѣчіи тельфордовыя дороги называютъ макадамовыми, не дѣлая различія между способами постройки. Какъ макадамовыя, такъ и тельфордовыя дороги имѣютъ своихъ привер-женцевъ, предпочитающихъ одинъ типъ другому, но повидимому выборъ того или другого рода дороги зависитъ скорѣе отъ мѣстныхъ условій, чѣмъ отъ дѣйствительныхъ преимуществъ одной системы передъ другой. Можно сказать, что въ Соединенныхъ Штатахъ оба типа пользуются одинаковымъ распространеніемъ.

Щебеночная кора либо дѣлается одинаковой по всему поперечному сѣченію толщины, либо бываетъ толще въ срединѣ, постепенно утоняясь къ краямъ. Сторонники перваго типа постройки приводятъ въ защиту тотъ доводъ, что давленіе отъ колесъ одинаково для всѣхъ мѣстъ дороги, и если толщина щебеночнаго слоя опредѣляется въ зависимости отъ давле-нія, она должна быть одинакова по всему поперечному сѣченію дороги. Съ другой стороны изнашиванію вслѣдствіе ѣзды подвергается главнымъ образомъ средина дороги, и потому слой щебня въ этомъ мѣстѣ долженъ быть толще, чѣмъ по краямъ. Ясно, что исходные пункты разсужденія различны, и потому оба мнѣнія, будучи правильны сами по себѣ, не противорѣчатъ другъ другу. Дороги обоихъ типовъ строятся почти въ одинаковыхъ размѣрахъ; съ теоретической точки зрѣнія предпочтеніе, если оно существуетъ, отдается дорогамъ съ одинаковой толщиной слоя, такъ какъ онѣ стоятъ нѣсколько дешевле.

Ширина щебеночнаго слоя колеблется между 12 и 18 футами и бываетъ чаще всего 15–16 фут. Величина поперечнаго уклона или подъема имѣетъ также широкіе предѣлы отъ 1:12 до 1:20 и менѣе. Выборъ ея зависитъ отъ мѣстныхъ климатическихъ условій, качествъ камня и главнымъ образомъ отъ предполагаемой организаціи содержанія и ремонта дороги. Если осмотръ и починка дороги производятся часто и систематично, поперечный уклонъ можетъ быть невеликъ; обратно, если ремонтъ будетъ производиться изрѣдка, необходимо давать подъему большую величину, иначе при сколько нибудь значительномъ износѣ поверхности слоя на дорогѣ будетъ скопляться дождевая вода, что всегда вредно и потому недопустимо. Если употребляемый камень не очень твердъ, построенная изъ него дорога будетъ изнашиваться относительно быстро, и понятно, поперечный уклонъ поэтому долженъ быть великъ.

Наибольшая величина продольнаго уклона также не вполнѣ установлена, и въ нѣкоторыхъ штатахъ максимальнымъ считается уклонъ въ 5%, въ другихъ же онъ доходитъ до 7%. На короткихъ участкахъ дороги саженъ до 100 длиною продольному уклону дается иногда величина значительно больше указанныхъ выше.

Теоретическая толщина щебеночнаго слоя съ грубымъ приближеніемъ можетъ быть опредѣлена слѣдующимъ способомъ. Простоты ради можно допустить, что давленіе отъ колеса распространяется въ толщу слоя по конусу, вершина котораго находится въ мѣстѣ соприкосновенія колеса съ поверхностью дороги, и передается на грунтъ равномѣрно по всей площади основанія конуса; высота конуса равна толщинѣ слоя. Уголъ въ вершинѣ конуса таковъ, что площадь основанія конуса равна квадрату двойной высоты конуса или, что тоже самое, квадрату двойной толщины слоя. Если давленіе отъ колеса равно Q фунтовъ, а допускаемое или безопасное давленіе на грунтъ равно q фунтовъ на квадр. дюймъ, то толщина слоя въ дюймахъ $h = 0,5 \sqrt{Q : q}$. Простой анализъ этой формулы показываетъ, что толщина слоя при данномъ давленіи отъ колеса тѣмъ меньше, чѣмъ больше допускаемое давленіе на единицу площади грунта, т. е. чѣмъ тверже грунтъ. Разумѣется, эта формула очень груба, такъ какъ для упрощенія сложнаго явленія сдѣланы очень большія допущенія, но для практическихъ цѣлей при общепринятыхъ способахъ постройки она дастъ удовлетворительные результаты. Макадамовыя дороги строятся въ настоящее время съ гораздо болѣе тонкой щебеночной корой, чѣмъ прежде. Въ штатѣ Массачузетсъ толщина слоя мѣняется въ предѣлахъ между 4 и 16 дюймами; ходовая толщина слоя на хорошо дренированномъ гравійномъ или песчаномъ основаніи равна 6 дюймамъ и считается достаточной даже для тяжелой ѣзды. Въ штатѣ Нью-Джерсей толщина слоя мѣняется между 4 и 12 дюймами и при макадамовомъ основаніи обыкновенно бываетъ 6 дюймовъ; при тельфордовомъ основаніи обычная толщина слоя, включая основаніе, дѣлается равной 8 дюймамъ. Въ нѣкоторыхъ случаяхъ тельфордовое основаніе устраивается только подъ срединой щебеночной коры и имѣетъ ширину около 9 футъ и толщину около 8 дюймовъ; щебеночный слой въ этомъ случаѣ имѣетъ ширину около 14 футъ и толщину 6 дюймовъ.

§ 47. Почва под дорогой должна быть хорошо дренирована, чтобы она могла оставаться всегда сухой и твердой. Послѣ профилированія дороги дорожными машинами часть ея, на которую будет наложен щебень, тщательно укатывается тяжелым конным или паровым катком. При постройкѣ тельфордовой дороги каменное основаніе выкладывается в ручную, и толщина его дѣлается равной двум третям полной толщины каменнаго слоя. Размѣры камней не имѣют большого значенія; ходовая ширина их колеблется между 3 и 6 дюймами и длина между 8 и 12 дюймами. Пріемы работы совершенно аналогичны примѣняемым у нас при постройкѣ мостовых и не требуют описанія. Послѣ укладки тельфордовое основаніе обязательно укатывается катком.

Макадамовое основаніе дѣлается из крупнаго щебня болѣе или менѣе однородной величины с наибольшими размѣрами камней от 2 до 3 дюймов. Щебень насыпается либо в ручную лопатами и затѣм равномѣрно распредѣляется граблями, либо с помощью телѣг особаго устройства. Разравниваніе слоя щебня производится также при помощи бороны или дорожнаго струга обыкновеннаго или спеціальнаго типа (Stuart grader). Щебень насыпается слоями толщиной не болѣе 4—6 дюймов; каждый слой послѣ разравниванія смачивается водой и укатывается. Верхній слой дѣлается на мелкаго щебня с размѣрами камешков для дорог с большой ѣздой от 1 до 2 дюймов и с легкой ѣздой от 0,5 до 1 дюйма.

Как уже неоднократно упоминалось, макадамовыя дороги должны быть водонепроницаемы и только при этом условіи онѣ могут быть долговѣчными и не требовать постояннаго ремонта. Если верхній слой щебня пропускает воду, послѣдняя проникает до земляного основанія и размягчает его. Мокрый грунт уже не в состояніи выносить давленія от колес и осѣдает; за ним осѣдает каменное основаніе, поверхность дороги покрывается ухабами, отвод дождевых вод прекращается, и процесс разрушенія дороги идет с возрастающей быстротой.

Водонепроницаемость щебеночной коры достигается тѣм, что промежутки между камешками верхняго слоя щебня заполняются связывающим веществом, которое, обладая само достаточной твердостью, цементирует отдѣльные камешки в сплошной конгломерат. Таким веществом могут быть глина, песок и очень мелкіе осколки трапа и известняка. О невыгодах употребленія глины и песку уже говорилось в главѣ „Гравійныя дороги"; лучшим по своим качествам связывающим веществом являются каменные осколки с размѣрами камешков от 0,5 или 0,25 дюйма и менѣе до каменной пыли. Известняк обладает высокими связывающими свойствами, но мягок; цементирующая способность трапа не очень велика, но он тверд и хорошо сопротивляется изнашиванію. Ни чернозем, ни какія бы то ни было органическія вещества в составѣ связывающаго вещества находиться не должны,

Заполненіе пустот верхняго слоя щебня производится слѣдующим способом.   Когда щебень наполовину укатан, на его поверхность ровным слоем толщиною около полудюйма или болѣе лопатой насыпаются каменные осколки, смачиваются водою из бочек и укатываются.   Вода способствует быстротѣ укатыванія и помогает процессу цементированія.   Укатываніе продолжается до тѣх пор, пока вода не будет волною выдавливаться перед катком, а поверхность дороги за катком не покроется тонким слоем пастообразной массы.   Очень часто водонепроницаемой дѣлается вся масса щебня, а не один лишь верхній слой.   Это достигается тѣм, что связывающим веществом заполняются пустоты каждаго накладываемаго слоя щебня по способу совершенно аналогичному с вышеописанным.

Когда укатываніе верхняго слоя окончено, на поверхность дороги дополнительно насыпается слой связывающаго вещества или песку толщиною около полудюйма, смачивается водою и укатывается. Когда дорога просохнет, она может быть открыта для движенія.

§ 48.   Примѣняемые для постройки дорог катки строятся с паровыми двигателями и двигателями внутренняго сгоранія (бензиновыми или керосиновыми) и по своей конструкціи дѣлятся на два класса: трехколесные и тандем.   У всѣх катков ось передняго колеса укрѣплена в вращающейся около вертикальной оси вилкѣ, что позволяет катку дѣлать крутые повороты.   Обыкновенно катки имѣют двѣ скорости, малую от 2 до 3 и большую от 4 до 5 миль в час. Грунт и тельфордовое основаніе укатываются на малой скорости и верхній слой щебня на большой.   Вѣса катков различны, и на рынкѣ имѣются катки от 7 до 20 тонн вѣсом.*   В зависимости от вѣса катка и ширины обода давленіе от ведущаго колеса на 1 погонный дюйм ширины обода мѣняется между 300 и 500 англійскими фунтами. Выбор надлежащаго вѣса катка имѣет большое значеніе: при слишком легком каткѣ нельзя достигнуть достаточнаго уплотненія слоя щебня, а слишком тяжелый каток крошит камень или при укатываніи рыхлой почвы вдавливается в нее настолько глубоко, что не может идти.   Если камень тверд, примѣняются катки вѣсом 15 тонн; при болѣе мягком камнѣ достаточен вѣс катков 10–12 тонн.

Укатываніе щебня имѣет очень важное значеніе, так как построенная с помощью катка и хорошо уплотненная дорога настолько тверда, что почти не осѣдает от ѣзды по ней и потому при эксплоатаціи требует меньшаго ремонта и расхода цѣннаго матеріала. Длительность укатыванія и число проходов катка по укатываемому мѣсту зависят от вѣса катка, твердости и размѣров камня и количества связывающаго вещества и воды.   Для примѣра можно взять дорогу с тельфордовым основаніем толщиной 8 дюймов и щебеночной

---

* Тонна равна приблизительно 62 русским пудам.

корой изъ трехъ слоевъ: нижняго толщиной 2,5 дюйма изъ крупнаго 2,5-дюймоваго щебня, средняго съ толщиной 1,5 дюйма изъ 1,5-дюймоваго щебня и верхняго толщиной отъ 0,5 до 1 дюйма изъ каменныхъ осколковъ; камень и щебень — трапъ. Тельфордовое основаніе потребовало отъ 10 до 12 проходовъ 15-тоннаго катка, нижній слой щебня отъ 8 до 10, средній отъ 10 до 12 и верхній отъ 80 до 90, всего отъ 100 до 120 проходовъ.

§ 49. Стоимость постройки макадамовой дороги зависитъ отъ множества разнородныхъ факторовъ, и потому привести стандартныя данныя относительно ея совершенно невозможно. Но оффиціальнымъ даннымъ 1909 года средняя стоимость постройки одной мили дороги въ штатѣ Тексасъ равнялась 2.160 долл., въ Алабамѣ — 2.525 долл., въ Джорджіи — 2.275 долл., въ Миссури — 3.388 долл., въ Канзасѣ — 4.070 долл., въ Миссисиппи — 5.135 долл. и въ нѣкоторыхъ штатахъ превышала даже 6.000 долларовъ. Эти цифры въ настоящее время конечно не имѣютъ особенной цѣнности, но къ сожалѣнію свѣжихъ болѣе детальныхъ свѣдѣній изъ надежныхъ источниковъ получить не удалось.

§ 50. Подъ вліяніемъ ѣзды и длительной сухой погоды камешки верхняго слоя утрачиваютъ связь другъ съ другомъ, выкрашиваются изъ общей массы щебня и затѣмъ смываются съ поверхности дороги дождевой водой или сдуваются вѣтромъ. Естественнымъ способомъ ремонта является добавленіе на поверхность дороги свѣжаго матеріала, а предохранительнымъ средствомъ — поливка дороги водой или насыпка тонкаго слоя крупнаго песку. Тамъ, гдѣ развито автомобильное движеніе, ни этотъ способъ ремонта, ни предохранительныя средства не оказываются достаточно дѣйствительными, и дѣлается необходимымъ устраивать битуминозную покрышку, которая предотвращаетъ образованіе пыли и уменьшаетъ изнашиваніе поверхности дороги. О томъ, какъ она дѣлается, будетъ сказано впослѣдствіи.

Образующіяся отъ ѣзды колеи и выбоины засыпаются свѣжимъ щебнемъ или щебнемъ, сколотымъ киркой съ боковъ колей. Если поверхность дороги сильно изношена, верхній слой щебня разламывается или вспахивается съ помощью особой машины, называемой скарификеромъ (scarifier), затѣмъ измельчается и равномѣрно распредѣляется бороной, лопатой и граблями, смачивается водой и укатывается каткомъ. Скарификеръ состоитъ изъ массивной вѣсомъ около трехъ тоннъ чугунной рамы на четырехъ колесахъ, два изъ которыхъ расположены по срединѣ длины рамы и по одному на концахъ. Между средними и каждымъ изъ крайнихъ колесъ имѣется рядъ крѣпкихъ стальныхъ зубьевъ, сходныхъ съ зубьями бороны, но расположенныхъ не вертикально, а наклонно. Вспахиваніе производится этими зубьями, причемъ глубина регулируется поднятіемъ или опусканіемъ передняго концеваго колеса. На обоихъ концахъ машины имѣется по упряжному крюку, и ряды зубьевъ расположены такъ, что при началѣ обратной

борозды поворачивать машину не требуется. Наибольшая глубина
вспахиванія доходит до 6 дюймов. Для тяги нужен трактор или
паровой каток.

БЕТОННЫЯ ДОРОГИ.

§ 51. Бетонныя дороги появились в началѣ текущаго столѣтія и
замѣтное распространеніе получили только за послѣднія 10 лѣт.
В 1909 году в Соединенных Штатах было построено всего около 40
миль бетонных дорог шириною 15 фут, в 1915 году уже 215 миль, и
прирост их с каждым годом все увеличивается. Кратковременность
опыта с ними не дает возможности сдѣлать окончательной крити-
ческой оцѣнки их с экономической точки зрѣнія. Безспорным
преимуществом их является то, что по сравненіи с гравійными и
макадамовыми дорогами онѣ почти совсѣм не пылят, что онѣ дают
хорошую опору копытам лошадей и колесам автомобилей, что их
сопротивленіе каченію экипажей мало; онѣ также вполнѣ удовлетворительно сопротивляются изнашиванію, и ежегодные расходы
на их содержаніе и ремонт невелики. Вслѣдствіе их новизны и
относительной дороговизны постройки их общее протяженіе пока
незначительно и в 1914 году составило 2.348 миль или 0,91% всего
протяженія улучшенных дорог. Онѣ встрѣчаются преимущественно
в хорошо заселенных и богатых штатах, как Калифорнія (929 миль
в 1914 г.), Индіана (149 м.), Мериланд (189 м.), Мичиган (107 м.),
Нью-Іорк (244 м.), Огайо (316 м.).

§ 52. Матеріалами для постройки этих дорог служат портланд-
скій цемент, песок или мелкіе каменные осколки и щебень или
гравій. Техническія условія, которым должны удовлетворять
цемент и песок, за немногочисленными исключеніями второстепеннаго значенія аналогичны нашим русским, и потому говорить о
них не представляется настоятельно необходимым. По спесификаціям Національной Конференціи по постройкѣ бетонных дорог
(National Conference on Concrete Road Building), принятым в
1916 году, крупный аггрегат (щебень или гравій) должен состоять
из чистых, твердых, хорошо сопротивляющихся изнашиванію
камешков опредѣленной величины и не содержать в себѣ расти-
тельных и других быстро разрушающихся веществ, а также мягких
и плоских частиц. Камешки должны проходить через круглое
отверстіе діаметром 1,5 дюйма и имѣть слѣдовательно наибольшіе
размѣры 1,5 дюйма и менѣе; из всего количества аггрегата не болѣе
5% должно проходить через сито с четырьмя отверстіями на
погонный дюйм.

§ 53. Состав употребляемаго для постройки дорог бетона весьма
различен. Для дорог с одним слоем бетона Національная Конференція рекомендует пропорцію 1 : 2 : 3, т. е. одну объемную часть

цемента на двѣ объемныхъ части мелкаго аггрегата (песку или каменныхъ осколковъ) и на три объемныхъ части щебня или гравія. Дорожный Отдѣлъ штата Огайо для однослойныхъ дорогъ пользуется бетономъ состава 1 : 2 : 4, Дорожный Отдѣлъ Штата Пеннсильванія — состава 1 : 1,5 : 3 или 1 : 2 : 3, а Государственный Департаментъ общественныхъ дорогъ — состава 1 : 1,5 : 3 какъ въ случаѣ щебня, такъ и въ случаѣ гравія. Гравій стоитъ приблизительно вдвое дешевле щебня, и поэтому имъ пользуются въ широкихъ размѣрахъ, но принимая во вниманіе круглоту зеренъ и засоренность гравія, многіе инженеры отдаютъ предпочтеніе болѣе дорогому щебню. Составъ бетона для двухслойныхъ дорогъ будетъ указанъ ниже въ § 55.

Нахожденіе надлежащаго состава бетона при выбранномъ отношеніи объема цемента къ объему всего аггрегата (крупнаго и мелкаго вмѣстѣ) лучше всего производить путемъ опыта, опредѣляя при какомъ соотношеніи между количествами песку и щебня получается бетонъ наименьшаго объема и слѣдовательно наибольшей плотности и крѣпости, или по способу В. Б. Фуллера, описаніе котораго интересующіеся могутъ найти въ послѣднихъ изданіяхъ американскихъ руководствъ по бетону и желѣзобетону.

§ 54. Отводъ почвенныхъ водъ имѣетъ для бетонныхъ дорогъ не меньшее значеніе, чѣмъ для дорогъ другихъ типовъ. Въ сухую погоду вслѣдствіе пониженія уровня почвенныхъ водъ земляное основаніе можетъ неравномѣрно осѣсть, а въ зимнее время отъ замерзанія воды неравномѣрно разбухнуть, и вслѣдствіе этого въ бетонномъ слоѣ могутъ образоваться продольныя трещины. Для дренированія почвы по обѣимъ сторонамъ бетоннаго слоя рядомъ съ его краями устраиваются продольныя мелкія канавы, изъ которыхъ черезъ короткія поперечныя канавки вода отводится въ боковые рвы. Эти вспомогательныя канавы, продольныя и поперечныя, заполняются доверху камнемъ или крупнымъ гравіемъ, почему и называются "слѣпыми". Въ случаѣ необходимости, если количество почвенныхъ водъ велико, для ихъ отвода прокладываются трубопроводы изъ гончарныхъ или бетонныхъ трубъ.

Если бетонная дорога строится на дѣвственной почвѣ, земляное основаніе ея устраивается тѣми же способами и съ помощью тѣхъ же машинъ, которыя примѣняются для постройки грунтовыхъ дорогъ. Въ высшей степени важно, чтобы грунтъ былъ равномѣрно уплотненъ укатываніемъ и не имѣлъ слабыхъ мѣстъ, иначе съ теченіемъ времени вслѣдствіе осѣданія грунта въ бетонномъ слоѣ образуются трещины. Часто бетонныя дороги устраиваются на мѣстѣ старыхъ гравійныхъ или макадамовыхъ дорогъ съ высокимъ поперечнымъ подъемомъ. Въ этихъ случаяхъ иногда приходится снимать высокія мѣста съ помощью скарифайера и на низкія мѣста досыпать до нужной высоты гравій или щебень.

Прочно установленной нормы ширины бетоннаго слоя въ Соедийенныхъ Штатахъ нѣтъ; Національная Конференція по устройству бетонныхъ дорогъ рекомендовала давать бетонному слою ширину 10 футъ въ случаѣ узкихъ дорогъ (для проѣзда одной телѣги) и 18 и болѣе футъ въ случаѣ широкихъ дорогъ (для проѣзда двухъ телѣгъ). Въ первомъ случаѣ, какъ показываетъ фиг. 13, по обѣимъ сторонамъ бетона дѣлаются щебеночныя или гравійныя крылья шириною отъ 4 до 6 футъ, вслѣдствіе чего облегчается разъѣздъ двухъ встрѣчныхъ экипажей. Иногда въ цѣляхъ дешевизны одну половину дороги по ея ширинѣ дѣлаютъ бетонной, а другую половину макадамовой или гравійной; бетонной дѣлаютъ ту часть дороги, по которой происходитъ движеніе тяжело нагруженныхъ экипажей. Это можетъ имѣть мѣсто, напр., на дорогахъ, ведущихъ къ станціи желѣзной дороги или къ рынку, куда отвозятъ сельскохозяйственные продукты: на станцію или рынокъ телѣги ѣдутъ съ грузомъ, а обратно по большей части порожнемъ. Нѣкоторые штаты однако предпочитаютъ строить бетонныя дороги шириною не менѣе 16 футъ., такъ какъ при этомъ избѣгается необходимость болѣе частаго, чѣмъ въ случаѣ чисто бетонныхъ дорогъ, ремонта щебеночныхъ и гравійныхъ крыльевъ дорогъ съ узкой бетонной частью.

Поверхность бетоннаго слоя имѣетъ профиль по дугѣ круга, причемъ поперечному подъему дается величина отъ 1:24 до 1:200 ширины слоя. Для дорогъ съ бетонными лотками для стока воды, которые устраиваются въ выемкахъ, Національная Конференція предлагаетъ, какъ норму, поперечный подъемъ 1:100.

Опредѣлить путемъ разсчета необходимую толщину бетоннаго слоя, какъ это дѣлается въ бетонныхъ постройкахъ, въ случаѣ дорогъ совершенно невозможно, и она находится путемъ опыта. Ея величина зависитъ отъ многихъ условій, какъ то климата, характера грунта, количества грунтовыхъ и дождевыхъ водъ, устройства дренажа, состава бетона, ѣзды и такъ далѣе, и потому колеблется въ очень широкихъ предѣлахъ. Въ слабо заселенныхъ мѣстностяхъ съ сухимъ не очень холоднымъ климатомъ толщина отъ 4 до 6 дюймовъ оказывается совершенно достаточной, въ другихъ мѣстностяхъ съ большимъ количествомъ атмосферныхъ осадковъ и оживленнымъ движеніемъ дороги строются съ толщиной слоя въ среднѣ около 7–8 дюймовъ и около 6 дюймовъ по краямъ.

§ 55. Приготовленіе бетона раньше дѣлалось въ ручную, въ настоящее же время оно производится почти исключительно въ извѣстныхъ русскимъ техникамъ бетономѣшалкахъ (бетоньеркахъ). Наиболѣе распространенными являются мѣшалки вмѣстимостью отъ 6 до 30 кубич. футъ, хотя иногда примѣняются машины большихъ размѣровъ. При приготовленіи бетона въ ручную онъ доставляется къ мѣсту работы въ тачкахъ; бетоньерки обыкновенно имѣютъ сзади длинный поворачивающійся наклонный желобъ, по которому выпускаемый изъ машины бетонъ падаетъ на дорогу. Число рабочихъ въ партіи при бетоньеркѣ (включая сюда десятника, машиниста, установщиковъ форм, бетонщиков, гладильщиков и чернорабочих) бывает от 25 до 30.

Перед накладываніем бетона на земляное основаніе, вдоль дороги по обѣим сторонам будущаго слоя устанавливаются боковыя формы; разстояніе между ними равно ширинѣ, а высота толщинѣ слоя. Формы дѣлаются либо из толстых деревянных досок, либо из стальных полос и прикрѣпляются к вбитым в грунт деревянным или стальным колышкам. Верхняя часть боковых форм служит направляющей для шаблона, которым пользуются для приданія поверхности бетоннаго слоя надлежащаго профиля. Шаблон изготовляется из толстой деревянной доски шириною 8—10 дюймов; нижняя часть его выстрагивается по профилю поперечнаго сѣченія дороги, а концы снабжаются башмаками, которыми он скользит по верху боковых форм. Бетон насыпается на земляное основаніе толстым слоем, разравнивается желѣзными граблями, трамбуется, а его избыток сдвигается или сбивается вперед шаблоном. Для облегченія и ускоренія работы недавно начали примѣнять спеціальныя машинки, которыя продвигают вперед шаблон и имѣют приспособленія для трамбовки.

Для избѣжанія образованія поперечных трещин вслѣдствіе перемѣн температур, в бетонном слоѣ всегда устраиваются поперечные швы на разстояніи приблизительно 50 фут друг от друга. Для этого в мѣстах швов перед бетонированіем либо ставят поперек дороги деревянныя доски, которыя потом вынимаются, либо помѣщают прокладки из просмоленнаго войлока, из сложеннаго вдвое или втрое просмоленнаго картона или из особой битуминозной мастики.

Бетон обыкновенно накладывается одним слоем, сразу до нужной толщины, но иногда двумя слоями. В послѣднем случаѣ основаніе или нижній слой дѣлается из болѣе тощаго бетона, напр., стандартнаго состава 1:2,5:4, а верхній слой толщиною 1,5—2 дюйма из болѣе богатаго цементом бетона. Вышеупомянутая Національная Конференція для верхняго слоя предлагает на выбор два состава. Состав No. 1 заключает в себѣ одну объемную часть цемента и 1,5 части аггрегата; весь аггрегат должен проходить через сито с полудюймовыми отверстіями, но через сито с ячейками 0,25 дюйма должно проходить не болѣе 10% его. В составѣ No. 2 на одну объемную часть цемента приходится 1,5 части песку и 2,5 части болѣе крупнаго аггрегата. В этом случаѣ весь аггрегат должен проходить через сито с ячейками 1 дюйм и не свыше 10% его через сито с ячейками 0,25 дюйма.

Послѣ того, как слой наложен, и перед тѣм, как начнется схватываніе бетона, поверхность дороги выглаживается, что дѣлается различными способами. Простѣйшій из них состоит в том, что поперек дороги на небольшой высотѣ от нея устанавливается узкій деревянный мостик, и рабочіе, стоя на нем на колѣнях, выглаживают дорогу деревянными гладилками, как штукатуры при отдѣлкѣ стѣн. Болѣе усовершенствованный способ заключается в том, что рабочій, стоя сбоку дороги, проглаживает ея поверхность легким роликом с длинной ручкой, катая его поперек слоя. Ролик дѣлается из стального листа и имѣет діаметр 8 дюймов, длину 6 фут и вѣс около двух пудов. Существуют также многіе другіе способы отдѣлки дороги, но останавливаться на них не имѣет смысла. Тщательность отдѣлки имѣет важное значеніе, повышая сопротивленіе поверхности изнашиванію.

Немедленно послѣ выглаживанія дорога покрывается мокрым брезентом, затѣм, когда бетон нѣсколько затвердѣет, брезент снимают, на поверхность дороги насыпают слой земли, который для предупрежденія высыханія бетона первое время обильно поливается водой из шланга. В таком состояніи дорога остается до тѣх пор, пока бетон совершенно окрѣпнет, на что требуется не менѣе двухтрех недѣль. Послѣ этого земля сметается прочь, и дорога может быть открыта для движенія.

Проѣзжія бетонныя дороги обыкновенно дѣлаются без лотка, и дождевая вода с их поверхности стекает непосредственно в боковыя канавы. В выемках и в тѣх случаях, когда дорога проходит по склону холма, необходимо устраивать бетонные лотки, что обычно дѣлается перед постройкой самой проѣзжей части.

§ 56. Иногда дороги строят из желѣзобетона, имѣя в виду предупредить этим образованіе трещин вслѣдствіе перемѣны температур, неравномѣрной осадки и неоднородности земляного основанія, а также с цѣлью уменьшить толщину бетоннаго слоя. В этом случаѣ бетон накладывается в два пріема: сначала дѣлают основаніе, на нем разстилают проволочную сѣтку, которая является желѣзной арматурой сооруженія, и сверх ея кладут второй слой бетона толщиною около двух дюймов. Арматура располагается иногда ближе к нижней части слоя. Разсчет толщины слоя и крѣпости арматуры в этом случаѣ конечно совершенно невозможен, и размѣры назначаются наглаз, что при отсутствіи достаточнаго запаса опытных данных не дает увѣренности в правильности конструкціи.

§ 57. Свѣдѣнія относительно стоимости постройки бетонных дорог довольно скудны. До войны полная стоимость одной мили дороги в штатѣ Иллинойс колебалась между 4.000 и 6.000 долл.; средняя стоимость одного квадратнаго ярда бетоннаго слоя, включая матеріал, работу и накладные расходы, но исключая стоимость работ по дренажу и устройству земляного основанія, в 1915 году в различных штатах колебалась между 0,9 и 1,3 доллара. Болѣе позднія свѣдѣнія страдают другим недостатком: во время войны цѣны на матеріал и рабочія руки чрезвычайно поднялись, и потому цифры стоимости постройки надо считать не нормальными, а временно вздутыми.

§ 58. Ремонт бетонной дороги заключается в заливкѣ трещин, выбоин и других изъянов бетоннаго слоя горячей каменноугольной смолой. Для этой цѣли примѣняют также мастику из песку и горячей смолы. В штатѣ Иллинойс в 1915 году годовая стоимость ремонта составляла около 4 центов на квадратный ярд, а в штатѣ Коннектикут около 7 центов.

БИТУМЕН-МАКАДАМОВЫЯ И БИТУМЕН-БЕТОННЫЯ ДОРОГИ.

§ 59. Из всѣх типов дорог наиболѣе совершенными, но и самыми дорогими являются битумен-макадамовыя и битумен-бетонныя дороги. Онѣ были изобрѣтены сравнительно недавно и распространеніе получили одновременно с развитіем автомобильнаго движенія. К концу 1914 года общее протяженіе их в Соединенных Штатах равнялось 10.500 милям или приблизительно 4,1% общей длины улучшенных дорог. Вслѣдствіе дороговизны постройки онѣ доступны только для богатых штатов и потому в молодых, недавно начавших развиваться штатах почти не встрѣчаются. В 1914 году общая длина их в штатѣ Нью-Іорк составляла 3.169 миль, в штатѣ Массачузетс — 1.337 миль, Огайо — 1.066 миль, Мерилэнд — 1.042 мили, Калифорнія — 878 миль, Нью-Джерсей — 418 миль.

§ 60. Опредѣленіе битумен-макадамовых и битумен-бетонных дорог было сдѣлано в § 9, гдѣ были отмѣчены также отличительныя особенности их конструкціи. Промежуточным типом между ними и гравійными и макадамовыми дорогами, о котором слѣдует упомянуть, являются дороги с битуминозной покрышкой, которыя, не будучи так хороши, как битумен-макадамовыя или битумен-бетонныя, в значительной степени лишены недостатков, присущих дорогам с щебеночной и гравійной одеждой проѣзжей части.

Битуминозная покрышка этих дорог промежуточнаго типа бывает различной толщины. Если автомобильное движеніе не велико, достаточно смочить поверхность дороги каменноугольным дегтем или нефтяными остатками, которые образуют предотвращающую образованіе пыли тонкую пленку. Смачиваніе производится способом подобным описанному в § 33, и количество битуминознаго вещества, употребляемаго обыкновенно без подогрѣва, не должно превышать 1 : 5 галлона на квадр. ярд.

Если автомобильное движеніе значительно, одного смачиванія недостаточно, и необходимо дѣлать толстую покрышку, которая, устраняя образованіе пыли, вмѣстѣ с тѣм предохраняет дорогу от быстраго изнашиванія. Битуминозное вещество наливается на поверхность дороги в количествѣ от 0,25 до 0,5 галлона на квадр.

ярд. Перед этим дорога должна быть тщательно выметена механическими стальными щетками, и пыль и высохшая грязь совершенно удалены. Спустя несколько часов, когда битуминозное вещество впитается и несколько затвердеет, на дорогу насыпают лопатой или с помощью специальной машины (revolving-disc mechanical spreader) мелкий щебень или гравий и разравнивают метлой так, чтобы получился слой равномерной толщины около 3:8 дюйма. По истечении нескольких часов, если возможно, дорогу укатывают катком весом от 8 до 15 тонн.

Битуминозная покрышка устраивается обыкновенно на макадамовых дорогах; для гравийных дорог она менее пригодна. Существуют также битуминозныя покрышки на бетонных дорогах, но опыт с ними еще слишком недостаточен, чтобы можно было с уверенностью судить о степени успешности их применения.

В зависимости от цен на деготь и остатки, которыя в разных штатах до войны колебались между 4 и 16 центами за галлон, полная стоимость устройства одного квадр. ярда покрышки заключалась в пределах от 3 до 20 центов.

§ 61. Техническия условия на нефтяные остатки для битуминозных покрышек следующия.

	Легкия	Средния	Тяжелыя
Удельн. вес при 25° С.	0,92÷0,97	0,96–1,01	не мен. 0,98
Потеря при 163° С. втечение 5 часов	20%–30%	не бол. 15%	не бол. 5%
Битумена растворимаго в сернист. углероде	не мен. 99,5%	не мен. 99,5%	не мен. 99,5%
Битумена нерастворим. в нефти 86 Б.	5% до 20%	7% до 20%	10% до 25%
Связанн. углерода	4% до 10%	5% до 10%	7% до 15%
Удельн. вязкость при 25° С.	30 до 70		
при 100° С.		5 до 15	30 до 70

Легкие и средние нефтяные остатки применяются в холодном состоянии, а тяжелые только в нагретом. Если поверхность дороги достаточно тверда и неразрыхлена, употребляются легкие остатки; если дорога разбита, и связность между камешками утрачена, применяются тяжелые остатки, как обладающие связывающими свойствами в большей степени.

Деготь получается, как побочный продукт при перегонке каменнаго угля для получения кокса и светильнаго газа, а также при перегонке нефти для добывания светильнаго и водяного газа. Для битумен-макадамовых и битумен-бетонных дорог употребляется большей частью каменноугольный деготь и реже деготь, получаемый при добывании водяного газа. Техническия условия для различных сортов его следующия.

	1	2	3	4	5	6
Удѣльн. вѣс при 25° C.	1,12-1,20	1,18-1,25	1,15-1,20	1,18-1,30	1,16-1,20	1,20-1,30
Весь дестиллат по вѣсу до 170° C. не болѣе ...%	5	1	0,5	0,5	0	0
до 300° C. не бол. %	35	25	25	20	20	20
Удѣльн. вѣс всего дестиллата при 25° C.	не мен. 1,01	не мен. 1,03	0,98-1,02	1,02	1,0-1,02	1,03
Темпер. плавл. остатка не свыше град. Цельсія ...	65	75	75	75	75	75
Битум. растворим. въ сѣрнист. углеродѣ %	88-96	78-88	не мен. 95	80-95	не мен. 95	75-90

No.No. 1 и 2 употребляются для битуминозныхъ покрышекъ, именно No. 2 въ горячемъ и No. 1 въ холодномъ состояніи, No. 1 для дорогъ съ плотнымъ поверхностнымъ слоемъ и No. 2 для дорогъ съ разрыхленнымъ отъ ѣзды верхнимъ слоемъ, требующимъ битуминознаго вещества съ хорошими связывающими свойствами. No.No. 4 и 6 относятся къ каменноугольному дегтю, а No.No. 3 и 5 къ дегтю, получаемому при добываніи водяного газа. No.No. 3 и 4 примѣняются при постройкѣ битумен-макадамовыхъ и No.No. 5 и 6 битумен-бетонныхъ дорогъ.

Для постройки обоихъ типовъ дорогъ употребляется также такъ называемый асфальтовый цементъ, который приготовляется изъ асфальта и тяжелыхъ нефтяныхъ остатковъ. При его приготовленіи асфальтъ предварительно нагрѣвается до температуры 325–350° F. и остатки до 150–200° F., каждая составная часть отдѣльно, затѣмъ тщательно перемѣшиваются вмѣстѣ пропускаемой черезъ смѣсь струей сжатаго воздуха или водяного пара. Техническія условія на асфальтовый цементъ слишкомъ сложны, чтобы могли быть приведены здѣсь, но интересующіеся могутъ найти ихъ въ указанныхъ въ концѣ этой статьи руководствахъ.

§ 62. Основаніемъ для битумен-макадамовыхъ дорогъ служатъ либо старыя гравійныя или макадамовыя, либо новыя гравійныя, макадамовыя или изрѣдка бетонныя дороги. Передъ перестройкой на битумен-макадамовыя старыя дороги должны быть тщательно выметены сначала механической щеткой, затѣмъ ручной метлой, чтобы поверхность дороги была совершенно чистой и свободной отъ пыли и мелкихъ частицъ. Новыя дороги, которыя будутъ служить основаніемъ, строются совершенно такъ, какъ было описано въ предыдущихъ главахъ.

Когда основаніе приготовлено, на него насыпается слой щебня съ размѣрами камешковъ отъ 1,25 до 2,25 дюйма съ такимъ разсчетомъ, чтобы послѣ укатыванія толщина слоя равнялась приблизительно 2,5 дюйма. Укатываніе производится до тѣхъ поръ, пока отдѣльныя камешки не перестанут перемѣщаться впереди катка и двигаться под давленіемъ каблука, но не настолько, чтобы слой сдѣлался непроницаемымъ для битуминознаго вещества. Когда укатываніе окончено, на слой щебня наливается связывающее вещество—каменноугольный деготь или асфальтовый цементъ. Битуминозное связывающее вещество подогрѣвается либо въ котлахъ и разливается изъ обыкновенныхъ леекъ, либо въ особыхъ снабженныхъ подогрѣвателемъ бакахъ и равномѣрно подъ давленіемъ распредѣляется по поверхности дороги. Количество дегтя или цемента должно быть таково, чтобы всѣ поры верхняго слоя щебня были заполнены; обыкновенно для этого достаточно одного галлона на квадратный ярдъ поверхности и на одинъ дюймъ толщины слоя. Послѣ поливки на дорогу насыпаютъ мелкій щебень съ размѣрами зеренъ отъ 0,25 до 0,75 дюйма слоемъ толщиною около 3:8 дюйма и укатываютъ его. Затѣмъ дорогу вторично поливаютъ горячимъ битуминознымъ веществомъ по разсчету отъ 0,5 до 0,75 галлона на квадр. ярдъ, вторично насыпаютъ тонкій слой очень мелкаго щебня и окончательно уплотняютъ каткомъ. Послѣ этого дорога можетъ быть открыта для движенія.

Но истеченіи 3—4 лѣтъ верхній слой битуминозной покрышки становится вывѣтрившимся и потерявшимъ эластичность и долженъ быть замѣненъ новымъ.

Свѣдѣнія относительно стоимости постройки и содержанія битумен-макадамовыхъ дорогъ недостаточно полны. По оффиціальнымъ источникамъ стоимость одной мили дороги въ 1909 году въ различныхъ штатахъ равнялась 8.500—13.500 долл.

§ 63. Основаніе для битумен-бетонныхъ дорогъ подготовляется совершенно такъ же, какъ для битумен-макадамовыхъ. Существенная разница въ постройкѣ дорогъ этихъ двухъ типовъ заключается въ способѣ наложенія верхняго слоя. Какъ было указано въ предыдущемъ параграфѣ, при постройкѣ битумен-макадамовой дороги на основаніе сначала насыпается слой щебня, укатывается и потомъ заливается битуминознымъ веществомъ. При постройкѣ битумен-бетонной дороги камень и связывающее вещество предварительно смѣшиваются и затѣмъ уже въ горячемъ состояніи накладываются на дорогу.

Смѣшиваніе камня и связывателя производится въ обыкновенныхъ мѣшалкахъ для гидравлическаго бетона или, что гораздо лучше, въ спеціальныхъ бетоньеркахъ, снабженныхъ приспособленіемъ для подогрѣванія битуминознаго бетона во время перемѣшиванія. Связывающимъ веществомъ являются какъ асфальтовый цементъ, такъ и каменноугольный деготь. Щебень долженъ удовлетворять слѣдующимъ условіямъ: все количество его должно проходить черезъ сито съ ячейками 1,25 дюйма, не болѣе 10% и не менѣе 1% должно задерживаться на ситѣ съ ячейками 1 дюймъ; далѣе, не болѣе 10% и не менѣе 3% всего количества должно проходить черезъ мелкое сито съ ячейками 0,25 дюйма.

Передъ смѣшиваніемъ асфальтовый цементъ подогрѣвается отдѣльно до температуры 135–177° С. и деготь до температуры 93–135° С., а камень отдѣльно до 150° С., если онъ будетъ смѣшиваться съ асфальтовымъ цементомъ, и до 100° С., если для бетона употребляется деготь. Камень и цементирующее вещество должны быть тщательно перемѣшаны, и температура бетона передъ наложеніемъ его на дорогу должна находиться въ предѣлахъ между 93 и 149° С., если бетонъ состоитъ изъ щебня и асфальтоваго цемента, и между 66 и 121° С., если для приготовленія бетона употребляется деготь.

Изъ мѣшалокъ битумен-бетонъ доставляется къ мѣсту въ тачкахъ, высыпается на платформу, горячими лопатами накладывается на основаніе дороги, разравнивается до нужной толщины граблями и немедленно укатывается 10–12-тоннымъ каткомъ-тандемъ, пока не исчезнутъ оставляемые каткомъ слѣды. Послѣ укатыванія толщина слоя должна быть отъ 1,5 до 2 дюймовъ. Какъ только укатываніе окончено, поверхность дороги поливается горячимъ асфальтовымъ цементомъ при температурѣ его отъ 135 до 177° С. въ количествѣ отъ 0,5 до одного галлона на квадр. ярд. Сейчасъ же послѣ поливки на дорогу насыпается тонкій слой каменныхъ осколковъ и уплотняется каткомъ.

Стоимость битумен-бетонныхъ дорогъ очень высока, и квадр. ярдъ ихъ обходится на 20–25 центовъ дороже, чѣмъ квадр. ярдъ водонепроницаемыхъ макадамовыхъ дорогъ.

§ 64. Битумен-макадамовыя и битумен-бетонныя дороги почти одинаково хорошо противустоятъ изнашиванію при большомъ автомобильномъ движеніи и въ одинаковой степени комфортабельны для ѣзды по нимъ. Оба типа еще слишкомъ недавняго происхожденія, и ихъ относительныя достоинства и недостатки пока недостаточно хорошо выяснены опытомъ. Битумен-макадамовыя дороги нѣсколько дешевле битумен-бетонныхъ; ихъ постройка производится быстрѣе и не требуетъ примѣненія дорогихъ спеціальныхъ машинъ. Съ другой стороны битумен-бетонныя дороги могутъ строиться въ сравнительно холодную и сырую погоду, и распредѣленіе битуминознаго связывающаго вещества происходитъ гораздо болѣе равномѣрно, чѣмъ въ случаѣ битумен-макадамовыхъ дорогъ; оба этихъ обстоятельства имѣютъ гораздо большее значеніе, чѣмъ это можетъ показаться съ перваго взгляда. Въ виду очень высокой стоимости оба типа дорогъ могутъ строиться только очень богатыми и густо населенными общинами и экономически выгодны только при преобладаніи интенсивнаго автомобильнаго движенія.

II.

ДОРОГИ В АНГЛІИ.

§ 1. Первыми цивилизаторами Англіи были римляне, и первыя англійскія дороги были построены ими же, хотя конечно не для блага населенія, а для своих собственных цѣлей. Римскія дороги имѣли не общественное, а военное значеніе; онѣ связывали стратегическіе пункты и были необходимы для возможности быстро перебрасывать легіоны с мѣста на мѣсто и доставлять гарнизонам необходимое снабженіе. Какова была организація дорожнаго дѣла, кѣм строились и содержались дороги, какова была руководящая роль Рима, в точности неизвѣстно, и единственными вполнѣ достовѣрными свидѣтелями прошлаго остались только сами дороги. Построенныя вѣроятно покоренным населеніем принудительно под желѣзным ярмом римских легіонеров, онѣ, как пирамиды в Египтѣ, являются образцом невозможной в условіях настоящаго времени и экономически недопустимой, чрезмѣрной солидности и крѣпости технических сооруженій. Многія из них сохранились понынѣ и служат основаніем для современных макадамовых и битумен-бетонных дорог.

О том, каковы были дороги втеченіи многих вѣков послѣ паденія римскаго владычества, можно судить лишь по отрывочным свѣдѣніям. Извѣстно, что первые короли Англіи всегда требовали от населенія, чтобы оно заботилось о дорогах и мостах, но имѣли в виду преимущественно удобство передвиженія своих чиновников и арміи, а не самих обывателей. Движеніе совершалось почти исключительно пѣшком и верхом, и колесный экипаж даже самой примитивной формы был относительной рѣдкостью. Само понятіе „дорога“ отличалось от современнаго, было болѣе отвлеченным, скорѣе юридическим, чѣм техническим, и относилось главным образом к праву свободнаго проѣзда по данной мѣстности. Содержаніе дороги сводилось к устраненію матеріальных препятствій движенію, как то к удаленію бревен, нависающих вѣток деревьев, к осушенію болотистых и топких мѣст и т. п., но не к поддержанію поверхности дороги в удобном для ѣзды состояніи. Первый касающійся дорог и относящійся к концу 13-го столѣтія статут говорит также главным образом об устраненіи всякаго рода препятствій движенію и не забывает упомянуть о характерной для того времени подробности: „если дорога, ведущая от одного торговаго мѣста к другому, пролегает в лѣсистой, заросшей кустарником или пересѣченной мѣстности, всѣ находящіеся на разстояніи 200 фут по ту и другую сторону от дороги кустарники, рвы и овраги, в которых могли бы скрываться злонамѣренные люди, должны быть уничтожены.“ Короли возлагали отвѣтственность за содержаніе дорог на владѣльцев помѣстій, а тѣ в свою очередь перекладывали ее на обитателей. Каковы были обязанности населенія, как распредѣлялась и в чем заключалась работа, каковы были формы воздѣйствія на уклонявшихся или небрежных лиц, нам мало извѣстно; онѣ опредѣлялись не сохранившимся до настоящаго времени обычным правом.

Нельзя однако думать, что средневѣковые пути сообщенія были из рук вон плохи. В 14-м и 15-м столѣтіях движеніе было очень развито, и сохранившіеся документы дают картину весьма оживленнаго вида дорог. Землевладѣльцы, духовныя лица, чиновники, богомольцы, искатели заработка, фермеры, купцы пѣшком и верхом тянулись вереницами; вьючныя лошади везли товары на многочисленныя ярмарки и еще болѣе многочисленные рынки. Пути сообщенія были нужны всѣм, от аристократа до простолюдина, и предоставленныя самим себѣ „улучшаться естественным образом" дороги все же были в болѣе или менѣе удовлетворительном для того времени состояніи и пользовались нѣкоторым уходом, хотя может быть с нашей точки зрѣнія грубым и неумѣлым. Много для дорог дѣлали монастыри и различные религіозные ордена, которым в то время принадлежала значительная часть земельной собственности.

В 15-м и 16-м столѣтіях по многим причинам передвиженіе населенія сильно сократилось. Ярмарки начали терять значеніе, и мѣстный товарообмѣн измѣнил свой характер. Вслѣдствіе династических войн произошли перераспредѣленіе земельной собственности и сліяніе мелких помѣстій в крупныя; вліятельный класс землевладѣльцев стал ѣздить меньше. Послѣ разрыва с Римом постоянное передвиженіе духовенства почти прекратилось; количество богомольцев уменьшилось, и даже мѣстныя святыни перестали привлекать былое число почитателей. С уменьшеніем движенія уход за дорогами значительно ухудшился. Прежняя система, на которой основывалось содержаніе дорог, начала разрушаться. Земельная собственность монастырей и религіозных орденов была у них отнята, а новые владѣльцы уклонялись от исполненія обязанностей, которыя прежде обычное право накладывало на монастыри, от содержанія в порядкѣ дорог в том числѣ. Мало по малу дороги пришли в столь жалкое состояніе, что потребовалось вмѣшательство парламента. Первыя мѣропріятія его по урегулированію ремонта дорог были то палліативнаго, то частнаго характера, и только в 1555 году парламент принял закон, положившій начало новой организаціи дорожнаго дѣла, которая просуществовала почти триста лѣт, до 1835 года.

§ 2. По Акту 1555 года с второстепенными к нему добавленіями, сдѣланными втеченіи нѣскольких послѣдующих лѣт, обязанность заботиться о поддержаніи всѣх существующих дорог общественнаго пользованія возлагалась на церковный приход в цѣлом и на каждаго прихожанина в отдѣльности; далѣе, на назначенных для прихода дорожныхъ смотрителей, на мирового судью, въ участкѣ котораго находился приходъ, и наконецъ, въ отношеніи нѣкоторыхъ деталей работы, на владѣльцевъ прилегающей къ дорогѣ земли.

Обязанностью каждаго члена прихода было безплатно работать по ремонту дорогъ, причемъ всякій, имѣющій рабочій скотъ, долженъ былъ предоставить нужные инструменты, одну телѣгу съ парой лошадей или быковъ и двухъ человѣкъ при ней. Всякій другой домовладѣлецъ, квартиронаниматель или ремесленникъ обязывался явиться на работу самъ, либо вмѣсто себя поставить замѣстителя. Прихожане съ телѣгами и лошадьми должны были ежегодно являться на дороги въ указанное смотрителемъ время и работать подъ его руководствомъ 4—6 дней подрядъ по 8 часовъ въ день. Распоряженія смотрителя и замѣчанія относительно неисправности отдѣльныхъ прихожанъ дѣлались имъ устно въ церкви „немедленно послѣ проповѣди."

Дорожные смотрители, которыхъ смотря по величинѣ прихода было одинъ или нѣсколько, назначались мировымъ судьей изъ числа намѣченныхъ приходомъ и принадлежащихъ къ приходу лицъ. Срокъ ихъ службы былъ одинъ годъ; они не получали никакого вознагражденія, а ихъ обязанности были не менѣе сложны, чѣмъ непріятны. Они должны были быть одновременно техниками, счетоводами и администраторами, а также должны были нести полицейскія обязанности, не имѣя вмѣстѣ съ тѣмъ полной свободы дѣйствій и будучи поставлены къ мировому судьѣ въ почти подчиненное положеніе. Отказаться отъ должности они не имѣли возможности подъ угрозой крупнаго штрафа и за всякое упущеніе могли быть оштрафованы 40 шиллингами каждый разъ. Они постоянно находились между двухъ огней, рискуя попустительствомъ нажить немилость судьи, а требовательностью—неудовольствіе и враждебное отношеніе со стороны своихъ соприхожанъ. Поэтому охотниковъ на эту должность было мало, и еще меньше было такихъ смотрителей, которые вкладывали въ работу свою душу и энергію.

Обязанности мирового судьи въ отношеніи дорогъ были много легче, а его отвѣтственность опредѣлялась Актомъ въ такой неясной формѣ, что при желаніи отъ нея можно было легко уклониться. Мировой судья назначалъ новыхъ дорожныхъ смотрителей, принималъ отчеты отъ старыхъ, налагалъ штрафы за указанные въ Актѣ проступки и утверждалъ случайные денежные налоги на покрытіе чрезвычайныхъ расходовъ по ремонту дорогъ. Помимо этихъ функцій его обязанности были намѣчены настолько неопредѣленно, что онъ могъ по желанію и ничего не дѣлать, и забрать все дорожное дѣло въ свои руки, фактически обративъ смотрителя въ своего агента.

Обязанности населенія по отношенію къ дорогамъ вначалѣ имѣли форму трудовой или натуральной дорожной повинности, и денежнаго налога не существовало. Хотя еще съ незапамятныхъ временъ штрафы, наложенные за неисполненіе дорожныхъ правилъ и обязанностей, по обычному праву могли быть употреблены для ремонта дорогъ, только акт 1555 года в категорической формѣ передал их приходам для покрытія издержек но содержанію дорог. Это было первым шагом к переходу от чисто натуральной повинности сначала к смѣшанной — частью трудовой и частью денежной — и от неи к обязательному денежному дорожному налогу. Во время правленія Кромведя был сдѣлан еще один рѣшительный шаг впред, и по Акту 1654 года члены прихода должны были обложить себя денежным налогом „для постройки, починки и очистки дорог и мостовых" как и городах, так и в деревенских приходах. Эти начинанія не были оставлены цѣликом, и даже послѣ Реставраціи, когда большая часть законов революціонваго періода была отмѣнена, парламент дѣлал попытки к введенію дорожнаго денежнаго налога, правда, нерѣшительно и не с тѣм широким размахом, который был присущ кромвелевским реформам. Повидимому по крайней мѣрѣ часть его членов понимала недостатки существовавшей организаціи и нащупывала способы к их устраненію.

Недостатков у закона 1555 года было много, и самым серьезным из них было примѣненіе принудительнаго безплатнаго труда населенія. Прихожане относились к натуральной дорожной повинности очень несочувственно, работали небрежно, всѣми способами от нея уклонялись, а являясь на починку дорог, смотрѣли на предстоящіе шесть дней, как на праздники, когда, не дѣлая ничего или дѣлая очень мало, можно отдохнуть от напряженной работы на себя. Дорожными смотрителями назначались фермеры, лавочники, кабатчики, которые не знали технической стороны дѣла, не всегда отличались административными талантами и выражаясь мягко, были нерѣдко недостаточно объективны. Безплатность службы, недружелюбное отношеніе со стороны соприхожан, выражавшееся иногда не только бранью, но и побоями, зависимость от судьи не дѣлали работу привлекательной и не поощряли рвеніе смотрителей. Сами судьи, несмотря на широкія предоставленныи им парламентом права, но тѣм или иным причинам неохотно преслѣдовали за уклоненіе или небрежное отношеніе к отбыванію дорожной повинности. Вслѣдствіе ли недостатков закона или по другим причинам, как то низкая культурность и малосознательность населенія, отсутствіе хороших образцов и т. д., в началѣ 17-го столѣтія англійскіе дороги были в таком состоянии, что но словам современников ѣзда но ним происходила с опасностью для жизни людей и животных, и этим может быть объясняется та энергія, с которой парламент времени Кромведя взялся за реформу. Несовершенства натуральной повинности были ясны всякому вдумчивому наблюдателю; было ясно, что возникнув во времена феодальнаго строя в одних условіях, в позднѣйшія времена и в других условіях она оказалась пережившей сама себя, и несмотря на это, почти до средины 19-го столѣтія натуральная повинность продолжала оставаться основой организаціи дорожнаго хозяйства.

§ 3. Наряду с попытками замѣнить натуральную повинность денежнымъ налогомъ парламентъ съ начала 18-го вѣка сталъ примѣнять другую мѣру для улучшенiя дорогъ, передавая ихъ постройку и содержанiе заставнымъ попечительствамъ (Turnpike Trusts).

Попечительства вначалѣ создавались поодиночкѣ, и каждый изъ нихъ утверждался особымъ парламентскимъ актомъ. Помимо указанныхъ въ актѣ лицъ, намѣченныхъ изъ числа занимающихъ въ мѣстности заставной дороги извѣстное общественное положенiе гражданъ, въ составъ попечительства входило нѣсколько лицъ ex-officio. Попечителямъ довѣрялось строить и содержать нѣкоторые участки дороги и для этой цѣли взимать съ извѣстной категорiи пользующихся дорогой лицъ заставный сборъ. Попечительства создавались на опредѣленный срокъ въ предположенiи, что за это время порученная имъ дорога будетъ приведена въ перманентно хорошее состоянiе и въ дальнѣйшемъ можетъ поддерживаться въ должномъ состоянiи самимъ приходомъ безъ взиманiя заставнаго сбора. Въ намѣренiе парламента не входило однако снятiе съ приходовъ отвѣтственности содержать дорогу или освободить прихожанъ отъ натуральной повинности; приходъ долженъ былъ работать и на заставной дорогѣ втеченiи двухъ или болѣе дней изъ шести по закону 1555 года. Попечительство имѣло своего спецiальнаго дорожнаго смотрителя, который съ теченiемъ времени получилъ почти тѣже права, какъ приходскiй смотритель. Онъ имѣлъ право безвозмездно брать необходимый для починки дорогъ матерiалъ, находящiйся на принадлежащей общинѣ прихода землѣ и даже внѣ ея; распоряжаться работой отбывающихъ натуральную дорожную повинность прихожанъ, нанимать рабочихъ для дополнительныхъ работъ и иногда даже имѣлъ право вступать съ приходомъ въ соглашенiе объ установленiи спецiальнаго налога. Этотъ налогъ взимался приходскимъ смотрителемъ и передавался заставному смотрителю въ видѣ откупа прихожанъ отъ исполненiя натуральной повинности на заставной дорогѣ.

Главнымъ и новымъ въ исторiи англiйскихъ дорогъ источникомъ дохода попечительствъ былъ заставный сборъ, для чего попечительство устраивало въ извѣстныхъ мѣстахъ дороги заставы и взимало съ экипажей, всадниковъ и владѣльцевъ вьючныхъ лошадей и прогоняемаго по дорогѣ скота опредѣленную парламентскимъ актомъ плату. Какъ было выше указано, каждое попечительство утверждалось парламентомъ по одиночкѣ, и къ срединѣ 18-го столѣтiя накопилось нѣсколько сотъ актовъ о заставныхъ попечительствахъ, которые часто несогласовались другъ съ другомъ не только въ деталяхъ, но и въ существенныхъ чертахъ. Послѣ неудачной попытки 1766 года парламентъ издалъ въ 1773 году общiй законъ о заставахъ, который однако былъ формулированъ такъ, что защищалъ скорѣе интересы попечительствъ, чѣмъ пользующихся дорогой лицъ и населенiя вообще. Помимо усиленiя правъ попечительства надъ общиной этотъ законъ подтвердилъ уже существовавшее въ частныхъ случаяхъ право попечительствъ заключать займы под залог заставных сборов и также право передавать заставный сбор на откуп с торгов частным лицам. Послѣднее повидимому послужило дѣлу во вред, а не в пользу; устраивая неразумно и под высокіе проценты займы, попечительства впадали в такую задолженность, которая часто оканчивалась банкротством, а сдача сборов на откуп повела к безконечному ряду злоупотребленій со стороны откупщиков и вспышек неудовольствія, до вооруженных бунтов включительно, со стороны населенія. Попечительства не были обязаны никакой отчетностью, не подвержены никакому контролю и никому не подчинены. Личный состав их был далеко не всегда безупречен, и богатая литература о заставах пестрит примѣрами исключительно своеобразнаго пониманія отдѣльными попечителями своих прав и обязанностей. Любопытно то, что даже послѣ закона 1773 года до начала 19-го столѣтія сохранилось в силѣ положеніе обычнаго права, по которому отвѣтственность за состояніе дороги оставалась на приходѣ, даже если бы она перешла к попечительству и была сдѣлана заставной. Каждый проѣзжій мог принести мировому судьѣ жалобу на неисправность дороги, а послѣдній мог оштрафовать приход, хотя бы вина цѣликом лежала на попечительствѣ. Срок, на который учреждалось попечительство, был первоначально 21 год; по истеченіи его парламент обыкновенно дѣлал отсрочку еще на 21 год, за ней вторую и т. д. Поэтому заставныя попечительства оказались неумирающими, и число их быстро росло. В настоящем кратком очеркѣ нѣт возможности сдѣлать подробный обзор их дѣятельности; достаточно сказать, что с технической стороны она была большей частью мало удовлетворительна, с административной всегда плоха, а с финансовой — просто ужасна. В 1838 году, напр., было 1116 заставных попечительств, которые завѣдывали всего 22.000 миль дорог, но под своим началом имѣли 3.555 казначеев, клерков и смотрителей, 20.000 сборщиков и прочих мелких служащих и 7.796 застав. Заставный сбор в этом году дал 1.458.000 фунт. стерл., а долги попечительств и общей сложности превышали 7.000.000 фунт. стерл.

Для современнаго техника достаточно одних этих цифр, чтобы безповоротно осудить заставную систему, но оставаясь в предѣлах времени и историческах условій, нельзя не отмѣтить, что несмотря на всѣ свои несовершенства, в развитіи англійскаго дорожнаго строительства она сыграла важную роль. В техническом отношеніи она способствовала выработкѣ типовой дороги и способов постройки; инженерное искусство того времени стояло на очень низкой ступени, и вѣроятно самый пылкій энтузіаст 18-го столѣтія не мог представить себѣ осуществимости тѣх совершенств, которыми обладает теперешняя битумен-макадамовая дорога. Далѣе, населеніе того времени не менѣе, чѣм теперь, недовѣрчиво относилось к усиленію власти центральнаго исполнительнаго правительства, и даже частичная національизація дорог едва ли была возможна. Повышеніе мѣстнаго обложенія или спеціальные налоги встрѣтили бы рѣшительный протест со стороны жителей всѣх классов, и сомнительно, чтобы парламент того времени отважился взять с населенія путем налога тѣ полтора милліона фунт. стерл., которые так или иначе были собираемы с пользующихся дорогами посредством заставнаго сбора. Короче говоря, как ни плоха была эта система, она была единственно возможной, дала нѣкоторые положительные результаты, и это надо поставить ей в заслугу. Оправдывая систему, трудно однако найти оправданіе акту 1773 года.

§ 4. Несмотря на широкое развитіе застав, 19-е столѣтіе застало главную массу дорог в руках приходов, и в 1838 году, напр., общее протяженіе приходских дорог равнялось 104.770 милям. Онѣ находились на отвѣтственности болѣе 15.000 приходов и 20.000 дорожных смотрителей, а годичный расход на их содержаніе превышал милліон фунт. ст., что составляет около 11 ф. ст. на милю. Не смотря то на негодующую, то на насмѣшливую критику как отдѣльных лиц, так и цѣлых групп, схема организаціи содержанія дорог оставалась фактически той же, которая была намѣчена законом 1555 года. Дѣлом завѣдывали по прежнему тѣже выбиравшіеся на год безплатные, неумѣлые и не всегда морально опрятные смотрители. Ремонтныя работы все так же неохотно и небрежно производились согнанным на дороги на шесть дней населеніем. Полученныя посредством постояннаго или чрезвычайнаго налога суммы расходовались непродуманно и безотчетно. Прихожане, всѣ вмѣстѣ и каждый в отдѣльности, все так же находились под угрозой произвольных штрафов, которые могли быть наложены почти безотвѣтственными судьями. Между тѣм быстрый рост населенія и развитіе промышленности и торговли вызывали еще болѣе быстрый рост движенія по дорогам. Самостоятельныя попытки отдѣльных лиц и приходов к улучшенію как самих дорог, так и организаціи их содержанія, не могли облегчить положенія; населеніе же в своей массѣ было связано устарѣвшим законодательством и рутиной обычнаго права.

Новый закон под названіем „Общій дорожный Акт 1835 года" (The General Highway Act of 1835) появился однако лишь послѣ реформы парламента. Он отмѣнил почти всѣ существовавшіе до него парламентскіе акты и в корнѣ измѣнил всю структуру организаціи дорожнаго хозяйства. Согласно его высшей административной инстанціей являлось приходское собраніе налогоплательщиков, которое имѣло право выбирать своего дорожнаго смотрителя и изыскивать при весьма ограниченном вмѣшательствѣ со стороны судей необходимыя для содержанія дорог средства. Смотритель имѣл право собирать налоги и мог получать за свой труд жалованье. Право судей налагать на приход взысканія было отмѣнено и замѣнено правом штрафовать самого смотрителя. Существовавшая с незапамятных времен натуральная повинность была уничтожена; вся работа на дорогах должна была производиться рабочими и лошадьми по найму. Этот закон разрѣшал также приходам, число жителей которых было выше 5.000, избирать из своих членов Совѣт дорог, который коллективно пользовался всѣми правами дорожнаго смотрителя и для производства работ мог имѣть платнаго и подчиненнаго Совѣту помощника смотрителя. Принятіе этого закона было большим шагом вперед, но и здѣсь была допущена ошибка, заключавшаяся в том, что административной единицей являлся приход, вліяніе котораго распространялось только на маленькую площадь. Уже в то время творцам современной дороги Макадаму и Тельфорду и другим лицам было ясно, что должна быть создана новая административная единица, которая охватывала бы возможно большую территорію. Только таким путем возможно было бы дешево закупать матеріалы и цѣлесообразно организовать работу; только крупная административная единица может имѣть хорошо оплачиваемаго и тѣм избавленнаго от соблазнов спеціалиста-техника, болѣе или менѣе равномѣрно распредѣлить среди населенія расходы на содержаніе дорог и составлять стройныя программы работ. Закон 1835 года очевидно предполагал, что сосѣдніе приходы будут естественно объединяться вмѣстѣ в Дорожные Округа, но вслѣдствіе ли взаимнаго недовѣрія, пересѣченія мѣстных интересов или других причин, случаи такого объединенія были рѣдки. Этот недостаток был устранен лишь законом 1862 года.

§ 5. Акт 1835 года оставил заставныя дороги совершенно в сторонѣ, и онѣ до самаго своего конца регулировались полным вопіющих ошибок законом 1773 года, в который послѣдующее законодательство не внесло никаких существенных поправок. Не смотря на все ростущее недовольство населенія попечительства продолжали существовать и вести свою ужасающую финансовую политику. Неизвѣстно, чѣм закончилась бы их исторія, если бы внезапно не произошло того, что Макадам назвал „желѣзнодорожным бѣдствіем.“ В 1825 году в Англіи была построена первая желѣзная дорога, вскорѣ за ней вторая; меньше, чѣм в 25 лѣт, появилась небольшая, еще технически несовершенная, но уже очень опасная для заставных дорог желѣзнодорожная сѣть. Безчисленные раньше дилижансы, почтмейстеры и частные экипажи стали с дорог исчезать, а с этим стали падать суммы заставных сборов. Без того огромная задолженность попечительств начала быстро расти, но ни онѣ, ни законодательная власть не нашли другого выхода, как оставив весь сбор застав попечительствам, переложить часть расходов на приход. Соотвѣтственно с этим был проведен Акт 1841 года, по которому судьи в спеціальных сессіях могли часть собранной приходом путем дорожнаго налога суммы обратить на починку заставных дорог, если сбора на послѣдних оказывалось недостаточно для покрытія всѣх расходов

попечительства.   Ничѣмъ неприкрытый цинизмъ этой мѣры можетъ
теперь показаться слишкомъ наивнымъ и смѣшнымъ, чтобы вызвать
негодованіе, но населеніе того времени реагировало иначе.   При-
нужденное не только платить заставный сборъ, но и чинить дороги,
оно открыто возмутилось, и въ 1842–1843 г. въ Уэльсѣ вспыхнулъ рядъ такъ
называемыхъ „ Ревеккиныхъ бунтовъ.“   Населеніе явно симпатизи-
ровало бунтовщикамъ и укрывало ихъ, броженіе все развивалось, и
правительству пришлось признать, что дальнѣйшее существованіе
заставныхъ дорогъ съ ихъ попечительствами грозитъ внутреннему спокой-
ствію страны.   Попечительства начали исчезать одно за другимъ, но
послѣднее изъ нихъ было закрыто только въ 1895 году.

§ 6. Существенный недостатокъ, которымъ страдалъ законъ 1835
года, именно допущеніе чрезмѣрной децентрализаціи дорожнаго
хозяйства, былъ, какъ указано въ § 4, устраненъ послѣдующимъ закономъ
1862 года, который давалъ судьямъ въ Quarter Sessions право принудительно объединять приходы въ дорожные округа (the Highway
Districts).   Послѣдніе находились въ вѣдѣніи Дорожныхъ Совѣтовъ
(Highway Boards), составленныхъ частью изъ мировыхъ судей, частью
изъ выбранныхъ прихожанами изъ своей среды „ дорожныхъ опекуновъ.“
Законъ зашелъ однако слишкомъ далеко: онъ предоставилъ приходамъ
только право выбирать опекуновъ и собирать установленные Дорожнымъ
Совѣтомъ налоги, всѣ же остальныя права отнялъ.   Но нѣкоторымъ
причинамъ законъ 1862 года не имѣлъ успѣха и не далъ никакихъ поло-
жительныхъ результатовъ.   Сами приходы, которымъ не хотѣлось
терять власти надъ своими дорогами, воспользовались лазейкой,
которую открывали акты 1848 и 1858 годовъ о мѣстномъ самоуправленіи.   По этимъ актамъ въ новыхъ городскихъ мѣстностяхъ были учреждены такъ называемые „ мѣстные Совѣты здравія“ (Local Boards of
Health), которые вмѣстѣ съ тѣмъ явились юридически дорожными
смотрителями всѣхъ дорогъ на ихъ территоріи, чего у нихъ не отнялъ и
законъ 1862 года.   Приходы начали спѣшно организовать свои
собственные Совѣты здравія и такимъ образомъ сохранили власть надъ
своими дорогами за собой.

Появившійся въ 1875 году Актъ о Народномъ здравіи (the Public
Health Act), исключивъ графства, какъ административныя единицы,
предоставилъ заботу о санитарномъ и врачебномъ благоустройствѣ
городскимъ и сельскимъ управленіямъ, принявъ то распредѣленіе на
округа, которое было сдѣлано раньше при введеніи закона о бѣдныхъ.
Городскія управленія уже получили въ свое завѣдываніе дороги на ихъ
территоріи, и поэтому было совершенно естественнымъ передать
сельскія дороги сельскимъ санитарнымъ управленіямъ, что и было
осуществлено закономъ 1878 года.   Результатомъ этой по существу
правильной мѣры получился хаосъ : Дорожные совѣты и приходы еще
продолжали существовать, и границы района дѣйствія различныхъ
дорожныхъ властей постоянно оспаривались и не могли быть точно

установлены. Только актъ 1894 года окончательно уничтожилъ какъ Дорожные округа, такъ и приходы, сосредоточивъ управленіе дорогами въ рукахъ сельскихъ санитарно-врачебныхъ властей. Борьба между старымъ и новымъ продолжалась еще нѣсколько лѣтъ, и лишь къ самому концу 19-го столѣтія послѣдніе слѣды отвѣтственности прихода за свои дороги окончательно и навсегда исчезли.

Чтобы закончить исторію англійскихъ дорогъ, остается сказать нѣсколько словъ о послѣднихъ годахъ существованія заставныхъ дорогъ. По мѣрѣ закрытія попечительствъ „обеззаставленныя" (disturnpiked) дороги передавались отдѣльнымъ приходамъ или Дорожнымъ Округамъ. Подъ давленіемъ общественнаго мнѣнія и вслѣдствіе ропота приходовъ и округовъ, на которыхъ расходы на содержаніе бывшихъ заставныхъ дорогъ и на покрытіе долговъ попечительствъ ложились дополнительнымъ тяжелымъ бременемъ, правительство начало съ 1876 года давать ежегодныя пособія въ размѣрѣ около 200.000 ф. ст. Въ добавленіе къ этому Highway and Locomotives Act 1878 года поручилъ судьямъ въ Quarter Sessions ежегодно ассигновать изъ средствъ графствъ сумму достаточную на покрытіе половины расходовъ на содержаніе тѣхъ заставныхъ дорогъ, которыя были уничтожены въ 1870 и послѣдующихъ годахъ. Наконецъ, Актъ о мѣстномъ самоуправленіи 1888 года (the Local Government Act of 1888) передалъ содержаніе бывшихъ заставныхъ дорогъ цѣликомъ въ руки вновь учрежденныхъ Совѣтовъ графства (County Councils); одновременно съ этимъ государство начало отпускать дополнительное пособіе изъ средствъ казначейства (Exchequer Contributions), часть котораго могла быть употреблена на дороги. Кромѣ этого Совѣтамъ графства предоставлялось право въ число этихъ бывшихъ заставныхъ, а теперь „главныхъ" (main roads) дорогъ включать и другія прежде приходскія дороги важнаго значенія.

§ 7. Законами 1888 и 1894 годовъ управленіе дорожнымъ хозяйствомъ опредѣляется и по настоящее время. Въ собственно Англіи и Уэлсѣ дороги въ предѣлахъ территоріи городовъ (Boroughs) или городскихъ санитарныхъ округовъ (Urban Sanitary Districts) находятся въ рукахъ различныхъ городскихъ (Town Councils)* или окружныхъ городскихъ совѣтовъ (Urban District Councils). Внѣ этой территоріи дороги дѣлятся на два класса: главныя (main roads), управленіе которыми принадлежитъ Совѣтамъ графства (County Councils), и всѣ прочія, которыя находятся подъ управленіемъ Сельскихъ Окружныхъ Совѣтовъ (Rural District Councils). Нѣкоторые Совѣты графствъ передаютъ содержаніе всѣхъ своихъ главныхъ дорогъ или части ихъ подрядно Сельскимъ Окружнымъ Совѣтамъ. При каждомъ Совѣтѣ имѣется платный дорожный смотритель (Surveyor) съ его штатомъ служащихъ, который ведетъ всю работу по содержанію и ремонту

---

* Болѣе точно, общее названіе Town Councils, обнимаетъ собою County Borough Councils, Non-County Borough Councils и лондонскія власти.

дорог. Въ Шотландіи всѣми дорогами завѣдуютъ только Совѣты графства и городскіе Совѣты (Burgh Councils). Въ Ирландіи дороги находятся подъ властью Совѣтовъ графства, городскихъ округовъ (Urban Districts) и городовъ (Towns, County Boroughs и Non-County Boroughs). Количества и названія отдѣльныхъ завѣдующихъ дорогами учрежденій и протяженія дорогъ указаны въ нижеслѣдующей таблицѣ. Въ виду трудности русскаго перевода классификаціи городовъ названія учрежденій даны по-англійски.

Колич.	Названіе учрежд.	Главн. дор., миль.	Прочія дороги, миль.
	Англія и Уэлс.		
	1 Road Board.		
61	County Councils		
74	County Borough Councils . .		9.366
665	Rural District Councils . . .	27.754 м.	95.077
815	Urban District Councils . . .		11.411
253	Non-County Borough Councils.		4.871
30	London Authorities		2.192
1898			122.917 м.
	Шотландія.		
33	County Councils		
209	Burgh Councils	22.671 м.	2.145 м.
242			
	Ирландія.		
33	County Councils		
6	City Boroughs		
5	Non-County Boroughs . . .	6.800 м.	48.890 м.
85	Urban Districts		
28	Другихъ городовъ		
157			

Такимъ образомъ одни только Англія и Уэлс на 150.000 миль дорогъ имѣютъ около 1.900 завѣдующихъ ими совершенно независимыхъ другъ отъ друга учрежденій, и здѣсь кроется одинъ изъ самыхъ существенныхъ недостатковъ теперешней англійской организаціи дорожнаго хозяйства. Въ отношеніи столь уродливо развитой децентрализаціи впереди Англіи стоятъ только Соединенные Штаты Сѣверной Америки,* Италія и Венгрія. Всѣ эти учрежденія фактически не

* Въ 1913 году въ Соединенныхъ Штатахъ на 2.200.000 миль дорогъ приходилось 100.120 различныхъ завѣдующихъ ими учрежденій, именно 646 дорожныхъ Отдѣловъ штата; 12.395 дорожныхъ Отдѣловъ графства; 2.602 муниципалитета и 84.477 другихъ мѣстныхъ учрежденій.

связаны между собой общей организаціей, которая открывала бы
возможность согласованной и совмѣстной дѣятельности; в их дѣй-
ствіях замѣчается разрозненность и отсутствіе того, что можно было
бы назвать національной политикой; наконец, над этими учрежденіями нѣт внѣшняго наблюденія или центральнаго контроля.
Правда, юридически есть высшая инстанція — Совѣт мѣстнаго
самоуправленія (The Local Government Board), — которому подчинены всѣ болѣе мелкія административныя единицы, как то Совѣты
графства, Окружные Совѣты, муниципалитеты и проч., но его
дѣятельность в отношеніи дорожнаго хозяйства повидимому страдает
полным недостатком энергіи и иниціативы. Англійская критика
этого учрежденія настолько рѣзка, что из боязни упрека в преувели-
ченіи я не рѣшаюсь давать ее в пересказѣ. Сидней и Беатриса Вебб
во своей книгѣ „The Story of the King's Highway" отзываются о
нем так: „. . . Совѣт мѣстнаго самоуправленія (Local Government
Board) не сдѣлал ничего для улучшенія или нормировки мѣстнаго
дорожнаго управленія и никогда не открыл даже, что есть возможность сдѣлать что-то. . . . Его чиновники провѣряют отчеты
большей части 1.900 дорожных управленій; тѣм из послѣдних, в
вѣдѣніи которых находятся главныя дороги, он ежегодно отпускает
большія пособія . . . но он не собирает никаких свѣдѣній относительно состоянія даже тѣх дорог, которыя он субсидирует . . .
Совѣт никогда не заботился о том, чтобы организовать для себя штат
инспекторов, с помощью которых он мог бы эти свѣдѣнія собрать . . .
Совѣт не представляет парламенту никаких отчетов о дорогах, не
публикует сравнительных описаній относительно работ, произведенных в дорожном хозяйствѣ различными мѣстными органами
самоуправленія . . . он не производит никаких научных изслѣдо-
ваній относительно неразрѣшенных еще задач управленія дорогами
. . . не обращается к мѣстным учрежденіям даже с циркулярными
запросами . . . Можно сказать, это сводится к тому, что Совѣт
мѣстнаго самоуправленія, не имѣя власти строить дороги сам или
даже приказать их строить, не считает своей обязанностью даже
поднять палец, чтобы обезпечить успѣшность работы и внести
улучшенія в этой области мѣстнаго самоуправленія." Дѣйствительно, при просмотрѣ литературы предмета нигдѣ нельзя встрѣтить
указаній, свидѣтельствующих о том, что Local Government Board
играл в управленіи дорожным хозяйством сколько — нибудь замѣт-
ную руководящую роль. Вмѣстѣ с тѣм ни один министр и ни одно
правительственное учрежденіе не несут никакой отвѣтственности за
управленіе даже самыми важными дорогами страны. „Слѣдствіем
этого," продолжают С. и Б. Вебб, „является повидимому то, что
парламент не имѣет возможности критиковать содержаніе дорог . . .
В отношеніи веденія дорожнаго хозяйства, и как кажется, только в
этом исключительном случаѣ, Палата Общин по непредвидѣнному

послѣдствію ошибки прошлаго и по своей собственной рутинности даже во это время остается слѣпой и глухой." Существующій с 1910 года правительственный Совѣт дорог (the Road Board) имѣет, как будет указано ниже, очень ограниченныя права и фактически никакого вліянія на органы мѣстнаго самоуправленія не имѣет. Таким образом, перед Англіей до сих пор стоит неразрѣшенной задача, как устранить дефекты существующей децентрализаціи дорожнаго хозяйства, и какова должна быть та центральная власть, которая, объединяя разрозненныя автономныя учрежденія, вмѣстѣ с тѣм не подкапывалась бы под принцип самоуправленія и не выродилась бы в чисто бюрократическое учрежденіе.

§ 8. Средства для содержанія, ремонта и улучшенія дорог получаются (*а*) путем обложенія населенія дорожным налогом или отчисленія из общаго налога, (*б*) в видѣ пособія из государственнаго казначейства и (*в*) в видѣ пособія от правительственнаго Совѣта дорог.

В тѣх городских округах, гдѣ все населеніе обложено налогом для содержанія водоснабженія и канализаціи и для мощенія улиц, расходы по содержанію дорог полностью оплачиваются из общаго окружного налога (General District Rate). Расходы сельских окружных совѣтов дѣлятся на два класса, общіе и спеціальные. Общіе расходы оплачиваются всѣм населеніем округа, а спеціальные жителями той мѣстности, для которой эти расходы были произведены. Расходы на содержаніе дорог обыкновенно разсматриваются, как общіе, и покрываются из общаго фонда, получаемаго путем сбора налога в пользу бѣдных (Poor Rate).

Пособіе от казначейства (Exchequer Contributions) дается Совѣтам графства, которые по оплатѣ так называемых „первоочередных" расходов могут обратить остаток на содержаніе и улучшеніе дорог и давать от себя из этого источника пособія сельским окружным совѣтам и муниципалитетам.

Совѣт дорог был организован в 1910 году по парламентскому акту „The Development and Road Improvement Funds Act of 1909." Вслѣдствіе начавшагося к этому времени широкаго распространенія автомобилей и других самодвижущихся экипажей дорожное движеніе не только чрезвычайно возросло, но и измѣнило свой характер. Прежнія макадамовыя дороги оказались мало удовлетворительными как для пользующихся дорогой, так и для живущаго вблизи дорог населенія, и потребовались дороги новаго типа—безпыльныя битумен-макадамовыя или по крайней мѣрѣ дороги с битуминозной покрышкой. Большая тяжесть новых экипажей и большее давленіе от колес потребовали усиленія каменнаго основанія. Переустройство и постоянный дорогой ремонт дорог вызвали дополнительные расходы, покрыть которые путем повышенія налогов, не вызвав раздраженія плательщиков и особенно бѣдной части их, было нельзя.

Поэтому нужно было ввести спеціальный налог, который не касался бы малоимущей части населенія, и таким явился налог на бензин и автомобили. Для распредѣленія полученных от сбора налога сумм (чистый сбор налога на бензин и часть сбора налога на экипажи) был образован уже упоминавшійся ранѣе Совѣт дорог (the Road Board). Необходимо отмѣтить, что эти суммы могут расходоваться только на улучшеніе, но не на содержаніе дорог, и под словом „улучшеніе" понимаются устройство новой или подкрѣпленіе старой каменной коры, приданіе корѣ гладкости и водонепроницаемости путем укатыванія и пропитыванія каменноугольным дегтем, далѣе выпрямленіе, расширеніе и выравниваніе участков дорог и тому подобныя работы. Распредѣленіем пособій и выдачей подлежащих возврату ссуд главным образом и ограничиваются функціи Совѣта дорог; вмѣшиваться в производство работ он не имѣет права. Нижеслѣдующая таблица даст приход и расход этого учрежденія; приход складывается из полученных от казначейства налоговых сумм и дохода с процентных бумаг, в расходѣ же показаны только чистыя выдачи в видѣ пособій и ссуд за вычетом возвращенных ссуд и административные расходы.

	1912.	1913.	1914.	1915.
Приход . . ф. ст.	1.232.924	1.229.003	1.481.398	1.620.974
Расход . . ф. ст.	281.159	467.068	924.959	1.292.907

§ 9. Полные расходы на дороги в собственно Англіи и Уэлсѣ за 1910 и 1914 годы приведены в нижеслѣдующей таблицѣ, цифры которой, равно как послѣдующих таблиц, взяты из Шестого годичнаго отчета Совѣта дорог (The Sixth Annual Report of the Road Board). Дороги раздѣлены на два класса, городскія и сельскія.

	Городск. дороги.		Сельскія дор.		Гор. и сельск. дор.	
	1910	1914	1910	1914	1910	1914
Протяж. в милях. .	32.342	33.624	118.576	118.461	150.918	152.085
Расходы в ф. ст.						
На содержаніе . .	4.327.828	5.122.536	4.030.841	5.393.077	8.358.669	10.515.613
На улучшенія . .	340.531	454.147	75.958	108.451	416.489	562.598
Разные расходы . .	1.913.314	1.989.010	145.612	134.165	2.058.926	2.123.175
Погаш. займов . .	3.701.352	3.418.069	43.694	82.714	3.745.046	3.500.783
Полный расход . .	10.283.025	10.983.762	4.296.105	5.718.407	14.579.130	16.702.169
Средняя стоим. содерж. одной мили . .	134	152	34	45	55	69

Полные расходы на дороги в Шотландіи за 1910 и 1914 годы указаны в нижеслѣдующей таблицѣ. Сюда включены стоимость содержанія и улучшенія дорог, а также погашеніе займов.

	Протяженіе в 1914 г. Миль.	Полн. расход ф. ст. 1910	1914
Совѣты графства . . .	22.564	695.894	850.965
Городскіе совѣты . .	2.244	495.246	559.541
Приходскіе совѣты . .	—	2.513	2.877
Всего . . .	24.968	1.193.653	1.413.383

Аналогичная таблица дает ниже расходы на дороги в Ирландіи; сюда включена очистка улиц, но исключены расходы по погашенію займов.

	Миль.	Расходы в ф. ст. 1910	1914
Совѣты графства . . .		796.540	883.425
Non-County Boroughs . .		9.253	9.331
Городскіе округа . .	58.334	79.999	86.203
Города (не в город. округах)		778	614
County Boroughs . . .		181.796	199.076
Всего . . .	58.334	1.068.366	1.178.649

Интересно прослѣдить рост расходов на одно лишь содержаніе дорог втеченіи послѣдних лѣт; это видно из слѣдующей таблицы относящейся к дорогам в Англіи и Уэлсѣ, но внѣ Лондона и County Boroughs.

		Расход в ф. ст. 1890	1902	1914	Миль. 1890	1902	1914	Расход на миль в ф. ст. 1890	1902	1914
Главныя	Сельскія . .	781.439	1.501.994	2.897.361	18.146	23.110	23.833	43,2	65,0	121,5
	Городскія . .	165.743	729.968	1.089.449	3.370	4.014	4.366	49,2	182,0	249,5
	Всего . . . Средній расх.	947.182	2.231.962	3.986.810	21.516	27.124	28.199	44,1	82,4	141,4
Прочія	Сельскія . .	1.299.322	1.969.540	2.495.716	100.459	95.206	94.628	12,9	20,7	26,3
	Городскія . .	720.475	1.285.264	1.616.485	14.600	15.285	16.738	49,4	84,0	96,5
	Всего . . . Средній расх.	2.013.797	3.254.804	4.112.201	115.059	110.491	111.366	17,5	29,6	36,9
Всего дорог.	Сельскія . .	2.080.761	3.471.534	5.393.077	118.605	118.316	118.461	17,5	29,5	45,5
	Городскія . .	886.218	2.015.232	2.705.934	17.970	19.299	21.104	49,3	105,5	128,2
	Всего . . . Средній расх.	2.966.979	5.846.766	8.099.011	136.575	137.615	139.565	21,7	39,8	58

I

Из этой таблицы видно, что общее протяженіе дорог за годы 1890–1902–1914 медленно возрастало в отношеніи 100 : 101 : 102, т. е. за четверть вѣка увеличилось всего на 2%. За этот же промежуток времени протяженіе главных дорог увеличивалось, как 100 : 126 : 131, и протяженіе прочих дорог уменьшалось вслѣдствіе перечисленія части их в главныя дороги, как 100 : 96 : 97. Эта же таблица дает яркую картину того колоссальнаго роста расходов на содержаніе дорог, причинами котораго были прежде всего развитіе автомобильнаго движенія и повышеніе уровня предъявляемых к дорогам требованій. Если принять стоимость содержанія дорог в 1890 году за 100, то послѣдующее возрастаніе ея для различных дорог выразится так:

Дороги.				1890.	1902.	1914.
Главныя сельскія	..	..	..	100	150	281
Главныя городскія	..	..	..	100	370	507
Прочія сельскія	..		..	100	161	204
Прочія городскія	..	..	..	100	170	195
Всѣ сельскія	..	..	..	100	169	260
Всѣ городскія	..	..	..	100	214	260
Среднее для всѣх дорог	..	..	..	100	183	267

Как часть расходов на содержаніе и улучшеніе дорог, оплачиваемая только из налогов на населеніе, ложится на одну душу населенія, и какое повышеніе налога она вызывает, показывает приведенная ниже таблица, относящаяся ко всей Англіи и Уэльсу, включая Лондон и County Boroughs. Расход в пенсах был:—

	1911.	1914.	1915.
На 1 ф. ст. оцѣночной стоимости ..	15,2	16,6	16,6
На одну душу населенія	86,6	95,6	96,4

Стоимость одного только содержанія дорог на вышеуказанной территоріи поднялась за промежуток времени 1909–1914 год с 7,7 до 10,5 пенса на 1 ф. ст. оцѣночной стоимости и с 43,6 до 59,9 пенса на душу населенія.

§ 10. Из предыдущих §§ читатель мог видѣть, что в Англіи классификаціи дорог не существует; то грубое раздѣленіе дорог на „главныя" и „прочія," „городскія" и „сельскія," которое употребляется даже в оффиціальных отчетах и документах, конечно никого удовлетворить не может. Совѣт дорог, который, несмотря на недавнее свое происхожденіе и ограниченность прав, сдѣлал уже много начинаній для научной постановки дорожнаго хозяйства, приступил к выработкѣ цѣлесообразной классификаціи дорог, но с началом войны должен был эту работу пріостановить. Дорожная статистика существует всего 100 лѣт и вслѣдствіе все той же чрезмѣрной децентрализаціи управленія дорогами до сих пор далека от совершенства. Примѣняемая в отчетах техническая классификація также страдает недостаточной ясностью и опредѣленностью терминологіи, а сами отчеты недостаточным и неоднородным раздѣленіем матеріала. По данным 1912 года дороги в Соединенном Королевствѣ классифицировались по приблизительному подсчету слѣдующим образом.

Длина дорог в милях:—

	Моще-ныя.	Битумен.-бетонн. и битумен.-макадам.	Пропит. дегтем макадамов.	Макадамов.	Грун-товыя.	Всего миль.
Англія и Уэлс	4.000	4.650	16.000	123.000	2.857	150.671
Шотландія ..	2.000	300	1.500	21.016	—	24.816
Ирландія ..	300	10	100	55.280	—	55.690

Под „мощеными" подразумѣваются дороги с бетонным или другим крѣпким основаніем и верхней настилкой из гранитных брусков, деревянных брусков, асфальтоваго бетона и проч.

Протяженіе грунтовых дорог в Шотландіи и Ирландіи неизвѣстно, но вѣроятно не велико.

Преобладающими дорогами в Соединенном Королевствѣ являются макадамовыя с водонепроницаемым верхним слоем (water-bound macadam); за ними слѣдуют макадамовыя с верхним слоем, пропитанным каменноугольным дегтем (tar-sprayed water-bound macadam); далѣе мощеныя и наконец битумен-макадамовыя и битумен-бетонныя дороги. Описаніе способов постройки дорог различных типов было уже сдѣлано в 1-ой главѣ об американских дорогах. Поэтому здѣсь будет достаточно коснуться только самых существенных сторон предмета.

§ 11. Какіе типы дорог наиболѣе пригодны в данных условіях ѣзды, англійская практика оцѣнивает так. Для тѣх мѣстностей, гдѣ преобладает тяжелое и медленное движеніе, и господствующим на дорогѣ видом экипажа является тяжелый грузовик или паровой трактор, лучшей по своим качествам с точки зрѣнія как пользующихся дорогой, так и дорожнаго инженера, является дорога с солидным основаніем и верхней настилкой из гранитных брусков (stone setts).

Там, гдѣ происходитъ развозка грузовъ на мѣста продажи на мѣста потребленія (напр. изъ города въ пригородные поселки и т.п.), гдѣ слѣдовательно надо ожидать распространенія относительно тяжелыхъ, но быстро движущихся грузовыхъ автомобилей, наиболѣе пригодны мощеныя гранитными брусками или хорошая, пропитанная дегтемъ макадамовая дорога. Съ точки зрѣнія владѣльца экипажа дорога съ битуминозной настилкой менѣе желательна, такъ какъ вслѣдствіе своей большой упругости настилка волною поднимается передъ колесомъ, отчего увеличивается сопротивленіе каченію и повышается слѣдовательно расходъ бензина. Въ мѣстностяхъ съ преобладающимъ легкимъ и быстрымъ движеніемъ, гдѣ на дорогѣ встрѣчаются почти исключительно только автомобиль, таксимоторъ, мотоциклетъ и велосипедъ, хорошая пропитанная дегтемъ макадамовая дорога для пользующагося ею является вполнѣ удовлетворительной. Населеніе же, если нѣкоторое увеличеніе налога для него не представляетъ особой важности, предпочитаетъ битумен-макадамовую дорогу, такъ какъ качества послѣдней въ отношеніи безпыльности и безшумности выше, чѣмъ у дорогъ всѣхъ другихъ типовъ.

Точныхъ цифръ относительно сравнительной экономической выгодности битумен-макадамовыхъ, пропитанныхъ макадамовыхъ и обыкновенныхъ макадамовыхъ дорогъ нѣтъ, и потому выборъ того или иного типа не всегда легокъ. Только для Ливерпуля съ полной очевидностью доказано, что при одинаковой напряженности движенія (120.000 тоннъ въ годъ на одинъ ярдъ ширины дороги) годичная стоимость содержанія и ремонта, включая погашеніе стоимости постройки, меньше всего для 4 дюймовой битумен-макадамовой дороги. За ней въ порядкѣ возрастанія стоимости слѣдовали 7-дюймовая пропитанная дегтемъ макадамовая и обыкновенная макадамовая дорога. Цифры стоимости содержанія макадамовыхъ дорогъ, отнесенной къ тоннимилѣ, очень пестры и неубѣдительны. Многіе дорожные инженеры Совѣтовъ графства сходятся однако въ томъ, что обыкновенный макадамъ достаточно удовлетворителенъ для дорогъ второстепеннаго значенія и необходимъ для главныхъ дорогъ на участкахъ съ крутыми подъемами.

§ 12. Въ настоящее время обыкновенныя водонепроницаемыя макадамовыя дороги строятся въ Англіи въ очень маломъ количествѣ. Старыя макадамовыя дороги за исключеніемъ нѣкоторыхъ главныхъ дорогъ строились по большей части неумѣло, и раціональная конструкція и цѣлесообразный способъ производства работъ начали примѣняться Макадамомъ и Тельфордомъ лишь съ средины 19-го столѣтія. Каменная кора многихъ старыхъ второстепенныхъ дорогъ является накопленіемъ разновременно насыпаннаго для починки матеріала. Установившійся современный способъ постройки новыхъ дорогъ заключается въ слѣдующемъ.

Земляное основаніе дороги хорошо дренируется путемъ прокладки

продольных трубопроводов по обѣим сторонам дороги с выходами
из них на опредѣленных разстояніях в примыкающіе рѣчки и ручьи.
Трубы берутся возможно большого діаметра, не менѣе 6 дюймов.
Канавы, в которых уложены трубопроводы, заполняются гравіем
или щебнем так, чтобы слой имѣл над трубой толщину не менѣе 12
дюймов; в сырых мѣстах канава должна быть заполнена гравіем
доверху.   Послѣ устройства дренажа земляное основаніе дороги
профилируется и укатывается; поперечный уклон или подъем
имѣет величину около 1 : 30.

Для дорог с тяжелой ѣздой каменное основаніе имѣет толщину
8—9 дюймов и выкладывается в ручную по способу Тельфорда.
Послѣ укатыванія паровым катком на основаніе насыпают и укатывают в два пріема (по 3 дюйма каждый раз) 6-дюймовый слой
щебня размѣрами камешков 2½-дюйма. В качествѣ связывающаго
вещества употребляется мелкій щебень. Заполненіе пор верхняго
слоя дѣлается путем насыпки каменной пыли и послѣдующей
укатки.

Постройка дорог для легкой ѣзды производится таким же образом,
но толщина коры конечно может быть меньше.   Как видно из
предыдущаго, способ постройки макадамовой дороги не отличается
существенно от американскаго.

Лучшим в Шотландіи камнем для дорог считается синій базальт.
В Англіи камня хорошаго качества мало, и в графствах средней
полосы для основанія нерѣдко употребляют шлаки из доменных
печей, клинкер из топок котлов и т. п.   В Сомерсетѣ мѣстные
известняки и песчаники вполнѣ пригодны для основанія дороги, но
для верхняго слоя они слишком слабы.

В Ирландіи, гдѣ вообще располагаемыя для постройки дорог
средства очень ограничены, и привозный хорошій матеріал очень
дорог, пользуются мѣстным не особенно высокаго качества камнем.

В Шотландіи щебень сортируется на три размѣра: 2½ дюйма,
1½ дюйма и мелочь для заполненія пор и связыванія. Для обыкновенных дорог насыпаемый на основаніе слой 2½-дюймоваго щебня
послѣ укатки имѣет толщину 3 дюйма и для дорог с тяжелой ѣздой
от 4 до 6 дюймов.

§ 13.   Пропитываніе дегтем может быть с выгодой примѣнено
как в случаѣ старых находящихся в хорошем состояніи макадамовых
дорог, так и в случаѣ новых, если онѣ хорошо уплотнены. Оно
должно производиться только тогда, когда дорога совершенно суха.

Перед поливкой дегтем старая дорога должна быть приведена в
порядок, всѣ выбоины, колеи и ямы задѣланы, и поверхность ея
тщательно выметена сначала механической щеткой, затѣм ручной
метлой так, чтобы на ней не осталось ни засохших комков грязи,
ни пыли.

Употребляемый для этой цѣли деготь получается, как побочный

продуктъ при добываніи свѣтильнаго и водянаго газа изъ битуминознаго каменнаго угля. Всѣ сорта дегтя, какъ болѣе легкіе, такъ и болѣе тяжелые, передъ употребленіемъ для пропитыванія должны быть подогрѣты до температуры кипѣнія. Совѣтъ дорогъ даетъ спеснфикацію для двухъ сортовъ дегтя, по которымъ температура подогрѣва дегтя No. 1 должна находится между 220 и 240° F., а дегтя No. 2 между 260 и 280° F. Чтобы проникнуть на достаточную глубину, деготь въ моментъ поливки долженъ быть насколько возможно горячъ. Для поливки въ ручную употребляются лейки особой конструкціи; лучше, если деготь подогрѣвается въ спеціальномъ котлѣ и изъ него распредѣляется по поверхности дороги по гибкимъ трубамъ. Самымъ же лучшимъ и быстрымъ способомъ является поливка изъ спеціальныхъ баковъ, снабженныхъ подогрѣвателями и насосами подобно описаннымъ въ § 33.

Количество дегтя зависитъ какъ отъ физическихъ свойствъ дороги, такъ и отъ количества ѣзды по ней. Если дорога пропитывается въ первый разъ, для поливки 5—7 квадратныхъ ярдовъ поверхности достаточно одного галлона дегтя. Если движеніе по дорогѣ велико, мѣсяца черезъ три послѣ первой поливки дорога пропитывается второй разъ, но не вся, а обыкновенно только средняя полоса ея проѣзжей части шириною отъ 9 до 12 фут. Расходъ дегтя въ этомъ случаѣ долженъ быть около 1 галлона на 8—10 квад. ярдовъ. Немедленно послѣ поливки слой дегтя разравнивается метлой. Если дорога должна быть открыта для движенія до того времени, когда деготь затвердѣетъ, ея поверхность посыпаютъ очень мелкимъ щебнемъ, гравіемъ или крупнымъ пескомъ, но лишь настолько, чтобы деготь не прилипалъ къ колесамъ. Нормально одной тонны щебня должно быть достаточно на 300—350 кв. ярдовъ дороги.

Главныя дороги съ большимъ движеніемъ поливаются дегтемъ одинъ разъ въ годъ, а дороги второстепеннаго значенія тогда, когда это потребуется.

§ 14. При постройкѣ битумен-макадамовыхъ и битумен-бетонныхъ дорогъ земляное основаніе дороги тщательно дренируется обычнымъ способомъ, т. е. путемъ прокладки трубопроводовъ и устройства канавъ. Если подпочва состоитъ изъ глины или другого непропускающаго воду вещества, на земляное основаніе насыпаютъ слой клинкера или шлаковъ толщиною отъ 3 до 6 дюймовъ и на немъ въ ручную выкладываютъ каменное основаніе изъ твердаго камня или другого подходящаго матеріала толщиною отъ 6 до 10 дюймовъ; крупные камни плотно расклиниваютъ мелкими камешками и укатываютъ основаніе паровымъ каткомъ. Старая плотная макадамовая дорога толщиною 5—6 дюймовъ на гравистой сухой подпочвѣ можетъ служить достаточно надежнымъ основаніемъ.

Толщина битуминознаго слоя битумен-макадамовой (pitch-grouted macadam) въ укатанномъ состояніи обыкновенно дѣлается равной 2½—3 дюймамъ; въ случаѣ легкой ѣзды она можетъ быть уменьшена до 2 дюймов и в случаѣ тяжелой ѣзды должна быть увеличена до 4—4½ дюймов. Полная толщина коры, включая основаніе, бывает не менѣе 6 дюймов, но если подпочва очень тверда, она может быть 4 дюйма. С другой стороны, если подпочва состоит из глины, полная толщина коры должна быть не менѣе 11 дюймов.

Техническія условія на щебень слѣдующія: не менѣе 60% его должны быть размѣра 2½ дюйма и 35% размѣров от 2½ до 1¼ дюйма; остальные 5% с размѣрами от ¾ до ½ дюйма держатся отдѣльно и употребляются при укаткѣ послѣ заливки смолой. Послѣ насыпки на основаніе крупный щебень укатывается в сухом состояніи без добавленія мелкаго матеріала.

Каменноугольная смола осторожно расплавляется при прибавленіи особаго легкаго каменноугольнаго дегтя (tar oil) и доводится до температуры 300° F. Количество смолы должно быть от 88 до 90% и дегтя от 12 до 10%. Одновременно с этим чистый песок нагрѣвается в особом подогрѣвателѣ до 400° F. Когда смола и песок достигнут нужной температуры, их смѣшивают в равных количествах в переносной мѣшалкѣ. Эта смѣсь, называемая „matrix,“ при постоянном помѣшиваніи наливается в лейки вмѣстимостью 2—3 галлона и из них разливается по дорогѣ. Немедленно послѣ поливки дорога укатывается, причем ея поверхность перед и во время укатыванія посыпается мелким щебнем. Количество смолы для уплотненнаго катком слоя толщиною 2 дюйма должно быть 1¼ галлона на квадр. ярд, и при толщинѣ слоя 2½ и 3 дюйма — 1½ и 2 галлона.

Если ѣзда очень тяжела, то битуминозная покрышка состоит из двух слоев, которые поливаются смѣсью и укатываются отдѣльно. Нижній слой дѣлается из щебня размѣрами от 3 до 2 дюймов и перед поливкой укатывается без мелкаго щебня. Для верхняго слоя употребляется болѣе мелкій щебень размѣром 1½ дюйма. При укатываніи послѣ поливки на поверхность насыпаются осколки размѣрами от ½ до ¼ дюйма. Полное количество смолы для уплотненнаго слоя толщиной 4 дюйма должно составлять около 3¼ галл. на квадр. ярд и при толщинѣ 4½ дюйма около 4½ галл.

§ 15. Так называемыя тар-макадамовыя (tar-macadam) дороги по своей конструкціи и способу постройки аналогичны американским битумен-бетонным дорогам. Их землянбе и каменное основаніе дѣлается совершенно так же, как для описанных в предыдущем § битумен-макадамовых дорог. Толщина битумен-бетоннаго слоя нормально бывает равной 2—3 дюймам.

Щебень рекомендуемаго состава должен содержать по крайней мѣрѣ 60% камешков размѣра 2½ дюйма, не болѣе 30% камешков с размѣрами от 2½ до 1¼ дюйма и 10% мелких осколков с размѣрами от ¾ до ½ дюйма. Как и в предыдущем случаѣ, мелкій щебень держится отдѣльно и употребляется при укатываніи. Перед смѣшиваніем бетона камень хорошо высушивается, а само смѣшеніе дѣлается либо въ бетоньеркахъ съ подогрѣвателемъ, либо въ особыхъ мѣшалкахъ, причемъ количество каменноугольнаго дегтя составляетъ отъ 9 до 12 галлоновъ на тонну щебня.

Послѣ насыпки бетона или таръ-макадама слой умѣренно укатывается сначала 6-тоннымъ, затѣмъ 10-тоннымъ каткомъ. По прошествіи нѣсколькихъ недѣль дорога поливается горячимъ дегтемъ и посыпается очень мелкимъ щебнемъ по расчету одна тонна щебня на 300—380 квадр. ярдовъ дороги.*

Инж.-механикъ С. Н. ГАВРИЛОВ.

---

* Краткость настоящаго очерка не даетъ возможности сдѣлать болѣе подробнаго описанія примѣняемыхъ при постройкѣ дорогъ машинъ и приложить чертежи. Поэтому, уклоняясь отъ сравнительной оцѣнки фирмъ, я привожу ниже списокъ нѣсколькихъ американскихъ заводовъ, которые строятъ различныя дорожныя машины и обыкновенно охотно присылаютъ интересующимся свои въ большинствѣ случаевъ превосходные каталоги.

Дорожная машина съ элеваторомъ (Elevating Grader).

J. D. Adams & Co., 217, S. Belmont Ave., Indianapolis, Indiana; Austin Manufacturing Co., 910, Michigan Avenue, Chicago; Austin-Western Road Machinery Co., 910, Michigan Ave., Chicago; Baker Manufacturing Co., 506, Stanford Ave., Springfield, Ill.; Koehring Machine Co., Milwaukee, Wisc.; Russel Grading Manufacturing Co., Minneapolis, Minnesota; Western Wheeled Scraper Co., Aurora, Ill.

Дорожные плуги (Road Ploughs).

J. D. Adams; Austin Manufacturing Co.; Western Wheeled Scraper Co.

Дорожные катки (Road Rollers).

Austin-Western Road Machinery Co.; Barber Asphalt Paving Co., Philadelphia, Pa.; Buffalo-Springfield Roller Co., Springfield, Ohio; Erie Machine Shops, Erie, Penna; Universal Road Machinery Co., Kingston, N.Y.; Western Wheeled Scraper Co.

Скарифайеры (Scarifiers).

J. D. Adams & Co.; Austin-Western Road Machinery Co.; Baker Manufacturing Co.; Kilbourne & Jacobs Manufacturing Co., Columbus, Ohio; Sauerman Bros., 322, So. Dearborn Street, Chicago; Western Wheeled Scraper Co.

Скользящіе и колесные копи (Scrapers—Drag & Wheeled).

Austin-Western Road Machinery Co.; Baker Manufacturing Co.; Kilbourne & Jacobs Manufacturing Co.; Sauerman Bros.; Western Wheeled Scraper Co.

Снѣговые плуги (Snow Ploughs).

Baker Manufacturing Co.; Good Roads Manufacturing Co., Inc., Kennett Square, Pa.; Russel Grader Co.; Jordan & Co., The O. F.

Баки для поливки (Sprinkling Wagons).

Austin-Western Road Machinery Co.; Western Wheeled Scraper Co.

Машины для чистки улицъ (Street-cleaning Machinery).

Austin-Western Road Machinery Co.; Baker Manufacturing Co.; Good Roads Manufacturing Co.; Universal Road Machinery Co.

БИБЛІОГРАФІЯ.

I. Американскія дороги.

Bulletins of the U.S. Office of Public Roads and Rural Engineering, а также отчеты дорожных Отдѣлов различных штатов.

The Location, Construction and Maintenance of Roads, by JOHN M. GOODELL. New York: D. Van Nostrand Co.

A Treatise on Roads and Pavements, by IRA OSBORN BAKER, 3rd ed. New York: John Wiley & Sons.

The Construction of Roads and Pavements, by T. R. AGG. London: Hill Publishing Co.

Dust Preventives and Road Binders, by PREVOST HUBBARD. New York: John Wiley & Sons.

Journals:
Engineering and Contracting.
Good Roads.

II. Англійскія дороги.

English Local Government: The Story of the King's Highway, by SIDNEY & BEATRICE WEBB. Longmans, Green & Co., London.

Bibliography of Road Making and Roads in the United Kingdom, by DOROTHY BALLEN. London: P. S. King & Son.

Practical Road Work, with Specifications, by H. J. WAKELAM. Wyman & Sons, London.

Text-book of Highway Engineering, by ARTHUR H. BLANCHARD & HENRY B. DROWNE. London: Chapman & Hall.

The Making of High Roads, by ALFRED EDWARD CAREY. London: Crosby Lockwood & Son.

Journal:
Surveyor.

ОБЪЯВЛЕНІЯ

HERBERT WHITWORTH,

LIMITED.

115, PRINCESS STREET, MANCHESTER.
МАНЧЕСТЕР, АНГЛІЯ.

ФАБРИКА ХЛОПЧАТОБУМАЖНЫХ ТОВАРОВ.

Слѣдующіе товары имѣются в больших количествах на складѣ:

ДРЕЛЬ ВСѢХ СОРТОВ и ЦВѢТОВ.
КОРДЮРОЙ.
БЕДФОРДСКІЙ БОРОЗДЧАТЫЙ МАНЧЕСТЕР.
ФЛАНЕЛЕТ.   БѢЛЫЙ БАТИСТ.
ШЕРТИНГ. САТИН. КАШЕМИР.
НОСОВЫЕ ПЛАТКИ.
ЗЕФИРЫ.   МАДАПАЛАМ.

Телеграфный адрес: „WIRELESS,“ MANCHESTER.

Фабрика: Pioneer Mill, Radcliffe, Lancs.
Nr. Manchester. (Близ Манчестера, въ Англіи.)

Контора въ Лондонѣ: Bassishaw House,
Basinghall Street, E.C. 2.

ЭКСПОРТЕРЫ ВСЕВОЗМОЖНАГО РОДА БУМАЖНЫХ ТКАНЕЙ НА ВСѢ РЫНКИ.

TAYLOR & LITTLEWOOD,
LIMITED.
NEWSOME MILLS. HUDDERSFIELD.

ТЕЙЛОР и ЛИТЛВУД, Лимитед.
ХАДДЕРСФИЛД, АНГЛІЯ.

Фабриканты

ВЫСШАГО КАЧЕСТВА МАТЕРІЙ ДЛЯ ЛѢТНИХ КОСТЮМОВ.

ДРАПОВ ДЛЯ ПАЛЬТО РАЗЛИЧНЫХ ЦВѢТОВ.

МАТЕРІЙ ДЛЯ КОСТЮМОВ РАЗНЫХ РИСУНКОВ.

СПЕЦІАЛЬНЫХ МАТЕРІЙ ДЛЯ БРЮК.

COVER COATINGS.

ШЕРСТЯНЫХ МАТЕРІЙ ДЛЯ ПАЛЬТО.

БЕДФОРДСКАГО БОРОЗДЧАТАГО МАНЧЕСТЕРА.

ПОСТАВЩИКИ ДЛЯ ОПТОВЫХ ТОРГОВЦЕВ.

Гг. оптовых покупателей просят обращаться с запросами непосредственно.

PEEK BROS. & WINCH,
Limited.
БРАТЬЯ ПИК и ВИНЧ Лимитед. ЛОНДОН.
Главная Контора :
PEEK HOUSE, EASTCHEAP, LONDON, E.C.

Импортеры и Экспортеры

ЧАЯ, КОФЕ, ПРЯНОСТЕЙ, КРУП, КОНСЕРВОВ И КОЛОНІАЛЬНЫХ ТОВАРОВ.

Склады в Лондонѣ на Love Lane, E.C.; Trundleys Road, S.E.; Glasshouse Street, E. и Stepney Warehouses.

Отдѣленія: в Индіи (Калькутта), на Цейлонѣ (Коломбо), в Соединенн. Штатах (Нью-Іорк) и Китаѣ (Ханкоу, Шанхай и Фучоу).

Телефон:	*Адрес для телеграмм:*
AVENUE, 3160.	"PEEK, LONDON."

Коды: ABC, 4th & 5th Editions ; Western Union ; Lieber's ; A1 ; Bentley's и частные коды.

Изданія лондонскаго отдѣла союзъ
земствъ и городовъ.

RUSSIAN UNION OF ZEMSTVOS

Brief REPORT of the Union's activities
during the War, with an introductory Note
By PRINCE G. E. LVOFF.

London: P. S. KING & SON, Ltd. Orchard House, Westminster.

Price 1s. net.

REVOLUTION AND NEW RUSSIA

Two Addresses by S. P. TURIN.
Representative of the Russian Union of Zemstvos and Towns.

London: T. FISHER UNWIN, Ltd., Adelphi Terrace.

Price 1d.

SELF-GOVERNMENT IN RUSSIA

No. 1.—RUSSIAN ZEMSTVOS AND TOWNS.

Price 2d.

No. 2.—NORTH RUSSIAN ZEMSTVOS AND
MUNICIPALITIES.

Price 2d.

Copies of the above publications may be obtained at
84-86, Chancery Lane, W.C.2.

www.ingramcontent.com/pod-product-compliance
Lightning Source LLC
Chambersburg PA
CBHW080552090426
42735CB00016B/3208